dtv premium

Daniel Rettig

DIE GUTEN ALTEN ZEITEN

Warum Nostalgie uns
glücklich macht

Deutscher Taschenbuch Verlag

Für meine Oma

Wer eine einzige Erinnerung besitzt,
ist reicher, als wenn die ganze Welt ihm gehörte.
(Søren Kierkegaard)

INHALTSVERZEICHNIS

VORWORT

Angeblich bereut man vor allem die Dinge, die man nicht getan hat. Daher bin ich froh, dass ich mich am Montagmittag, dem 26. November 2012, auf ein klappriges Fahrrad mit ziemlich platten Reifen setzte und bei strömendem Regen zu meiner Oma fuhr. Ich konnte nicht ahnen, dass es unser letztes Treffen sein würde.

Eigentlich hatten wir vereinbart, dass ich mein eigenes Essen mitbringe, sie selbst war seit Kurzem Kundin von »Essen auf Rädern«. Ich wollte gerade aus dem Haus gehen, da rief sie mich an: »Du kannst kommen, das Essen ist fertig.«

Bei Hähnchenbrust, Bratkartoffeln und Brokkoli unterhielten wir uns vor allem über das Buch, das Sie nun in Händen halten. Einige Wochen zuvor hatte ich ihr das erste Kapitel gegeben, und jetzt sagte sie mir erneut, wie stolz sie auf mich sei und wie sehr sie sich auf das Buch freue. Zum Nachtisch aßen wir Milchreis, ich trank noch einen Espresso und verabschiedete mich. Am folgenden Donnerstag telefonierte meine Oma abends gegen 22 Uhr mit ihrer Schwester. Sie erzählte, dass sie so glücklich sei wie lange nicht und sich besser fühle denn je. Dann ging sie ins Bett und wachte nie wieder auf.

Obwohl sie bereits 87 Jahre alt war, kam ihr Tod plötzlich und unerwartet, denn außer ein paar kleineren Beschwerden ging es ihr gut. Umso trauriger und schockierter war ich, denn vor allem als Kind war ich oft bei ihr. Sie hatte mich regelmäßig bekocht, zum Schlagzeugunterricht gefahren oder mit mir »Mensch ärgere Dich nicht« gespielt. Doch nun merkte ich, wie sehr wir von solch nostalgischen Gedanken profitieren können. Sie halfen mir dabei, den Tod meiner Oma zu verarbeiten. Ein Mensch war gegangen, die Erinnerungen sind geblieben. Die Erinnerungen an damals.

Damals. Ein Wort mit vielen Bedeutungen, positiven wie negativen. Aber eines, das Emotionen weckt. Das bemerkte ich bei der Recherche für dieses Buch. Egal ob Freunde mit Anfang 30 oder Kollegen Mitte 40, 60-jährige Eltern oder meine 87-jährige Großmutter – jeder hatte etwas beizusteuern. Mein bester Freund dachte sofort an die Klebebildchen der Firma Panini, meine Mutter erinnerte sich an ihr Kindheitsidol Udo Jürgens, meine Oma erzählte mir in den Wochen vor ihrem Tod von Urlauben mit meinem verstorbenen Opa. Und ich stellte fest: Nostalgie bestimmt unser ganzes Leben.

Zu diesem Ergebnis sind in den vergangenen Jahren auch zahlreiche Wissenschaftler gekommen, darunter Mediziner und Psychiater, Philosophen und Psychologen, Soziologen und Ökonomen. Inzwischen ist klar: Nostalgie ist kein Zeichen von Kleinbürgerlichkeit, Schwäche oder Angst. Im Gegenteil.

Wer heute Studien über Nostalgie liest, stößt häufig auf den griechischen Dichter Homer. In der ›Odyssee‹ schilderte er die Irrfahrt von Odysseus, der nach zehn Jahren im Trojanischen Krieg noch mal genauso lange brauchte, bis er wieder zu Hause war. Drei Jahre fuhr er auf dem Meer umher, sieben Jahre hielt ihn die schöne Göttin Kalypso gefangen. Sie bot ihm Unsterblichkeit an, doch Odysseus lehnte ab. Er dachte nur an die Rückkehr – auf Griechisch *nostos*. Gleichwohl musste er dafür Qualen ertragen, griechisch *algos*. Nostalgie steht also für den »Schmerz der Heimkehr«. Homer zeigte als Erster, welche Macht der Nostalgie innewohnt. Aus den Erinnerungen schöpfte Odysseus die Kraft, alle Widerstände zu überwinden und nach Hause zu finden. Was für die Sagengestalt gut war, ist für Menschen nicht schlecht.

Um das deutlich zu sagen: Dieses Buch ist kein Appell, nur noch in der Vergangenheit zu verweilen oder sich vor den Herausforderungen der Gegenwart zu verstecken. Stattdessen soll es erklären, wieso Nostalgie uns enorm prägt; weshalb uns manche Erinnerungen erhalten bleiben; warum wir Gerüche und Musik mit Personen, Orten und Erlebnissen verbinden. Nostalgie ist ein Gefühl, das buchstäblich riecht, schmeckt und klingt. Heute empfinden es mehr Menschen als je zuvor.

Nostalgie gedeiht immer auf dem Boden des Wandels. Wenn politische, ökonomische oder kulturelle Entwicklungen dafür sorgen, dass Menschen ihre Heimat verlassen oder den Eindruck haben, dass diese Heimat sich gerade massiv verändert. Kaum jemand würde bestreiten, dass das auf die Welt von heute zutrifft. Egal ob Euro-Krise, Energiewende oder Klimawandel – die Welt scheint aus den sprichwörtlichen Fugen zu geraten, die Gegenwart hektischer, die Zukunft unsicherer. Und deshalb retten sich viele in die Vergangenheit. Der demografische Wandel vergrößert die Macht schöner Erinnerungen zusätzlich: Die Geburtenrate sinkt, die Lebenserwartung steigt, der Anteil Älterer ebenfalls. Mit anderen Worten: Es wird immer mehr Menschen geben, denen weniger Zukunft bleibt – und umso mehr Vergangenheit.

Sie kennen das sicher: Viele denken gerne an die vermeintlich gute alte Zeit zurück. An die ach so unbeschwerte Jugend, schöne Urlaube oder ausgelassene Partys. Wenn sich alte Freunde treffen, reden sie häufig über frühere Erlebnisse. Damals, als die Menschen angeblich freundlicher, die Jugend höflicher und das Leben generell einfacher war. Natürlich stimmt das nicht immer. Aber wir werden im Verlauf dieses Buchs sehen, dass es sinnvoll und verständlich ist, beim Blick in die Vergangenheit die viel zitierte rosarote Brille aufzusetzen. Und warum Nostalgie für Solidarität und Vertrautheit sorgt. Gemeinsame Erinnerungen sind der Klebstoff, der die fragile Gemeinschaft zusammenhält – und der Deutschen liebstes Hobby prägt: Die European Business School befragte im September 2011 3 000 Fußballfans, warum sie sich mit ihrem Lieblingsclub identifizieren. Nur 21 Prozent war es wichtig, dass der Verein erfolgreich ist oder war. Aber 34 Prozent antworteten: »Ich verbinde viele Erinnerungen mit ihm.« Ein Indiz dafür, warum wir so gerne Produkte unserer Kindheit konsumieren.

Selbst das zukunftsorientierte Internet profitiert vom diskreten Charme der Vergangenheit. Im April 2012 zahlte Facebook umgerechnet etwa 760 Millionen Euro für das Fotoprogramm Instagram. Dessen besonderer Reiz liegt in speziellen Filtern, die die Bilder so aussehen lassen wie vergilbte Analogaufnahmen. Beim Kurznachrichtendienst Twitter sammelten die Nutzer im selben Monat »Sätze ihrer Kindheit«. Darunter: »Messer, Schere, Gabel, Licht ...« oder »Solange du deine Füße unter meinen Tisch stellst ...«. Sie gedachten Klingelstreichen oder Telefonen mit Wählscheiben und wärmten sich an der gemeinsamen Vergangenheit – mit einem lachenden und einem weinenden Auge. Der Wert der Erinnerungen ergibt sich aus ihrer Unerreichbarkeit. Und dieser Wert steigt, wenn wir sie mit anderen teilen.

Das Leben ist wie eine Autofahrt ohne Tankanzeige und exaktes Navigationssystem. Wir wissen nicht, wie lange unser Motor noch läuft. Wo Staus, Umleitungen, rote Ampeln und Geisterfahrer lauern. Deshalb ist der Blick in den Rückspiegel manchmal hilfreich. Das Schöne dabei ist: Dafür müssen wir uns nicht besonders anstrengen. Häufig tauchen Erinnerungen plötzlich und unvermittelt auf, ohne dass wir etwas bewusst dafür tun. Diese gedankliche Zeitreise fühlt sich meistens gut an. »Yesterday«, sangen schon die Beatles, »all my troubles seemed so far away.«

Dieses Buch wird Sie auf eine Reise mitnehmen. Sie werden skurrile Ärzte kennenlernen, sensible Soldaten und mörderische Dienstmädchen. Sie werden erfahren, wieso Mediziner Nostalgie früher für eine tödliche Krankheit hielten und Psychiater Nostalgiker für unzurechnungsfähig erklärten; weshalb Psychologen Nostalgie inzwischen als Medizin für die Seele gilt; wie Neurowissenschaftler deren Basis im Gedächtnis entdeckten; warum Ökonomen und Marketingforscher davon überzeugt sind, dass Nostalgie Kaufentscheidungen prägt, und wie Unternehmen davon profitieren.

Am Ende dieser Reise werden Sie sich selbst, aber auch Ihre Mitmenschen besser verstehen. Und ihre erste Station liegt in der Schweiz des 17. Jahrhunderts.

Kapitel 1
Die Geschichte der
NOSTALGIE

HOFERS PATIENTEN

Eine Doktorarbeit in Basel

1688 war Basel ein überschaubares Örtchen. Die Stadt hatte die Pestepidemien der vergangenen Jahrhunderte recht gut überstanden, zwanzig Jahre zuvor war die tödliche Krankheit zuletzt ausgebrochen. Etwa 13 000 Menschen lebten damals in Basel, und es wurden stetig mehr. Nach dem Ende des Dreißigjährigen Kriegs 1648 fanden hier viele Flüchtlinge eine neue Heimat, wirtschaftlich ging es aufwärts, äußerlich entwickelte sich die Stadt langsam. Im Zentrum stand seit 1500 das Basler Münster, eine prächtige Kathedrale aus rotem Sandstein und bunten Ziegeln. Von dort waren es nur wenige Meter bis zum Rhein, der sich seinen Weg durch die Stadt bahnte. Der Fluss machte Basel zu einem wichtigen Knotenpunkt für den Handel zwischen Nord- und Südeuropa, außerdem konnten sich die Menschen darin im Sommer abkühlen. Gerne trafen sie sich an den Brunnen oder auf dem Marktplatz. Reisende waren durchaus angetan von der Stadt. Der Schriftsteller Karl Gottlob Küttner schrieb später einem Bekannten: »Lieber Freund! Es sind herrliche Augenblicke, die man auf einer Rheinbrücke im Mondscheine verbringen kann.«

Doch die Menschen kamen nicht nur, um zu arbeiten, zu schwimmen oder sich zu unterhalten. 1660 hatte die örtliche Universität – die älteste der Schweiz – bereits ihr 200. Jubiläum gefeiert. Mittlerweile waren dort 18 Professoren für etwa 150 angehende Akademiker zuständig. Ein überschaubares Verhältnis, das das Studentenleben eigentlich angenehm gestaltete. Uneigentlich ging es besonders einem Studenten schlecht, sehr schlecht sogar. Das lag nicht mal daran, dass nächtliche Spaziergänge ebenso verboten waren wie tanzen und dass als einzige Hobbys Kartenspiele oder der sonntägliche Kirchgang blieben. Sondern vor allem daran, dass Basel nicht Bern war.

Die Städte liegen etwa 100 Kilometer voneinander entfernt. Wer heutzutage mit dem Auto gut durchkommt, braucht für die Fahrt etwa 60 Minuten. Mit dem Zug geht es etwas schneller, pro Stunde gibt es zwei Direktverbindungen, die Fahrt kostet umgerechnet gut 15 Euro. Inzwischen wäre es kein Problem mehr, zwischen Basel und Bern zu pendeln oder zumindest übers Wochenende heimzufahren. Doch im 17. Jahrhundert war Pendeln nicht üblich. Der Fußmarsch hätte etwa 20 Stunden gedauert, die Kutschfahrt einen halben Tag. Der Student konnte also nicht einfach mal schnell nach Hause. Das hinterließ Spuren. Zuerst seelische, dann körperliche.

Seine Kindheit hatte der Student in Bern verbracht, und der Umzug fürs Studium war ihm nicht bekommen. Schon seit Längerem war er ständig traurig und hatte schlechte Laune. Er fühlte sich in der neuen Heimat unwohl. Damit ließe sich noch leben, doch sein Zustand verschlimmerte sich von Tag zu Tag. Er bekam Fieber, zuerst nur leichtes, dann hohes, und wurde immer schwächer. So schwach, dass seine Angehörigen schon anfingen für ihn zu beten – aus Angst, dass er bald sterben könne. Doch der Student blieb am Leben, und das hatte er vor allem seinem Arzt zu verdanken. Der erkannte glücklicherweise, dass der junge Mann an einer äußerst tückischen Krankheit litt, und die erlaubte nur eine Therapie: die sofortige Rückkehr nach Hause.

Das Gegenmittel wirkte sofort.

Im einen Moment noch sterbenskrank, konnte der Student plötzlich wieder frei durchatmen, als er von der bevorstehenden Rückkehr erfuhr. Er beantwortete Fragen schneller, war klarer im Kopf und wesentlich entspannter. Er war nur noch wenige Kilometer von der Heimat entfernt, da verschwanden die Symptome plötzlich. Als er sein geliebtes Bern schließlich erreichte, war er wieder gesund und munter.

Den seltsamen Fall des jungen Studenten schilderte der angehende Mediziner Johannes Hofer in seiner Dissertation 1688. Als er die Arbeit schrieb, war Hofer gerade mal 19 Jahre alt. Die Doktorarbeit besticht mit einem Umfang von 20 Seiten nicht nur durch eine (für heutige Verhältnisse) akademisch untypische Kürze, sondern auch durch eine originelle Argumentation.

Hofer schilderte darin drei anonyme Krankheitsfälle, von denen ihm jemand erzählt hatte – »ein Mann von höchster Glaubwürdigkeit«, wie er betonte. Doch den Namen des mysteriösen Kronzeugen behielt er für sich. Vielleicht ahnte Hofer die Skepsis seines Doktorvaters Johann Jakob Harder. Dennoch ließ er sich von der dürftigen Quellenlage nicht beirren. Die seltsame Krankheit war ihm zu wichtig. Eine junge Bäuerin vom Lande war ebenfalls von ihr befallen.

Das Mädchen hatte sich bei einem schweren Sturz lebensgefährlich verletzt und wurde daraufhin in ein Krankenhaus gebracht. »Dort lag sie tagelang auf dem Bauch, bewusst- und regungslos«, wusste Hofer zu berichten. Sie erhielt Medikamente, wurde operiert und kam langsam wieder zu sich. Doch da bemerkte sie, dass sie von alten und missmutigen Frauen behandelt wurde – und plötzlich überkam sie die tückische Krankheit. Sie spuckte das Essen aus, genauso wie die Medizin, die sie doch so dringend benötigte. Von nun an sagte sie nur noch einen Satz, egal ob und was sie gefragt wurde: »Ich will heim.« Irgendwann ertrugen ihre Eltern es nicht mehr und gestatteten, dass sie nach Hause gebracht wurde, obwohl sie noch schrecklich schwach war. Innerhalb weniger Tage war sie vollkommen genesen – ohne weitere Therapie.

Ähnlich wundersam verlief die Heilung von Hofers drittem Kronzeugen. Der junge Schweizer arbeitete als Diener in Paris. Doch da er von Tag zu Tag trauriger und melancholischer wurde, bat er um vorzeitige Entlassung. Glücklicherweise hatte er einen äußerst verständnisvollen Herrn, der die Bitte sofort akzeptierte. Plötzlich war der Diener wie ausgetauscht. Allein die Möglichkeit, nach Hause zurückzukehren, hatte ihn geheilt.

Johannes Hofer war fasziniert von diesen drei Fällen, die ihm seine Quelle verraten hatte. Aber noch mehr faszinierte ihn, dass es bislang keinen medizinischen Namen für diese Krankheit gab, und das wollte er unbedingt ändern. Das Wort Heimweh lehnte er ab, da es ihm nicht passend erschien – und seine Medizinerkollegen vermutlich nicht sonderlich beeindruckt hätte. Es musste ein Wort her, das gebildet klang und seinen Schöpfer als kreativen Kopf dastehen ließ. Am besten eines, das seinen Ursprung in einer alten, fremden Sprache hatte. Beim Nachdenken fand Johannes Hofer ein solches Wort. Seiner Meinung nach litten der Student in Basel, die Bäuerin vom Lande und der Diener in Paris an Nostalgie.

* * *

Heute ist die Schweiz bekannt für Uhren, Banken, Schokolade – und für Roger Federer, einen der besten und vor allem elegantesten Tennisspieler aller Zeiten. Damals waren die Schweizer berühmt für ein ganz anderes Metier: Menschen zu töten. Zu der Zeit verdienten viele Schweizer ihren Lebensunterhalt als *Reisläufer*. Mit dem Getreide hat das nichts zu tun, sondern mit dem mittelhochdeutschen Wort *Reis*, was so viel heißt wie *aufbrechen* oder *fortbewegen*. Reisläufer waren jene Männer, die für andere Nationen in den Krieg zogen. Gegen Bezahlung.

Bereits die Armeen des Altertums bestanden aus Söldnern aus verschiedenen Ländern. Doch ab dem 15. Jahrhundert heuerten Herrscher aus ganz Europa vor allem jene aus der Schweiz an. Manchmal waren es nur eine Handvoll Männer, manchmal ganze Kompanien. Manchmal wurden sie lediglich für einige Wochen oder Monate angeworben, manchmal für mehrere Jahre. Sie dienten Kaisern und Königen in Spanien, England, Polen und Österreich, ab 1506 bildeten sie als *Schweizergarde* die Leibwache des Papstes. Der Grund: Die Schweizer galten als tapfer, zuverlässig und unbesiegbar. Aus diesem Image machte das geschäftstüchtige Völkchen einen Wirtschaftszweig. Es gab militärische Zwischenhändler, die den Herrschern Söldner gegen Bezahlung besorgten. Sogar die Kantone selbst stiegen in die Vermittlung ein – gegen Gewinnbeteiligung, versteht sich. Das Geschäft war ziemlich einträglich, denn an kriegerischen Konflikten war Europa damals nicht gerade arm. Manche Wissenschaftler gehen davon aus, dass zwischen dem 15. und dem 19. Jahrhundert bis zu zwei Millionen Schweizer in der Fremde kämpften.

Als Hofer seine Dissertation schrieb, dienten knapp 70 000 Schweizer im Ausland. Dort riskierten sie nicht nur ihre körperliche Unversehrtheit, sondern auch ihre seelische. »Die Betroffenen sind vor allem Jugendliche, die in fremde Regionen entsandt werden«, schrieb Hofer. Besonders jene, die sich nicht an andere Menschen und Sitten gewöhnen könnten. Ständig erinnerten sie sich an ihre herrliche Heimat, ständig träumten sie von der Rückkehr. Hofer: »Bleibt ihnen das verwehrt, fallen sie der Krankheit Stück für Stück anheim.« Die Schweizer hielt er für besonders anfällig.

Das Land war klein, die Menschen lebten in Dörfern von Kindheit an eng beieinander, das Gemeinschaftsgefühl war ausgeprägt – und plötzlich kämpften sie Seite an Seite mit Soldaten aus anderen Nationen. Weit entfernt von schneebedeckten Gipfeln, grünen Wiesen und klaren Bergseen, von frischer Milch und der mütterlichen Fürsorge. Da kann man schon mal an Nostalgie erkranken.

Zum Glück war der Krankheitsverlauf für Hofer ziemlich offensichtlich und selbst für medizinische Laien gut erkennbar. Zunächst seien die Betroffenen ständig traurig, lehnten fremde Bräuche ab und hätten weder Freude an Witzen noch Lust auf Gespräche mit Fremden. Stattdessen dächten sie ständig an ihre Heimat, die sie maßlos verherrlichten. Besonders heikel sei es, wenn sich die Patienten zusammentäten, um über ihre Krankheit zu sprechen. Weitere Symptome seien Schlaflosigkeit, häufiges Seufzen sowie fehlender Durst und Appetit. Und ein gewisses geistiges Abstumpfen, da sie eben nur noch die Heimat im Kopf hätten.

Nun war die Vermutung nicht neu, dass Soldaten an Heimweh leiden könnten. Schon während des dritten Hugenottenkrieges 1569 schrieb der Schweizer General Ludwig Pfyffer über einen gefallenen Soldaten, der an »heimwe« gestorben sei. Gegen Ende des Dreißigjährigen Kriegs hatten Ärzte bei Soldaten »mal de corazon« diagnostiziert, also Herzschmerz. Dennoch ist Hofers Dissertation einzigartig: Er gab der Krankheit nicht nur einen Namen. Scheinbar hatte er eine physische Ursache für Nostalgie gefunden.

Die Quelle des Übels lag für ihn im Gehirn. Laut Hofer bewegen sich Lebensgeister (*spiritus animales*) in den Nervenbahnen des Körpers, die ihn am Laufen halten. Sie sorgten für eine gute Atmung oder gesunde Verdauung. Durch die Nostalgie funktionierten diese Lebensgeister nicht mehr richtig – denn sie transportierten nur noch Bilder und Gedanken an die Heimat. Diese Erinnerungen unterbrächen den normalen Blutkreislauf, worauf die Lebensgeister im Gehirn ins Ungleichgewicht fielen. Dadurch stocke die Durchblutung, das Blut werde dicker, die Gefäße verstopften – und beschleunigten den Tod. Nostalgie, glaubte Hofer, raube buchstäblich Lebenskraft.

Immerhin war er vorsichtig optimistisch. Er nahm an, dass Nostalgie durchaus heilbar sei. Aber nur dann, wenn sie rechtzeitig behandelt werde. Die Therapie war abhängig vom Zustand des Patienten. War er geistig und körperlich noch einigermaßen stabil, dann verordnete Hofer eine simple Entschlackung mittels Abführmittel. Bei der Darreichungsform war er großzügig: Er empfahl Quecksilbertabletten, Puder oder guten Wein und gutes Essen – was genau, sei letztlich nicht so wichtig. Aber bei ständiger Übelkeit sei dann doch eher ein Brechmittel zu bevorzugen, das sei »exzellent«. Fühle sich der Patient weiterhin mies, sei eine Öffnung der Venen hilfreich. Vielleicht war früher tatsächlich einiges besser, aber eines steht fest: Es empfahl sich nicht, im 17. Jahrhundert an Nostalgie zu erkranken.

Gleichzeitig sollte man dem Patienten ein Löffelchen Magenelixier verabreichen. Bei der Mixtur war Hofer penibel. Diese müsse entweder aus zerquetschter, getrockneter Schildlaus, Moschus und Ambra bestehen oder aus Gerber-Akazie. Sei der Patient immer noch verstört, hälfen Beruhigungsmittel, unter anderem Opium. Das solle entweder intravenös verabreicht oder auf den Kopf oder an die Schläfe gerieben werden. Aber im Vordergrund müsse stets ein Ziel stehen: den Patienten körperlich wieder so herzustellen, dass er die Heimkehr verkrafte. Notfalls müsse er nach Hause transportiert werden, mit einer Kutsche oder in einer Sänfte. Andernfalls übernähmen die bösen Lebensgeister den Körper und führten bestenfalls in den Wahnsinn, schlimmstenfalls in den Tod.

Hofers Thesen folgten damals dem medizinischen Grundverständnis. Zu seiner Zeit dominierte unter Medizinern die sogenannte Humoralpathologie, auch Säftelehre genannt. Deren Vertreter gingen, vereinfacht gesagt, davon aus, dass alle Erkrankungen auf ein Missverhältnis der Körpersäfte zurückzuführen sind. Hofer dokumentierte, wie die Nostalgie diese Säfte aus dem Gleichgewicht bringt. Er versuchte damit, »der Medizin ein bekanntes Übel als legitime Krankheit einzuverleiben«, schrieb 1949 der Schweizer Literaturwissenschaftler Fritz Ernst. In den folgenden Jahren diskutierten zahlreiche Kollegen seine Thesen, seine Doktorarbeit wurde sogar in anderen medizinischen Werken nachgedruckt.

Hofer hätte seine Entdeckung ausschlachten und in der Wissenschaft Karriere machen können. Doch offenbar hatte er daran kein Interesse. Vielleicht weil es ihn selbst nach Hause zog? Schon ein Jahr später reichte er eine weitere Doktorarbeit ein, diesmal mit einem Umfang von 16 Seiten (damals war es durchaus üblich, sein Medizinstudium mit zwei Dissertationen abzuschließen). Dann verließ er Basel und kehrte in seine Heimat zurück. In Mülhausen wurde er Stadtarzt und ab 1716 bis zu seinem Tod 1752 Bürgermeister. Doch vielleicht ohne es zu wollen, hatte er in der Schweiz eine wichtige Diskussion angezettelt.

Für das Land war Hofers These problematisch. Die Schweizer Söldner galten plötzlich als Volk der Weicheier. Welch ein Absturz! Vom Nimbus des Unbesiegbaren zum Verlierertyp, der sich nach Muttis Brust zurücksehnte und vor lauter Nostalgie den Mut verlor. Das konnte und wollte ein anderer Forscher nicht auf seinen Landsleuten sitzen lassen. Auch wenn er dafür seinen wissenschaftlichen Ruf riskierte.

SCHEUCHZERS WANDERUNGEN

Die dünne Luft

Vielleicht glaubte er, seiner Heimat etwas schuldig zu sein, denn er hatte sie jahrelang für seine Karriere vernachlässigt. Vielleicht wollte er sich an einer Diskussion beteiligen, die sein Fach damals umtrieb. Vielleicht wollte er einfach nur mit einer steilen These glänzen. Es lässt sich leider nicht mehr genau sagen, was genau ihn zu diesem Schritt bewogen hat. Aber profitiert hat er davon nicht. Eher im Gegenteil.

Johann Jakob Scheuchzer war schon als Kind ein Überflieger. Zur Welt kam er im August 1672 in Zürich, als Sohn eines Stadtarztes. Offenbar legten seine Eltern es darauf an, dass aus dem Kind mal etwas werden sollte. Mit drei Jahren kam er in die Schule, mit sieben sprach er perfekt Latein. Nach der Schule verließ Scheuchzer die Heimat und zog nach Bayern. In Mittelfranken befand sich damals das, was man heute als Eliteuni bezeichnet. Die Universität Altdorf bei Nürnberg, 25 Kilometer von der fränkischen Metropole entfernt, galt als eine der renommiertesten Hochschulen des Landes. Besonders bekannt waren die Fakultäten für Medizin, Jura und Naturwissenschaften. Genau der richtige Ort für ein Nachwuchsgenie wie Scheuchzer. Ab 1692 studierte er in Altdorf Astronomie, Botanik, Mathematik und Medizin. Doch seinen Eltern war die Hochschule nicht gut genug. Deshalb zog er ein weiteres Mal um, diesmal an die Universität Utrecht. Dort promovierte er im Alter von 22 Jahren. Und dann riefen die heimatlichen Verpflichtungen.

1695 ging er zurück nach Zürich und arbeitete als Arzt, nebenbei gab er Studenten Privatunterricht und hielt Vorlesungen zu Hause. 1710 bekam er endlich die lang ersehnte Stelle als Mathematikprofessor am Collegium Carolinum, einem Vorläufer der Universität Zürich. Doch seine wahre Leidenschaft war eine andere.

Trotz seines engen Zeitplans und der vielen Aufgaben fand er noch die Muße für ausgiebige Wanderungen in den Schweizer Bergen. Nicht aus privatem Vergnügen, sondern aus wissenschaftlicher Neugier. Solche Touren waren damals wesentlich anstrengender und gefährlicher als heute. Doch Scheuchzer wollte die Natur mit eigenen Augen sehen, riechen, fühlen. Fast jedes Jahr veröffentlichte er ein neues Arbeitspapier zu unterschiedlichen Themen. Er hatte es sich offenbar zur Lebensaufgabe gemacht, die Schweiz geographisch und naturwissenschaftlich zu untersuchen. Mal widmete er sich in seinen Schriften den Steinen, mal den Seen und Flüssen, mal dem Wetter. Als erster Forscher untersuchte er die Schweizer Gletscher und hielt fest, dass diese ihr Aussehen und ihren Umfang veränderten. »Er war für seine Zeit ein großer Physiker und Naturhistoriker, der mit Recht den Ruhm des ersten Schriftstellers über die Naturgeschichte der Schweiz lange behauptete«, schrieb der Schweizer Pfarrer und Hobbyhistoriker Markus Lutz später.

Arzt, Botaniker, Geologe und Naturforscher in einer Person. Mitglied mehrerer Gelehrtengesellschaften, darunter die Königlich-Preußische Akademie der Wissenschaften und die Royal Society in London. Gesegnet mit Intelligenz, Neugier und Talent. Eine echte Koryphäe eben. Eine patriotische noch dazu. Aber eine mit zu viel Fantasie. 1712 beschäftigte Scheuchzer sich in seiner ›Naturgeschichte des Schweizerlandes‹ mit der Dissertation von Johannes Hofer. Bevor er zur Sache kommt, liefert er gleich das Motiv für sein patriotisches Pamphlet mit der Überschrift »Von dem Heimwehe«. Er habe mitbekommen, dass die Schweizer Söldner in Verruf geraten waren, besonders anfällig für psychische Leiden zu sein. Deshalb wollte er die Ehre der Nation retten. Zwar stimmte er mit Johannes Hofer überein, was die Symptome für Nostalgie anging – Angst, Traurigkeit, Schlaflosigkeit, Schwäche und Sehnsucht nach der Heimat. Doch in puncto Ursachen widersprach er Hofer, inspiriert durch seine häufigen Ausflüge in die Berge. Ob sich Scheuchzer dabei jemals verirrte, ist nicht bekannt. Fest steht aber, dass er zumindest gedanklich auf Abwege geriet.

Ein großes Rätsel war damals die genaue Höhe der Schweizer Berge. Heute weiß man, dass die Dufourspitze in den Walliser Alpen mit knapp 4700 Metern der höchste Gipfel des Landes ist. Damals war das noch unbekannt. Erst wenige Jahrzehnte zuvor war das Barometer erfunden worden, und man wusste nun, dass es bei Abnahme des Luftdrucks fällt. Scheuchzer schnappte sich also eines der Geräte und wanderte in die Berge. Dort versuchte er aus dem Fallen des Barometers auf die erreichte Höhe zu schließen. Zwar lag er mit seinen Schätzungen ziemlich daneben. Doch bei seinen laienhaften Höhenmessungen hatte er ein Aha-Erlebnis. Er glaubte, die Ursache für die Nostalgie der Schweizer gefunden zu haben. Schuld war die Luft.

Scheuchzer war aufgefallen, dass sie in höheren Gefilden dünner ist als in den Tälern. Heute ist das eine Binsenweisheit, damals war es eine Neuigkeit: »Wir Schweizer bewohnen den obersten Gipfel von Europa, atmen deswegen in uns eine reine, dünne Luft, welche wir auch durch unsere Speisen und Getränke aufnehmen«, schrieb Scheuchzer. Gehe ein Schweizer nun jedoch in ein fremdes Land auf Meereshöhe, laste auf ihm ein gesteigerter Luftdruck. Seine »Blutäderlein« würden durch die »schwere und dicke Dunst- und Luftkugel« zusammengequetscht. Und dagegen könne sich die im Körper mitgebrachte Schweizer Luft »wegen ihrer größeren Dünnung« nicht genügend wehren. Die Folge: Der Kreislauf schwächle, Herz und Hirn funktionierten nicht mehr einwandfrei. Dadurch werde der Schweizer traurig und ängstlich – und erkranke an Nostalgie.

Eine ziemlich originelle Erklärung. Noch origineller war seine Therapie. Neben alkoholischen Helfern (Bier, Wein) und natürlichen Mittelchen (Salpeter) setzte er vor allem auf architektonische. Er schlug vor, für die Truppen im Ausland hohe Türme zu bauen – damit die Nostalgiker dort oben »eine leichtere, nicht so schwer auf ihnen drückende Luft schlucken«. Immerhin betätigte er sich damit indirekt als früher Tourismusförderer. Scheuchzer pries sein Land wegen der ach so herrlichen Luft als »Asylum languentium«, als »Trost- und Heilhaus der Kranken«. Eine Marketingmaßnahme, die nachwirkt: »Schweiz. Ganz natürlich« wirbt die offizielle Internetseite des Tourismusverbandes noch heute. Aus beinahe jeder von Scheuchzers Zeilen kann man seinen Patriotismus herauslesen. Dieses Heimatgefühl lebte er auch in seinen Taten. Im Dezember 1712 bekam er ein verlockendes Jobangebot: Der russische Zar Peter der Große offerierte ihm eine Stelle als Leibarzt. Scheuchzer lehnte ab.

Im Nachhinein entbehren seine Thesen zur Nostalgie nicht einer gewissen Tragikomik: Nicht Hofer, sondern Scheuchzer war der renommierte Forscher. Allerdings formulierte Scheuchzer eine Theorie, die schon damals kaum jemand ernst nahm. Doch Hofers Gedanke, dass Nostalgie eine schwere Krankheit sei, hatte sich unter Wissenschaftlern erst mal verfestigt.

Mit dem heutigen medizinischen Verständnis können solche Erkenntnisse nur amüsieren. Trotzdem muss man Hofer und Scheuchzer ein Kompliment machen. So abenteuerlich ihre Erklärungen für Nostalgie waren – sie hatten ein gutes Gespür dafür, dass dieses Gefühl damals viele Menschen bewegte. Und es sollten nur wenige Jahre vergehen, bis Nostalgie tatsächlich als offizielle Todesursache galt, die Ärzte sogar bei einer Obduktion meinten nachweisen zu können.

AUENBRUGGERS OBDUKTIONEN

Spuren im Brustkorb

Kindheitserinnerungen sind mächtig. Sie prägen uns in unterschiedlichen Bereichen. Bei unserer Lieblingsmusik, bei bevorzugten oder verhassten Speisen und auch bei der Berufswahl. Joseph Leopold von Auenbrugger ist dafür das beste Beispiel. Zur Welt kam er als Bürgerlicher am 19. November 1722 in Graz, als viertes von sieben Kindern (den Adelstitel mit dem Zusatz »von« erhielt er erst später). Sein Vater führte damals im Stadtzentrum eine beliebte Gaststätte. Angeblich soll er dort schon als kleiner Junge mitgeholfen haben. Im Keller der Kneipe lagerten die Weinfässer. Wenn sein Vater nachsehen wollte, wie voll die Fässer noch waren, dann öffnete er nicht jedes einzelne. Das wäre viel zu umständlich gewesen. Stattdessen klopfte er an die Fasswand. Denn er hatte bemerkt: Je heller der Ton, umso leerer das Fass. Eine Lektion, die sich dem kleinen Leopold einprägte. Und eine, von der er später noch profitieren sollte.

Nehmen wir mal an, Sie haben Atemprobleme, Husten oder Schluckbeschwerden. Zunächst werden Sie es vielleicht mit Bonbons probieren, heißer Zitrone oder schleimlösenden Tabletten. Doch wenn es nicht besser wird, gehen Sie vermutlich (oder hoffentlich) irgendwann zum Arzt. Der hört sich Ihre Beschwerden an, und dann wird er ein Stethoskop nehmen und Ihre Bronchien abhören. Er wird Sie auffordern, tief ein- und auszuatmen. Vielleicht wird er sogar mit den Fingern sachte Ihren Brustkorb abklopfen. Ein Ritual, das bereits mehr als

250 Jahre alt ist. Zurück geht es auf Joseph Leopold von Auenbrugger.

Nach der Schule immatrikulierte er sich zunächst für Literatur und Philosophie in Graz, dann wechselte er nach Wien und studierte Medizin. Nach dem Abschluss ging er zurück in seine Heimat und bekam eine Stelle am Spanischen Krankenhaus. Das hatte damals einen hervorragenden Ruf. Gegründet 1718, um die spanischen, italienischen und holländischen Einwohner der Stadt zu behandeln, wurde es 1741 zum Militärkrankenhaus umfunktioniert. Die Ärzte behandelten nun hauptsächlich Soldaten. Manche waren schwer verletzt und starben, andere überlebten. Aber allen gemein war, dass sie ihre Heimat verlassen hatten. So ist es sicher kein Zufall, dass sich Auenbrugger kurz nach seiner Anstellung 1754 mit dem Thema beschäftigte, das ihn berühmt machen sollte.

Er hatte da so eine Vermutung. Um die zu bestätigen, füllte er den Brustkorb von Leichen mit Wasser. 1761 veröffentlichte er seine Erkenntnisse. Der Titel der Schrift: ›Inventum novum ex percussione thoracis humani ut signo abstrusos interni pectoris morbos detegendi‹. Das klingt komplizierter, als es ist. Frei übersetzt: »Neue Erfindung, um durch Abklopfen des Brustkorbs auf Krankheiten der Brusthöhle zu stoßen«. Mediziner nennen dieses Verfahren heute *Perkussion*, vom lateinischen Wort für Schlag oder Stoß. Der Arzt müsse bloß den Brustkorb sanft abklopfen, sich dann an die eigene Brust klopfen sowie auf den Schenkel schlagen. Aus dem Unterschied der Töne lasse sich auf die Krankheit schließen. Merkregel: Je gedämpfter der Schall auf der Brust des Patienten, desto bedrohlicher sein Zustand.

Auenbrugger glaubte, damit eine ganz spezielle Krankheit diagnostizieren zu können. Eine, die vor allem junge Männer befiel, die noch nicht ganz erwachsen waren; die zum Militärdienst einberufen wurden und daraufhin jegliche Hoffnung verloren, unversehrt nach Hause zu kommen; die traurig, schweigsam und träge wurden; die ständig allein sein wollten, seufzten und stöhnten; die keine Freude mehr empfanden, mit nichts und niemandem; deren Körper langsam dahinsiechte. Kommt Ihnen bekannt vor? Richtig geraten: »Diese Krankheit nennt man Nostalgie«, schrieb Auenbrugger. Er habe viele daran Verstorbene untersucht, und immer sei das Bild beim Öffnen der Körper dasselbe gewesen. Die Lungen waren fest an das Brustfell gewachsen, das Gewebe verhärtet oder vereitert. Die Nostalgiker waren also laut Auenbrugger an einer Mischung aus Lungen- und Rippenfellentzündung zugrunde gegangen.

So abenteuerlich das klingt, so stolz war der Mediziner auf sein Werk. Auf einem Ölbild, das ihn zusammen mit seiner Ehefrau zeigt, hält er die Arbeit mit aufgeschlagenem Titelblatt in der linken Hand. Doch seine Lehrer wie auch seine Kollegen lehnten seine Methode zunächst ab. Erst als seine Arbeit einige Jahre später ins Englische und Französische übersetzt wurde, beschäftigten sich Ärzte in ganz Europa plötzlich mit dem Brustklopfen. So richtig setzte sich die Methode dann nach seinem Tod 1809 durch. Seine Heimatstadt Graz gedenkt noch heute des Mediziners. An seinem Geburtshaus prangt ein Schild, das Krankenhaus steht auf dem Auenbruggerplatz, und das Siegel der Medizinischen Universität trägt sein Konterfei.

Ähnlich wie Hofers Therapie und Scheuchzers Luftdrucktheorie sind Auenbruggers Thesen zu den organischen Hinterlassenschaften der Nostalgie heute eher amüsant zu lesen. Doch damals trafen sie den gesellschaftlichen und medizinischen Nerv. Mehr noch: Der Fokus auf Soldaten war typisch für eine Epoche, in der sich halb Europa im Krieg befand – und in der sich die Bedeutung von Nostalgie veränderte. Langsam, aber sicher wurde sie zu einer echten Bedrohung. Das bekam auch einer der berühmtesten Feldherren aller Zeiten zu spüren.

LARREYS DIAGNOSE

Lebensmüde Soldaten

Die Idee klang gut, theoretisch zumindest. Ein schneller Sprung aus dem Fenster, ein kurzer Schmerz, und ab nach Hause. Leider ist die Realität meistens komplizierter als die Fantasie. Und deshalb platzte der Traum. Dabei hatte Louis Stobler alles so gut geplant.

Der Soldat war gerade 21 Jahre alt, als er sich aus dem dritten Stock seiner Kaserne stürzte. Doch Stobler hatte nicht vorgehabt, sich umzubringen. Er wollte sich nur ein Bein brechen, um nach der Genesung nach Hause zu dürfen. Allerdings hatte er die Rechnung ohne den Arzt gemacht, denn der gehörte zu den Besten seines Fachs. Dass Stobler dennoch riesiges Glück im Unglück hatte, gerade von Dominique Jean Larrey behandelt zu werden, wird er kaum geahnt haben.

Die Französische Revolution gilt heute als Beispiel dafür, wie sich demokratische Grundrechte durchsetzen lassen. Freiheit, Gleichheit, Brüderlichkeit. Doch dabei wird schnell vergessen, dass nach dem Umsturz eine der gewalttätigsten Phasen der europäischen Geschichte anbrach. Ab 1792 befand sich die junge französische Republik fast ständig im Krieg. Daher kam es zu einer Massenmobilisierung. 1793 wurde jeder gesunde, alleinstehende Mann zwischen 15 und 25 eingezogen. Die Regierung wollte damals ein neues Nationalgefühl erschaffen und brauchte junge, starke Kerle. Verantwortlich war dafür vor allem ein Mann, der der beste Beweis dafür ist, dass Männer körperliche Unterlegenheit bisweilen durch übersteigertes Selbstbewusstsein kompensieren wollen. Und dass sie dabei manchmal jegliches Augenmaß verlieren.

Napoleon Bonaparte prägte Europa wie kaum ein anderer Staatsmann. Bei Gegnern, Kritikern und Feinden galt er als eitel, egozentrisch und größenwahnsinnig. Kaum ein Land war vor ihm sicher. Seit seiner Ernennung zum General 1797 führte Napoleon, der sich selbst zum Kaiser krönen sollte, die französische Armee bis zur finalen Schlacht bei Waterloo 1815 in Dutzende von Kriegen und Schlachten. Allerdings konnte er durchaus freundlich sein, zumindest zu seinen engsten und wichtigsten Vertrauten. Vor allem einem Menschen gegenüber war er großzügig. Als dieser Mann in der Schlacht von Eylau sein Schwert verlor, reichte Napoleon ihm sein eigenes. In seinem Testament bedachte er ihn mit 100 000 Francs, mehr als so manchen Verwandten. Denn dieser sei der verdienstvollste Mann, den er je kennengelernt habe. Sein Name: Dominique Jean Larrey.

Bonaparte und Larrey kamen aus unterschiedlichen Schichten. Napoleon war der Spross einer korsischen Adelsfamilie, sein Vater arbeitete als Anwalt und Politiker. Larrey stammte aus einem kleinen Dorf in den Pyrenäen, sein Vater war ein armer Schuhmacher. Doch beide mussten schon früh Verantwortung übernehmen. Als Napoleon 15 war, starb sein Vater an Magenkrebs, daraufhin schlüpfte er in die Rolle des Familienoberhauptes. Larrey war bereits mit 13 Vollwaise, sein Onkel Alexis, Chefarzt am Krankenhaus in Toulouse, nahm sich seiner an – und weckte sein Interesse für Medizin. Nach seinem Studium ging Larrey 1787 als Arzt zur Marine und schloss sich einer Seefahrt nach Neufundland an, doch das bekam ihm nicht. Der Junge aus den Bergen wurde seekrank.

Also kehrte er zurück aufs Festland und arbeitete an Krankenhäusern in Paris. Eines Tages begegnete er Napoleon, dem er in den kommenden Jahrzehnten beinahe überallhin folgte. Nach Österreich und Italien, nach Syrien und Ägypten, nach Preußen und Russland. Auf 25 Feldzügen und in 60 Schlachten diente er Napoleon, oft bis an den Rand der Erschöpfung. Seine Ausdauer war legendär, sein Rekord lag bei 200 Operationen in 24 Stunden – ohne Pause. Hier ging es nicht um Kinkerlitzchen und Wehwehchen, sondern um schwere Verletzungen und schwierige Eingriffe. Allen voran Amputationen. Nicht in der Ruhe eines sterilen Operationssaals, sondern am Rande umkämpfter Schlachtfelder.

Man kann sich heute kaum vorstellen, welche Qualen die Soldaten auszuhalten hatten. Sie kämpften bei extremer Hitze und klirrender Kälte, die Schlachten zogen sich über mehrere Monate und manchmal sogar Jahre hin. Hinzu kam, dass die medizinische Versorgung der Verwundeten äußerst schlecht war. Die Lazarette standen damals einige Kilometer hinter der Front. Verletzte und Verwundete wurden erst mal sich selbst überlassen. Wenn sie Glück hatten, trugen Kameraden sie in Sicherheit, die Ärzte erreichten sie erst einige Tage später. Larrey erkannte, dass bis zur Behandlung zu viel Zeit verstrich, wodurch viele Soldaten starben. Also erfand er das System der »fliegenden Lazarette« – wendige, kleine Wägelchen, von Pferden gezogen. Jede Einheit bestand aus zwölf solcher kleinen Karren, begleitet von 15 Chirurgen und 100 Soldaten. Sie sammelten die Toten auf und verarzteten die Verwundeten. Dadurch konnten die Ärzte schon auf dem Schlachtfeld Blutungen stillen, Verbände anlegen und bisweilen Extremitäten amputieren. Larrey war der Erfinder der Ersten Hilfe.

Die hatte nicht nur medizinische, sondern auch psychologische Vorteile. Denn außer dem Feind auf der anderen Seite gab es noch einen in den eigenen Reihen. Niemand konnte ihn sehen, viele bekamen ihn zu spüren. Beim Feldzug nach Ägypten 1799 musste Napoleon deswegen sogar seinen alten Freund General Berthier nach Hause schicken. Er konnte es nicht ertragen, ihn vor seinen Augen daran sterben zu sehen. Napoleons jüngerer Bruder Louis war ebenfalls davon betroffen. Wie so viele andere auch. »Keine Epoche war so reich an Beispielen für Nostalgie wie die Französische Revolution und die anschließenden Kriege«, schrieb der französische Truppenarzt Pierre-François Percy 1819. Das war alles andere als eine Lappalie, neben der Moral der Truppen litt darunter ihre Kampfeskraft. Von Nostalgiekranken war bekannt, dass sie kaum schliefen, wenig aßen und ständig niedergeschlagen waren. Keine idealen Voraussetzungen, um wochen-, monate- und jahrelang in zermürbende Schlachten zu ziehen. Die Heilung von Nostalgie war also von medizinischer und politischer Bedeutung.

Deshalb griffen Ärzte bisweilen zu verzweifelten Maßnahmen. Ein Truppenarzt setzte auf pure Schocktherapie. Er war der Meinung, dass Nostalgie mit Angst und Schmerz bekämpft werden könne. Man müsse den Soldaten verdeutlichen, dass man ihre Gefühlswelt sofort wieder ins Lot bringen könne – indem man ihnen ein glühendes Eisen auf den Bauch lege. Noch drastischer war der Vorschlag eines russischen Generals. Er drohte damit, den ersten Nostalgiepatienten lebendig zu begraben. Am nächsten Tag machte er seine Ankündigung wahr und verbuddelte zwei Untergebene. Danach soll sich der Legende nach niemand mehr mit Nostalgie krankgemeldet haben. Insofern hatte der Fensterspringer Louis Stobler noch mal Glück im Unglück. Denn im Vergleich zu den drakonischen Maßnahmen seiner Kollegen ging Dominique Jean Larrey äußerst sachte mit seinen Patienten um.

Es gibt keine Angaben darüber, wie viele Leichen Larrey in seinem Leben gesehen hat, aber es müssen Tausende gewesen sein. Mit solch traumatischen Erlebnissen gehen Menschen unterschiedlich um. Die einen fangen an zu trinken, andere fressen die Erinnerungen in sich hinein und werden darüber verrückt. Larrey schrieb sie auf. Auch die Anekdote des gescheiterten Heimkehrers Louis Stobler. Ein ganzes Kapitel widmete Larrey der Nostalgie. Der Anlass war ein Feldzug Napoleons, der letztlich den Anfang seines Endes einläutete.

Für den Einmarsch in Russland hatte der Feldherr die größte Armee zusammengestellt, die Europa jemals gesehen hatte. Konservative Schätzungen gehen von einer Truppe von 480 000 Mann aus, andere vermuten sogar bis zu 600 000 – in etwa so viele Einwohner wie Stuttgart heute hat. Es ist viel darüber spekuliert worden, was letztlich zur Niederlage der Armee geführt hat. Sicher spielten die äußeren Umstände eine Rolle. Russland war dünn besiedelt, die Armee musste sich selbst versorgen. Das Wetter wechselte zwischen Gluthitze und minus 30 Grad, zwischen sintflutartigem Regen, Schneestürmen und Sonnenschein. Die Soldaten waren geschwächt durch Unterernährung oder Krankheiten. Es gab kaum Medizin, nicht genügend Trinkwasser oder Brot. Doch als sich die Niederlage abzeichnete, kam es zu zahlreichen Fällen von Fahnenflucht – auch aufgrund von Nostalgie. Für nostalgiekranke Soldaten gab es sogar spezielle Sterbezimmer: Dort betteten sich die Patienten auf Stroh und standen nie wieder auf.

Larrey wollte das nicht länger mit ansehen. Er hielt es für seine Pflicht, diese gefährliche und tückische Krankheit zu bezwingen. Insbesondere nach dem Rückzug aus der Schlacht von Moskau hatte er viele Nostalgietote obduziert. Sie seien keineswegs an einer Magen-Darm-Entzündung gestorben, »sondern vielmehr an den durch krankhafte Umstimmung des Zerebralsystems herbeigeführten üblen Folgen«, schrieb Larrey einige Jahre später. Er glaubte, die Ursache für Nostalgie gefunden zu haben. Diese manifestiere sich vor allem in einer »Ausdehnung in den Gehirnsubstanzen«. Ein erstes Anzeichen sei stets die »Schwächung der Verstandesverrichtungen«. Seine Erklärung war also eine rein neurologische. Am Anfang befalle Nostalgie das Gehirn. Dessen Zellen würden geschädigt und beeinträchtigten die Nerven der Sinnes- und Bewegungsorgane.

Nach Ansicht von Larrey läuft Nostalgie in drei Stadien ab. Zunächst sei die Bindehaut gerötet, der Puls hoch, die Sprache hastig. Hinzu kämen Zuckungen, Seufzen und Verstopfung. Im zweiten Schritt folge die Lähmung, nun würden Organe befallen. Magen und Darm entzündeten sich, das Fieber steige. Die letzte Stufe sei der totale Kräfteverlust. Der Betroffene wolle weder essen noch trinken, er sei ständig tiefsinnig und denke an den Tod. Beobachtet hatte Larrey das zum Beispiel bei einem Schweizer Soldaten, der wegen Fieber im Krankenhaus lag und sich umbringen wollte, indem er sich ein Messer in den Brustkorb rammte. Acht Mal, ohne Schmerzen zu empfinden. Auch die anschließende chirurgische Versorgung der Wunden habe er klaglos über sich ergehen lassen. Dennoch starb er. Besonders anfällig für Nostalgie waren laut Larrey die Bewohner kalter und feuchter Gegenden (Holländer) und Bergbewohner (Schweizer); begünstigt würde sie durch Sklaverei oder Einkerkerung. Weitere Ursachen seien Faulheit, zu viel Sex oder ausgiebige Masturbation.

Larrey sah das Heilmittel daher vor allem in der Ablenkung und wollte die Stimmung der Soldaten steigern, damit die gar nicht erst auf dumme Gedanken kamen. Entweder müsse die Truppe zur Gymnastik verdonnert oder von der Truppenkapelle beschallt werden. Eine umstrittene Idee.

Schon 1708 hatte der Basler Arzt Theodor Zwinger vor den Tönen des ›Ranz des vaches‹ gewarnt, eine Art helvetisches Volkslied. Wer dieses fernab der Heimat höre, verfalle sofort der Nostalgie. Daher sei diese Musik inzwischen untersagt. Das sprach sich bis zum deutschen Dichter Johann Wolfgang von Goethe herum: »Wenn ich nicht irre, ist unter Ludwig XIV. unter den schwersten Strafen das Blasen einer Schalmei verboten worden, weil in den Schweizerregimentern die Leute dadurch zu sehr an ihre Heimat erinnert wurden und viele an Heimweh dahinstarben.«

Antriebslosigkeit, Lebensmüdigkeit, Selbstmordgedanken – diese Symptome erinnern uns mit dem heutigen Wissen an Depressionen oder eine posttraumatische Belastungsstörung. Damals firmierten diese Krankheiten jedoch unter dem Begriff Nostalgie. Es sollte nur einige Jahre dauern, bis die Krankheitswelle ihren vorläufigen Höhepunkt erreichte, wieder in einem militärischen Zusammenhang. Doch diesmal bedrohte sie nicht nur das Schicksal einer einzelnen Truppe. Sondern die Zukunft eines ganzen Landes.

CASTLEMANS TAGEBUCH

Nostalgie als nationale Gefahr

Und dann passierte es doch. Fast drei Monate waren die Soldaten des Fifth Regiment of the Wisconsin Volunteers nun schon im Amerikanischen Bürgerkrieg unterwegs. Gestartet waren sie im Juli 1861 in ihrer Heimat. Von der Hauptstadt Madison marschierten sie knapp 1300 Kilometer bis nach Harrisburgh in Pennsylvania. Dann erhielten sie den Befehl, etwa 100 Kilometer weiter nach Baltimore zu gehen. Nach wenigen Wochen zogen sie ins 60 Kilometer entfernte Washington. Eine ziemlich anstrengende Tour. Doch außer Blasen an den Füßen und Problemen im Magen-Darm-Trakt waren die Soldaten relativ unversehrt – was auch daran lag, dass die Truppe bislang in keine echten Kämpfe verwickelt worden war. Alle waren einigermaßen gesund und munter. Bis zum 3. Oktober.

An diesem Tag beklagte der Truppenarzt Alfred Lewis Castleman den ersten Toten. »Bis zum letzten Atemzug schwärmte er von seiner Ehefrau und seinen Kindern«, schrieb der Mediziner später in sein Tagebuch. Kurz vor seinem Ableben habe er bei dem Betroffenen einen Nervenzusammenbruch beobachtet und die typischen Symptome von Typhus: Fieber, Hautausschlag, belegte Zunge. Doch diese tückische Krankheit, die damals bei Soldaten häufig vorkam, war nicht die Todesursache. »Es scheint seltsam, dass starke, gesunde Männer von dieser geistigen Beeinträchtigung dahingerafft werden«, notierte Castleman. Aber sie sei in der Armee weit verbreitet: »Der arme Kerl starb an Nostalgie.«

Tatsächlich beschrieben viele Kriegsveteranen deren Folgen in grausamen Details. Ein Arzt schilderte mit reichlich Fantasie, sie sauge den Atem aus dem Körper. Nostalgie sei das erbarmungsloseste Monster, das jemals das menschliche Herz befallen habe, pflichtete ein Kollege bei: »Sie hat genauso viele unserer Soldaten getötet wie die Kugeln des Feindes.«

Nostalgie machte zur Zeit des Amerikanischen Bürgerkriegs eine erstaunliche Karriere. Sie wurde zur nationalen Gefahr erklärt und hielt sogar Einzug in offizielle Militärstatistiken.

Die Dokumentation über den Bürgerkrieg umfasst mehr als 50 000 Seiten. Die Militärärzte schrieben penibel auf, welche Soldaten wann woran starben. Die Tabellen füllen Dutzende von Bänden, fein säuberlich geordnet nach Truppenteilen, Todestag und Todesursachen. Daran lässt sich ablesen, wie gefürchtet Nostalgie damals war. Neben Schussverletzungen, Typhus oder Darminfektionen hielten die Ärzte Nostalgie als Todesursache fest. Von 1861 bis 1866 wurden bei weißen Soldaten 5 213 Fälle aktenkundig, die im Government Hospital for the Insane (etwa: Staatliches Krankenhaus für Geisteskranke) behandelt werden mussten. 58 davon starben. Bei dunkelhäutigen Soldaten wurde die Krankheit wesentlich seltener diagnostiziert: 334 Fälle, 16 Tote.

Während des gesamten Bürgerkriegs waren etwa 430 000 weiße Soldaten im Einsatz, davon erkrankten allein 90 000 an Typhus. Der Anteil der Nostalgietoten lag also im Promillebereich. Zu gering, um als Epidemie zu gelten. Hoch genug, um den Menschen Angst einzujagen – und die Mediziner ins Grübeln zu bringen.

* * *

Wer mit der eigenen Vergänglichkeit konfrontiert wird und sein Leben riskiert, der sieht vieles klarer. Er erkennt, was ihm wichtig ist. Die tapferen Soldaten im Bürgerkrieg wurden in ruhigen Minuten plötzlich zu besinnlichen Romantikern.

Aus der Zeit des Kriegs sind Tausende von Briefen überliefert, die die Truppen damals an ihre Lieben nach Hause schickten. Sie verdeutlichen, wie sehr sie an Nostalgie litten. Der Soldat Dick Simpson etwa schrieb an seine Tante in South Carolina: »Wir sind jetzt im Land der Gefahr, weit, weit weg von der Heimat. Ich habe mich noch nie so sehr nach zu Hause gesehnt.« Dabei war er zu dem Zeitpunkt gerade mal eine Woche von dort weg. »Meine Gedanken erinnern sich an jede Kleinigkeit, und jedes Erlebnis läuft wieder und wieder vor meinem geistigen Auge ab. Ach, wie sehr ich meine Heimat vermisse und all die schönen Erlebnisse. Ich würde alles dafür geben, mit der Familie zusammenzusitzen und über die alten Zeiten zu sprechen.« Das klingt schon sehr nach Nostalgie – was vermutlich auch daran lag, dass der Soldat diesen Brief just am 4. Juli 1861 schrieb, dem amerikanischen Unabhängigkeitstag. An solchen Feiertagen ist die Sehnsucht ohnehin größer.

Als der Krieg im April 1861 ausbrach, rechneten beide Seiten mit einem schnellen Sieg. Die Nordstaatler, da sie dem Gegner zahlenmäßig überlegen waren – im Norden lebten damals 22 Millionen Menschen, im Süden nur neun Millionen. Außerdem war der Norden wirtschaftlich wesentlich weiter entwickelt und verfügte über Rohstoffe, Industrie, Eisenbahnen und ein Telegrafensystem. Der Süden hingegen hatte nur die Baumwollwirtschaft, die vor allem von der Sklaverei profitierte. Genau die wollte der Norden abschaffen, und so kam es zum Krieg. Die Südstaatler wiederum glaubten, dass Großbritannien ihnen im Krieg zu Hilfe kommen würde. Die Briten seien abhängig von der amerikanischen Baumwolle, so das Kalkül, und deshalb würden sie ihren Handelspartner nicht im Stich lassen. Beide Seiten sollten sich täuschen. Es wurde keine schnelle Schlacht, sondern ein langjähriges, grausames Gemetzel. Darauf waren die Truppen nicht vorbereitet, weder organisatorisch noch physisch. Psychisch schon gar nicht.

Zum einen verlief schon vor Kriegsausbruch die Zusammenstellung der Armeen suboptimal. Vor allem die Unionsarmee bestand überwiegend aus Jugendlichen vom Lande, die körperlich und geistig nicht als besonders robust galten. Im ersten Kriegsjahr stellten die 18-Jährigen die größte Gruppe in der Unionsarmee, die meisten waren Bauernsöhne und noch nie länger von zu Hause weg gewesen.

So wie Chauncey Cooke. Mit seinen Eltern lebte er in einer einfachen Blockhütte in den Wäldern von Wisconsin. Eine harte Kindheit, aber eine, von der Cooke profitiert hatte, physisch zumindest. Er war kräftig, gesund und wesentlich größer als seine Alterskameraden. Daher schöpfte der Arzt während seiner Musterung keinen Verdacht, obwohl Cooke damals erst 16 Jahre alt war – die offizielle Altersgrenze lag bei 18 Jahren. Der frühreife Junge aus den Wäldern wurde tatsächlich eingezogen und ging kurze Zeit später in den Krieg. Um seine Erlebnisse zu verarbeiten, schrieb er seinen Eltern von unterwegs ständig Briefe. Darin schilderte er das Soldatenleben mit all den Torturen. Krankheiten, lange Märsche, schlechtes Essen, wunde Füße, verwundete und getötete Kameraden. Doch mit diesen Belastungen schien Cooke recht gut klarzukommen. Sorgen bereitete ihm etwas anderes. In seinen Briefen berichtete er den Eltern davon, dass das Heimweh beinahe jeden seiner Kameraden ergriffen und ernsthafte Krankheiten verursacht habe. Zwar glaubte er, nicht davon betroffen zu sein, »aber ich weiß nicht, wie es mir ginge, wenn ich mir nicht ständig angenehme Erinnerungen in den Kopf rufen würde«. Offenbar halfen ihm diese Gedanken dabei, die Nostalgie unter Kontrolle zu halten.

Der Fall von Chauncey Cooke ist typisch für das damalige Dilemma. Militärärzte hatten die Qual der Wahl: Sollten sie jegliche Erinnerung an die Heimat unterdrücken, um die Nostalgie nicht noch zu verschlimmern? Oder sollten sie gerade diese gedanklichen Reisen zulassen und fördern, damit die Soldaten wenigstens in Tagträumen schwelgen konnten? Ein Dilemma, das sich mit zunehmender Dauer des Krieges zuspitzte.

Als er sich wider Erwarten immer länger hinzog, brauchte die Heeresleitung mehr Soldaten. Manche Bürger entschieden sich spontan und freiwillig dazu, in den Kampf zu ziehen; andere wurden zwangsverpflichtet oder mit Prämien geködert. Väter ließen ihre Kinder zurück, Ehemänner ihre Frauen. Allen gemein war: Sie wussten nicht, was Krieg bedeutete. Je länger er dauerte, desto stärker sehnten sie sich nach Hause. Zurück zu ihrer Familie, zu ihrem normalen Beruf, zu den Annehmlichkeiten des Lebens. Alle hatten eine enge Bindung an ihre Heimat, wozu auch das damalige Familienbild beitrug. Die Männer verließen sich weitgehend auf die Frauen, die sich im Haushalt um alles kümmerten. Um die frisch bezogenen Betten, den gedeckten Tisch, warme Mahlzeiten und das lodernde Feuer im Kamin.

Nun war das Heimweh von Chauncey Cooke schon sehr intensiv. Aber es beraubte ihn offensichtlich nicht seiner Kampfeskraft. Vielen Mitstreitern erging es anders. Heimweh war bei beiden Kriegsparteien weit verbreitet, sowohl bei den Unionsregimentern aus dem Norden als auch den Konföderierten aus dem Süden. Wenn es körperliche Symptome annahm, dann diagnostizierten die Ärzte Nostalgie. Das setzte oft eine regelrechte Spirale in Gang. Nostalgische Soldaten galten als weniger stabil und krankheitsanfälliger, und kranke Soldaten wiederum als anfälliger für Nostalgie. Man war sich einig, dass Nostalgie ein echtes Problem war, selbst die Zeitungen berichteten davon. Bloß bei der Behandlung gingen die Ansichten weit auseinander.

Die einen Mediziner setzten vor allem darauf, die Soldaten sorgfältiger auszuwählen. William Alexander Hammond war während des Bürgerkriegs oberster Militärarzt der Nordstaaten. Er empfahl das erforderliche Mindestalter der Rekruten auf 20 Jahre hochzustufen, um besonders Nostalgieanfällige gar nicht erst der Gefahr auszusetzen. Erkranke jemand doch an Nostalgie, müsse er eben nach Hause geschickt werden – aber am besten so, dass seine Kameraden es nicht mitbekämen. Hammond hatte offenbar Angst vor Trittbrettfahrern und Simulanten.

Auch Theodore Calhoun machte sich viele Gedanken darüber, welche Therapie für Nostalgie die beste sei. Der Mediziner galt als gewissenhaft und intelligent, bereits im Alter von 25 war er zum Chefarzt einer Division erkoren worden. Außerdem war er mit einer gewissen Arroganz gesegnet, denn die Truppe bezeichnete er abfällig als »Armee voller Briefschreiber«. Da er viel Kontakt zu den Soldaten hatte, war ihm etwas Sonderbares aufgefallen: Jene Truppenteile, die vor allem aus städtischen Gegenden stammten, waren wesentlich robuster als jene aus ländlichen. Wie konnte das sein? Alle aßen dieselben Speisen, tranken dasselbe Wasser, lebten in ähnlichen Unterkünften und genossen ähnliche medizinische Versorgung – trotzdem wurden manche von Krankheiten dahingerafft und andere nicht. Wieso?

Mit heutigem Wissen fällt die Antwort leicht. Die Stadtkinder waren gegen Kinderkrankheiten wie Mumps, Masern oder Diphtherie geimpft – anders als viele ihrer Altersgenossen vom Land. Doch Calhoun verortete das Problem eher im psychischen Bereich. Die Rekruten vom Land seien nicht tapfer genug. Einfach deshalb, weil sie weniger Grund dazu hätten, die idyllische Heimat zu verlassen. Dort lebten sie gemeinsam mit ihren Eltern in einem Haus und speisten regelmäßig miteinander. Ein Junge aus der Stadt hingegen sei Anonymität und fremde Menschen gewöhnt. Deshalb mache ihm die Luftveränderung wenig bis gar nichts aus: »Dem Soldaten aus der Stadt ist es egal, wo er sich befindet oder speist«, resümierte Calhoun, »während sein Freund vom Land sich nach seiner Heimat und dem vollen Esstisch sehnt.«

Als Gegenmittel hatte Calhoun vor allem zwei Therapien im Sinn. Zum einen sei es durchaus sinnvoll, den Soldaten gelegentlich Heimaturlaub zu geben. Zum anderen empfahl der Mediziner als Gegenmittel vor allem den Kampf in der Schlacht. Als er seine Kompanie übernommen habe, sei fast täglich ein Soldat an Nostalgie gestorben, während andere Truppen in unmittelbarer Nähe gesund blieben. Dann endlich musste seine Truppe in die Schlacht bei Chancellorsville ziehen – und die habe die Kompanie geheilt. Seitdem gehe es den Soldaten so gut wie nie. Nach Ansicht von Calhoun hatte die Schlacht den Korpsgeist gestärkt. »Wenn Männer die Feuertaufe gemeinsam bestanden haben, fühlen sie sich als Teil einer Gemeinschaft. Sie haben einen gemeinsamen Namen, teilen gemeinsamen Ruhm und gemeinsame Interessen – und das lenkt ihre Gedanken von zu Hause weg.« Der Stolz hatte die Nostalgie vertrieben.

Doch es musste nicht immer eine Schlacht sein. Grundsätzlich ging es Calhoun darum, die Männer beschäftigt zu halten, da Nichtstun das Heimweh geradezu magisch anlocke. Wenn die Nostalgiker den ganzen Tag über hart arbeiteten, würden sie nachts gut schlafen und hätten keine Zeit mehr für Gedanken an ihre Heimat. Anders sei der Fall hingegen, wenn der Patient ohnehin schon an einer Krankheit wie Typhus leide und dann auch noch an Nostalgie erkranke. »Dann müssen Sie extrem vorsichtig mit Ihrer Prognose sein«, warnte Calhoun. »Der Patient wird vermutlich sterben.« Diese Ansicht vertrat er in einem Vortrag am 10. Februar 1864. Der Bürgerkrieg war noch in vollem Gange, doch Calhoun fand trotzdem die Zeit, vor Medizinerkollegen eine Rede zu halten. Offenbar war das Thema von höchster Wichtigkeit.

Er hatte keinen Zweifel daran, dass Nostalgie zum Tod führen konnte. Vor einer Weile habe er einen Leutnant untersucht, dem es zwar schlecht ging, der aber seine Krankheit nicht lokalisieren konnte. Alle Organe waren noch intakt, doch der Leutnant wollte nach Hause: »Hierbei handelte es sich um einen Fall von einfacher Nostalgie«, erklärte Calhoun seinen Kollegen. Der Mann wurde nach Hause geschickt, und dort reichte er seinen Rücktritt ein: »Der Mann wäre zweifelsohne gestorben, wenn er im Feldlager geblieben wäre.« Nach Calhouns Vortrag begann eine angeregte Diskussion, seine Kollegen stimmten ihm zu. Einen interessierte besonders die These, dass Männer vom Land anfälliger für Nostalgie seien – denn auch in Irrenhäuser kämen mehr Patienten vom Land als aus der Stadt. Das sei doch »ein sehr interessanter Zufall«. Er konnte nicht wissen, dass er damit eine Diskussion vorausahnte, die erst knapp fünf Jahrzehnte später ausbrechen sollte.

Der Bürgerkrieg war nicht nur für die Geschichte der USA

entscheidend, sondern der traurige Höhepunkt der ersten Nostalgiewelle. Doch während der Norden und der Süden danach gemeinsame Wege gingen, trennten sich die bislang synonym verwendeten Wörter Heimweh und Nostalgie langsam – bis auf eine Ausnahme, zu der wir gleich kommen. Und das lag vor allem am technischen Fortschritt.

In den vergangenen Jahrzehnten waren die Menschen noch zu Fuß gereist oder in Kutschen. Lange Reisen waren so gut wie unmöglich. Waren sie einmal von zu Hause weg, konnten sie kaum noch zurückkehren. Die Erinnerung war das Paradies, und nichts konnte sie daraus vertreiben. Doch in den Jahren nach dem Krieg entstanden Eisenbahnstrecken und dampfbetriebene Schiffe, der Fortschritt ermöglichte es, große Entfernungen zurückzulegen. Es wurde theoretisch und praktisch leichter, in die Heimat zurückzukehren. Das Heimweh, die Sehnsucht nach einem Ort, ließ sich also leichter stillen. Doch wie der griechische Sagenheld Odysseus mussten viele Menschen bei ihrer Rückkehr feststellen, dass die Welt eine andere war. Sie selbst hatten sich verändert und ihre Heimat ebenfalls. So erkannten sie, dass man zwar an einen Ort zurückkehren konnte, aber die Zeit ließ sich nicht zurückdrehen. Der technische Fortschritt linderte vielleicht das Heimweh. Doch er steigerte die Nostalgie.

Zu Zeiten von Alfred Castleman und Theodore Calhoun galt Nostalgie als Schwäche. Für Soldaten war es unmännlich, an ihr zu erkranken. Für Nationen bestand darin eine Gefahr, denn geschwächte Truppen konnten über Sieg oder Niederlage entscheiden. Damals galten nur Soldaten als betroffen. Einige Jahrzehnte später nahm die Diskussion noch einmal eine neue, verstörende Wendung. Diesmal kostete Nostalgie sogar Zivilisten das Leben. Sogar Kinder fielen ihr zum Opfer.

JASPERS' DISSERTATION

Das Dienstmädchen als Mörderin

Bis zum 17. April 1906 führte Apollonia S. ein relativ normales Leben. Sicher, viel Geld hatte ihre Familie nicht. Ihr Vater war Steinhauer, auch die Mutter musste arbeiten. Das Ehepaar hatte insgesamt acht Kinder, im Alter zwischen anderthalb und 18. Apollonia war die älteste Tochter, deshalb musste sie viel im Haushalt mithelfen. Für ihre jüngeren Geschwister war sie eine Art Ersatzmutter. Doch ihre Leistungen in der Schule litten nicht sonderlich unter der Belastung. Manche Lehrer hielten sie für durchschnittlich, andere sogar für begabt: »Sie war stets fleißig, ich war immer mit ihr zufrieden«, sagte einer der Lehrer, der sie sieben Jahre lang unterrichtete. Bei Kritik reagierte sie zwar etwas empfindlich, aber ansonsten war sie brav, schüchtern und unauffällig. Ein typischer Teenager eben. Niemand hätte vorausahnen können, dass Apollonia bald ein schreckliches Verbrechen begehen würde.

Im Alter von 14 ging sie von der Schule. Sie war jung, und die Familie brauchte das Geld. Daher schickten die Eltern ihre Tochter als Dienstmädchen zu dem Ehepaar Anton, das in einem anderen Dorf lebte. Am 17. April 1906, einem Dienstag, verließ sie ihre Heimat. Sie ging als unschuldiges Mädchen – und kehrte als Mörderin zurück.

Apollonia hatte sich auf die Arbeit gefreut, in den ersten Tagen wurde sie nicht enttäuscht. Die Antons behandelten sie gut, außerdem waren sie wohlhabend – das Essen war besser, das Haus komfortabler, als sie es von daheim gewohnt war. Die drei Kinder der Antons waren freundlich und zutraulich zu ihr, und mehr arbeiten als zu Hause musste sie nicht. Sie hätte es schlechter treffen können – wenn da nicht dieses schreckliche Heimweh gewesen wäre, das Apollonia ab dem ersten Tag quälte. Sie war noch nie länger von zu Hause weg gewesen, nun vermisste sie ihre Eltern und Geschwister. Die Antons bemerkten ihre Niedergeschlagenheit und wollten sie trösten. Sie backten ihr einen leckeren Kuchen, Herr Anton wollte ihr sogar neue Schuhe kaufen. Doch das half alles nichts.

Apollonia war bald wie verwandelt, mürrisch und griesgrämig machte sie nur noch Dienst nach Vorschrift. Wenn die Familie gemeinsam aß, stand sie weinend daneben. Am ersten Sonntag nach Dienstantritt durfte sie ihre Eltern besuchen. Sie schluchzte vor Freude und flehte ihre Mutter an, sie nicht wieder fortzuschicken. Doch die lehnte ab, auch der Vater war dagegen. Als sie zurück zu den Antons ging, hatte sie Tränen in den Augen – und nach wenigen Tagen einen teuflischen Plan im Kopf.

Frau Anton hatte ihr gesagt, dass in der Medizin für ihren Sohn Gift enthalten sei. Ein Löffel sei richtig, genau ein Löffel. Nicht weniger, aber auf keinen Fall mehr. Schon bei zwei Löffeln werde der Kleine sterben.

Am Mittwoch darauf arbeitete die Familie draußen auf dem Feld, Apollonia passte zu Hause auf den Sohn auf. Da überkam sie das Heimweh – und ein schrecklicher Gedanke: Wenn ich dem Kleinen jetzt mehr als zwei Löffel verabreiche, wird er sterben. Um keine Spuren auf seiner Kleidung zu hinterlassen, legte sie ihm ein Tuch unter sein Kinn und verabreichte ihm gleich mehrere Löffel der Medizin. Der Plan misslang. Das Kind überlebte.

Apollonia hätte den gescheiterten Mordversuch als Warnung auffassen können. Sie hatte großes Glück gehabt, niemand hatte etwas bemerkt, der Kleine war putzmunter. Dennoch kam Apollonia nicht zur Besinnung. Als sie einige Wochen später, es war der erste Maisonntag, wieder ihre Eltern besuchen wollte, lehnten die Antons ihren Wunsch ab. Sie fügte sich, doch in den Tagen darauf wurde das Heimweh stärker und stärker. Wieder kam ihr der teuflische Plan in den Sinn. Diesmal sollte er aufgehen.

Am folgenden Samstag legte sie sich bereits kurz nach acht Uhr abends ins Bett. Als sie wach wurde, ging draußen gerade die Sonne auf. Leise zog Apollonia sich an und schlich vorsichtig die Treppe hinunter. Auf Zehenspitzen tapste sie durch die Küche und das Wohnzimmer. Von dort ging sie in das Schlafzimmer der Eltern, wo auch der jüngste Sohn schlief. Leise hob sie den Kleinen aus seinem Bettchen. Apollonia nahm ihn auf den Arm; schlich sich mit ihm durch die Waschkammer und durch den Stall ins Freie; lief mit ihm zum Fluss, ging hinunter an das flache Ufer – und warf den Jungen ins Wasser. Sie drehte sich um, eilte zurück ins Haus, schlich die Treppe hoch, zog ihre Kleidung aus und legte sich ins Bett.

15 Minuten später stand Herr Anton in ihrem Zimmer. »Das Kind ist weg!«, schrie er aufgeregt. Apollonia kleidete sich an, ging die Treppe runter und half der Familie, ihn zu suchen. Doch er blieb verschwunden. Eine halbe Stunde später ging der Vater zur Polizei und sagte, sein Kind sei entführt worden. Als die Beamten den Jungen nicht finden konnten und es keine weiteren Hinweise oder Spuren gab, fiel der Verdacht auf die Eltern. Die Polizei nahm sie am nächsten Tag fest und brachte sie ins Gefängnis. Als Apollonia das sah, brach sie in Tränen aus. Drei Tage später gestand sie ihre Tat. Die Polizei fand die Leiche des Jungen im Fluss. Sie habe gewusst, dass das Kind sterben werde, sagte Apollonia bei ihrer ersten Vernehmung. Doch sie habe um jeden Preis nach Hause gewollt – das Heimweh sei so schlimm gewesen.

Ein Psychiater untersuchte sie im Gefängnis. Sie sei ein schüchternes, unsicheres Mädchen, befand der Experte. Doch sei sie weder geistig zurückgeblieben noch verrückt. Auch die Zehn Gebote kenne sie. Im Gutachten diagnostizierte er »eine Heimwehmelancholie, die in solchem Grade als krankhafte Störung der Geistestätigkeit« zu betrachten sei. Der Staatsanwalt war fassungslos und legte Beschwerde ein. Daher wurde ein neues Gutachten angefordert. Es kam zum gleichen Ergebnis. Der zweite Psychiater diagnostizierte ebenfalls schweres Heimweh, »das einen psychisch abnormen Zustand von der Art einer melancholischen Depression darstelle, von so großer Intensität, dass die freie Willensbestimmung ausgeschlossen sei«. Apollonia wurde für unzurechnungsfähig erklärt. Das Verfahren wurde eingestellt.

Den Fall der Apollonia S. schilderte 1909 der deutsche Mediziner Karl Jaspers. Bevor er in den darauffolgenden Jahren zu einem weltweit geachteten Psychiater und Philosophen wurde, legte er an der Universität Heidelberg seine Doktorarbeit vor. Zu Beginn des 20. Jahrhunderts hatte die Debatte über die Ursachen und Konsequenzen der Nostalgie noch mal eine neue Wendung genommen. Nun beschäftigte sie auch Psychologen und Psychiater. Von denen glaubten tatsächlich viele, dass Nostalgie häufig pathologische Züge annehme. 1898 hatte sich der Österreicher Hans Gross, einer der Begründer der Kriminalpsychologie, mit ihr beschäftigt. Nostalgie sei »von nicht zu unterschätzender Bedeutung« und treffe meistens Pubertierende, »blödsinnige oder schwächliche Personen«. Gebildete Personen könnten sich von ihren trüben Gedanken ablenken. Doch »Ungebildete aus dem Hochgebirge oder Seegegenden« seien besonders gefährdet.

Der Kerngedanke war also ähnlich wie bei Johannes Hofer: Jemand geht seiner Heimat verlustig und verkraftet das nicht. Doch die Psychiater zu Beginn des 20. Jahrhunderts befürchteten andere Konsequenzen als die Mediziner im 17. Jahrhundert. Das Gefühl der Niedergeschlagenheit wolle der Nostalgiker »durch sinnlichen, kräftigen Reiz« oder »rauschende und lärmende Vergnügungen« bekämpfen, meinte Gross: »Kann er das nicht, so zündet er ein Haus an oder bringt notfalls jemanden um.« Diese Vorkommnisse seien so häufig, dass auf sie dringend aufmerksam gemacht werden müsse.

Im Zentrum der Debatte standen damals zwei Verbrechen: Brandstiftung und Kindsmord. Die psychiatrische Diskussion über Nostalgie ist eng verknüpft mit der Erforschung der Pyromanie, also dem krankhaften Drang, Feuer zu legen. Bereits seit Ende des 18. Jahrhunderts häuften sich die Vorfälle, bei denen ansonsten friedliche Kinder und Jugendliche Häuser in

Brand setzten. Häufig handelte es sich um junge Frauen mitten in der Pubertät. Die Wissenschaftler diskutierten vor allem zwei Fragen: Handelte der Täter rational und musste er dafür büßen? Oder steckte dahinter eine krankhafte Sucht? War Letzteres der Fall, konnten die Psychiater auf Unzurechnungsfähigkeit plädieren. Bei der Suche nach den Ursachen kamen sie auf den Gedanken, dass die Tat mit Nostalgie zu tun haben müsse. Eine Meinung, der sich auch Karl Jaspers in seiner Dissertation anschloss.

Inspiriert wurde er vor allem von Karl Wilmanns, der damals als Psychiater und Oberarzt an der Uni Heidelberg arbeitete. Wilmanns hatte sich in seiner Studie ›Heimweh oder impulsives Irresein‹ bereits mit den Folgen des Heimwehs beschäftigt – und war Gutachter im Fall der Apollonia S. Der Doktorand Jaspers fasste in seiner Arbeit nun insgesamt 20 Fälle zusammen, alle mit ähnlichem Muster. Jedes Mal hatte ein junges Mädchen aus armem Elternhaus in einem fremden Haushalt anheuern müssen, um ihre Eltern finanziell zu entlasten. Häufig war der Arbeitsplatz nur eine Stunde von der Heimat entfernt. Trotzdem ergriff die jungen Frauen das Heimweh. Manche sagten daraufhin nur noch einen Satz: »Ich will heim« – wie einst die nostalgiekranke Bäuerin bei Johannes Hofer. Und jedes Mal hatten die jungen Frauen den Weg des Gesetzes verlassen. Einige hatten sich plötzlich in eiskalte Mörderinnen verwandelt. Die 14-jährige Apollonia, die 13-jährige »R.« und die 16-jährige Marie Katharina hatten die Kinder umgebracht, auf die sie eigentlich aufpassen sollten. Sie warfen sie in den Fluss, erschlugen oder vergifteten sie. Andere, etwa die 14 Jahre alte Juliane Wilhelmine Krebs oder Magdalene Rüsch, hatten die Häuser ihrer Dienstherren in Brand gesetzt. Hinter allen Taten steckte eine ebenso schräge wie perverse Logik: Ist das Kind tot oder das Haus abgebrannt, darf ich zurück in die Heimat.

Schuld an den Taten seien aber weder Bosheit noch Zorn oder Rachgier, meinte Jaspers, sondern vor allem das kindliche Gemüt. Jenes könne das Heimweh nicht kanalisieren. Um bloß schnell wieder nach Hause zu kommen, sei den Täterinnen jedes Mittel recht. Daher hielt Jaspers es für berechtigt, bei diesen Fällen von Heimwehpsychose oder »Nostalgia« zu sprechen.

Wie die meisten Psychiater, so riet er dazu, einen Arzt zu konsultieren, wenn sie als Motiv für ein Verbrechen infrage komme. Die Grenze des Krankhaften sei in solchen Fällen immer nah, und nur ein Experte könne beurteilen, wann sie überschritten sei. Dieser müsse die gesamte Persönlichkeit untersuchen und prüfen, ob nicht vielleicht eher Unzufriedenheit und »Unlust am Dienst« dahinterstecke. Falls nein, sei das Ausmaß zu berücksichtigen: »Wenn als einziger Grund eines Verbrechens bei intellektuell und moralisch bis dahin intakten Individuen Heimweh vorliegt, so ist die Tat mit überwiegender Wahrscheinlichkeit unfrei.« Die Folge: Die Täterin sei freizusprechen.

Jaspers' Fallbeispiele wirken aus heutiger Sicht grotesk. Kein vernünftiger Mensch würde jemanden für verrückt erklären, nur weil er an Heimweh leidet – damals aber war man anderer Meinung. Gleichzeitig lehren uns die Beispiele viel über das Wesen der Nostalgie, und diese Lektion ist auch heute noch gültig.

Es wäre allzu naheliegend, die Taten auf den familiären Hintergrund zu schieben. Keines der Mädchen stammte aus einem intakten Elternhaus, fast alle wurden zu Hause verprügelt, manche Väter tranken, Geld war kaum vorhanden, dafür reichlich Geschwister und viel Hausarbeit. Man kann sich eine schönere Kindheit vorstellen. Doch das eigentlich Verblüffende ist, dass sie es bei ihren Dienstherren besser hatten als bei ihren Eltern. Die meisten Familien waren wohlhabend, behandelten sie anständig, gaben ihnen gutes Essen und bürdeten ihnen nicht zu viel Arbeit auf. Manche mussten gar weniger schuften als zu Hause. Und was passierte? Alle jungen Mädchen bekamen schreckliche Sehnsucht und begingen schwere Verbrechen. Sie wollten unbedingt wieder heim, obwohl das Leben dort weitaus härter war. Schon seltsam: Objektiv betrachtet ging es ihnen besser, subjektiv nahmen sie das anders wahr. Plötzlich vermissten sie die Heimat. Das Gras wirkt auf der anderen Seite eben immer grüner, selbst wenn das meist täuscht.

Nun hatte Jaspers erhebliche Zweifel daran, dass Heimweh zwangsläufig in einem Verbrechen mündet – selbst wenn er es für denkbar hielt. Doch einig waren sich die meisten Psychiater damals, dass Nostalgie mit hoher Wahrscheinlichkeit psychische Schäden hinterlässt. Der Brite Isaac Frost etwa berichtete 1938 in einer Langzeitstudie von 40 deutschen und österreichischen Dienern, die in England arbeiteten. Innerhalb der ersten 18 Monate hatten sie Psychosen entwickelt, waren Depressionen verfallen oder an Schizophrenie erkrankt. Der US-Psychologe Willis McCann untersuchte für seine Doktorarbeit zwei Jahre später 100 Studenten, 50 Männer und 50 Frauen, die ständig an Heimweh litten. Dabei resümierte er, dass vor allem emotional instabile und neurotische Personen dazu neigten. Die meisten hätten Anzeichen einer Depression erkennen lassen.

Mit den Erkenntnissen von Jaspers und Co. veränderte sich die Debatte über Nostalgie. Bei den Schweizern Hofer und Scheuchzer, bei dem Österreicher Auenbrugger, dem Franzosen Larrey und dem Amerikaner Calhoun war sie eine Krankheit, die sich in körperlichen Symptomen äußerte. Sie befiel Organe, die Lunge, das Gehirn – und führte mitunter zum Tod. Doch jetzt setzte sich eine andere Erkenntnis durch. Nostalgie schwächte nicht mehr den Körper, sondern beeinträchtigte den Geist. Erstmals können wir bei Jaspers Umrisse dessen erkennen, was wir heute unter Nostalgie verstehen. Sie ist eine Reaktion auf veränderte Lebensumstände – beziehungsweise auf das gefühlte oder tatsächliche Unvermögen, diese Veränderungen zu verarbeiten.

Die Mediziner im 17. und 18. Jahrhundert waren noch davon ausgegangen, dass der Nostalgiker durch die Heimkehr geheilt werden könne. Dafür musste er noch nicht einmal physisch nach Hause zurück (obwohl das natürlich die beste

Medizin war). Wir erinnern uns: Laut Hofer reichte es schon, den Betroffenen die Rückkehr lediglich in Aussicht zu stellen, und schon waren sie auf dem Weg der körperlichen Besserung. Scheuchzer wollte vor allem sicherstellen, dass sie wieder die klare, saubere Luft ihrer Heimat atmeten. Nostalgie war gleichbedeutend mit Heimweh, also der Sehnsucht nach einem Ort – und wer an diesen Ort zurückkehrt, entledigt sich auch der Sehnsucht. Doch die Psychiater und Philosophen im 19. und 20. Jahrhundert erkannten, dass das zu einfach war. Denn die Bedeutung von Nostalgie hatte sich geändert. Nun ging es nicht mehr um die Sehnsucht nach einem Ort, sondern die Sehnsucht nach einer Zeit.

Eine Diskussion, in die sich ein Jahrhundert zuvor schon Immanuel Kant eingeschaltet hatte. Den Nostalgikern gehe es gar nicht so sehr um die physische Rückkehr nach Hause, schrieb er in seiner ›Anthropologie in pragmatischer Hinsicht‹, sondern um die Gedanken an die kindliche Idylle. Heimweh entstehe, wenn man sich die Sorgenfreiheit der Jugendjahre in Erinnerung rufe. Wer dann zurück in die Heimat komme, werde enttäuscht und geheilt zugleich. Zwar führe der Betroffene diese Enttäuschung darauf zurück, dass sich der Ort so sehr verändert habe. Doch das sei falsch. Der wahre Grund sei die Erkenntnis, dass diese Zeit nie wiederkommt.

Damit sprach Kant die Essenz der Nostalgie an. Sie ist keine Krankheit, sondern eine Reaktion auf unsere Lebensumstände. Es geht nicht darum, an einen bestimmten Ort zurückzukehren. Sondern um die Einsicht, dass wir die Zeit nicht zurückdrehen können. »Nostalgie ist die Verzweiflung angesichts des Unmöglichen, doch im Modus der Zärtlichkeit und Poesie. Sie strebt nach etwas, das mir immer entkommen wird«, sagte einst der französische Philosoph Vladimir Jankélévitch. Damit nahm er voraus, was Wissenschaftler inzwischen in Dutzenden von Experimenten und Laborstudien bekräftigen konnten.

In den Jahrzehnten nach Jaspers' Dissertation wurde Nostalgie zu einem Phänomen, das unterschiedliche Experten beschäftigte: Soziologen, Psychologen, Neurologen und Ökonomen. Egal wen man fragt, alle kommen, wie wir noch sehen werden, vor allem zu einem Schluss: Nostalgie ist keine Krankheit, sondern Medizin. Sie verursacht keine Traurigkeit, sondern schenkt Freude. Sie schürt keine Depressionen, sondern verhindert sie. Sie lässt uns nicht verzweifeln, sondern tröstet uns in schwierigen Zeiten. Längst betrifft dieses Gefühl nicht nur Studenten an Universitäten fernab der Heimat, Diener in fremden Städten und Soldaten im Krieg, sondern alle Menschen – egal wie alt sie sind, egal in welcher Lebensphase sie sich befinden.

KAPITEL 2
Der Geist der
NOSTALGIE

SEHNSUCHT NACH GESTERN

Ein bittersüßes Gefühl

Der Mann, der unser heutiges Verständnis von Nostalgie entscheidend geprägt hat, verdiente sein erstes Geld als Taxifahrer. Seine Kindheit und Jugend verbrachte Fred Davis im New Yorker Stadtteil Brooklyn. Nach der Highschool blieb er der Gegend zunächst treu und machte auf dem dortigen College seinen Abschluss in Soziologie. 1948 wechselte er für sein Doktorandenstudium an die Universität von Chicago. Die galt als eine der besten Hochschulen des Landes. Zu den Professoren gehörten berühmte Ökonomen und spätere Nobelpreisträger wie Milton Friedman, Theodore Schultz oder George Stigler, aber auch renommierte Soziologen – und von ihnen wollte Davis lernen.

Dafür war Chicago genau der richtige Ort. Die Metropole am Michigansee hatte sich in den vergangenen Jahrzehnten zu einer Industriestadt entwickelt. Immigranten wollten hier Arbeit finden, vor allem Afroamerikaner, Iren und Osteuropäer. Doch längst nicht allen gelang das. Die Verlierer des wirtschaftlichen Wandels schotteten sich in Ghettos ab, manche gründeten Banden und wurden kriminell. Für die Betroffenen das Ende ihrer Aufsteigerträume, für Soziologen wie Fred Davis ein Paradies. Denn die Wissenschaftler wollen ja erforschen, wie Menschen in Gemeinschaften zusammenleben. Weil Davis allerdings kaum Geld hatte, fuhr er sechs Monate lang Taxi, um sich sein Studium zu finanzieren. Da kam ihm die Idee, seinen Alltag als Taxifahrer zu notieren. Die Bezahlung, aber auch Erlebnisse und Gespräche mit den Fahrgästen festzuhalten. Einige Jahre später veröffentlichte er seine Erkenntnisse sogar.

Diese Anekdote sagt viel über ihn aus. Fred Davis hatte viele

Interessen, was sich in seinen Veröffentlichungen niederschlug. Nachdem er 1960 an die Universität von Kalifornien in San Francisco und 1975 an den Ableger der Hochschule in San Diego gewechselt war, beschäftigte er sich unter anderem mit der Hippiekultur, der Poliokrankheit oder der Entstehung von modischen Trends. Im Laufe seiner 35 Jahre langen Karriere befragte Davis Designer und Mediziner, Kinder und Erwachsene, er forschte in Indien und Italien. Stets legte er Wert auf gute Kleidung und gute Manieren, alle ehemaligen Kollegen und Studenten behielten ihn als echten Gentleman in bester Erinnerung. Doch im Gedächtnis geblieben ist Davis, der 1993 im Alter von nur 67 Jahren an den Folgen eines schweren Herzinfarkts starb, nicht nur wegen seiner Neugier oder seinem gepflegten Äußeren. Sondern vor allem durch ein Werk, das 1979 erschien: ›Yearning for Yesterday‹, also etwa ›Sehnsucht nach gestern‹. Darin widmete sich Davis der »Soziologie der Nostalgie«.

Davis interessierte das Thema aus zwei Gründen. Zum einen sei Nostalgie eine soziale Emotion, die sich auf das Leben in der Gesellschaft auswirke. Sie sorge dafür, dass Menschen sich an Orte und Personen ihrer Vergangenheit erinnern – und schaffe dadurch ein Gemeinschaftsgefühl. Zum anderen schwappte Ende der Siebzigerjahre eine Nostalgiewelle durch die USA. Die Fernsehsender wiederholten romantische Komödien der Dreißigerjahre, die Menschen lauschten Musik, die sie an früher erinnerte. 1977 feierte am New Yorker Broadway das Musical ›Beatlemania‹ Premiere, eine nostalgische Rückschau auf die legendäre Band, die sich 1970 getrennt hatte. Kurzum: Nostalgie prägte damals das Sozial- und Konsumverhalten vieler Menschen. Grund genug für einen Soziologen, sich damit auseinanderzusetzen.

Folgende Situation: Nehmen wir an, Sie besuchen Ihre Eltern. Nehmen wir außerdem an, dass die noch dort wohnen, wo Sie Ihre Kindheit und Jugend verbracht haben – in derselben Straße, im selben Haus. Nehmen wir weiterhin an, draußen scheint die Sonne, Sie spazieren durch die Nachbarschaft und schauen sich die umliegenden Häuser an. Mit ziemlicher Sicherheit werden Sie an Ihre Kindheit und Jugend zurückdenken. Vielleicht wohnen in der Nachbarschaft inzwischen andere Familien mit kleinen Kindern, die jetzt draußen Fußball oder Fangen spielen. Und automatisch werden Sie sich daran erinnern, wie Sie damals mit Ihren Freunden durch die Straßen tollten. Hach, was waren das noch Zeiten!

Kennen Sie das? Haben Sie sich schon mal gefragt, wie solche Emotionen entstehen? Und warum Sie dabei dieses bittersüße Gefühl ergreift? Eine Mischung aus wohlig-warmer Erinnerung einerseits und der kalten Gewissheit andererseits, dass diese Zeiten nie wiederkommen? Fragen, die jedenfalls Fred Davis beschäftigten, und die Antworten lieferte er in ›Yearning for Yesterday‹. Auch diesem Buch ist es zu verdanken, dass sich die Bewertung von Nostalgie seit Johannes Hofer verändert hat; dass Nostalgiker nicht mehr mit kruden esoterischen Mitteln geheilt werden sollen oder gar als besonders gefährdet gelten; sondern dass sie sich durch gedankliche Reisen in die Vergangenheit selbst heilen – und dadurch ihr Leben oft erst wieder lebenswert machen.

Grundlage von Davis' Buch waren ausführliche Interviews mit zwölf Personen. Außerdem verteilte er Fragebögen an Dutzende seiner Studenten. Der Soziologe wusste selbst, dass diese Herangehensweise wissenschaftlich fragwürdig war. Aber das war ihm nicht so wichtig. Vielmehr ging es ihm darum, Gedankenfutter für sein Buch zu sammeln und zu erfahren, wie die Personen über Nostalgie dachten. Und vor allem: ob Nostalgie und Heimweh dasselbe waren. Er hielt es nicht für nötig, den Fragenkatalog im Buch unterzubringen, sodass offenbleibt, was genau er von den Teilnehmern wissen wollte. Immerhin druckte er viele von deren Aussagen ab. Dabei bemerkte Davis, dass die meisten Befragten Begriffe wie »warm«, »Kindheit« oder »alte Zeiten« keineswegs mit Heimweh in Verbindung brachten – sehr wohl aber mit Nostalgie. Soll heißen: Die Begriffe hatten unterschiedliche Bedeutungen.

Das verdeutlichen längst auch die Wörterbücher. Der Duden versteht unter Heimweh die »große Sehnsucht nach der fernen Heimat oder einem dort wohnenden geliebten Menschen, bei dem man sich geborgen fühlte«. Nostalgie hingegen wird dort wie folgt definiert: »Vom Unbehagen an der Gegenwart ausgelöste, von unbestimmter Sehnsucht erfüllte Gestimmtheit, die sich in der Rückwendung zu einer vergangenen, in der Vorstellung verklärten Zeit äußert, deren Mode, Kunst, Musik oder Ähnliches man wiederbelebt«. So weit muss man gar nicht ausholen, um die beiden Begriffe zu unterscheiden. Es reicht schon ein kurzer Vergleich: Um Heimweh empfinden zu können, muss man seine Heimat verlassen – Nostalgie kann man in den eigenen vier Wänden erleben. Kaum ein Erwachsener leidet unter bedrohlichem Heimweh, wenn er mal von zu Hause weg ist. Aber viele kennen das Gefühl, sich nach den guten alten Zeiten zu sehnen. So ging es auch Davis' Versuchskaninchen. Und bei der Analyse der Antworten entwickelte er eine These, die noch heute relevant ist.

Als Soziologe interessierte ihn vor allem, wie seine Ansprechpartner ihr Leben meisterten. Ein Leben, das zwar kontinuierlich weiterläuft, von der Geburt bis zum Tod, von der Wiege bis zur Bahre. Dennoch wird es von gewissen Ereignissen unterbrochen, die Davis als »Diskontinuitäten« bezeichnete. Dazu gehören einerseits die Übergänge zwischen den einzelnen Lebensphasen – aus Kindern werden Jugendliche, aus Jugendlichen werden Erwachsene, aus Erwachsenen werden Senioren. Andererseits beinhaltet unser Leben einschneidende Erlebnisse. Positive wie ein Schulabschluss, das Ende des Studiums, der erste Arbeitsvertrag oder die Hochzeit mit dem Herzblatt. Aber auch negative: private Sorgen wie Krankheiten, Trennungen oder der Tod unserer Eltern; berufliche Probleme wie Arbeitslosigkeit, Geldsorgen oder Zukunftsängste. So unterschiedlich die Anlässe sein mögen – unangenehme Erfahrungen hinterlassen negative Gefühle. »Die Heraufbeschwörung der Vergangenheit geschieht immer bei Ängsten und Sorgen, bei Unsicherheit und Unzufriedenheit«, schrieb Davis. Die Nostalgie helfe uns, damit umzugehen oder diese Emotionen loszuwerden. Sie verursacht also keinen Schmerz, sondern lindert ihn. Sie sorgt für Ordnung im Chaos des Lebens. Individuell und gesellschaftlich.

Der Mensch lebt als Rudeltier in einer Gemeinschaft. Eine Gemeinschaft, die Freuden, Höhepunkte und Triumphe ebenso miteinander erlebt wie Kriege, Krisen und Kalamitäten. Mal ernste, mal harmlose. Gemeinsame Erlebnisse werden ein Teil kollektiver Erinnerungen – und diese stärken das Gemeinschaftsgefühl. Nostalgie erhöht demnach sowohl unser eigenes Selbstbewusstsein als auch die Solidarität. Ihre Botschaft ist eine tröstliche: Wir sind nicht allein. Diese Erkenntnis geht zurück auf Fred Davis. Er nahm der Nostalgie ihre unheimliche Macht.

Bei Johannes Hofer und Johann Jakob Scheuchzer wurden die Betroffenen noch plötzlich von ihr übermannt, ohne eigenes Verschulden. Davis hingegen unterschied zwischen drei Arten von Nostalgie. Die einfache Nostalgie (*simple nostalgia*) führt dazu, dass die Gegenwart längst nicht so schön erscheint wie die Vergangenheit. Typischer Satz: »Früher war alles besser.«

Die reflexive Nostalgie (*reflexive nostalgia*) geht einen Schritt weiter. Hier streben wir vor allem nach historischer Genauigkeit und hinterfragen unser Gedächtnis. Es handelt sich nicht um eine Einteilung in gute Vergangenheit hier und miese Gegenwart dort, sondern eine Art innere Ursachenforschung. Motto: »War früher wirklich alles besser?«

Die komplexeste Form war für Davis die interpretierte Nostalgie (*interpreted nostalgia*). Sie hilft uns bei der Selbstfindung. Etwa durch Fragen wie: »Warum werde ich so oft nostalgisch? Was sagt das über mich aus, über meine Vergangenheit, meine Gegenwart – und meine Zukunft?«

Für Davis waren Nostalgiker also durchaus in der Lage, ihre Gefühle zu reflektieren und zu analysieren. Nostalgie hielt er nicht für eine Emotion, die den Körper plötzlich erfasst und ihm schadet. Vielmehr rege sie den Geist zum Nachdenken an, und zwar mit angenehmem Ausgang. Nostalgie sei meist verbunden mit vergangener Schönheit, schrieb Davis. Mit Freude und Vergnügen, mit Glück, Zufriedenheit und Liebe. Und selten mit dem Elend, dem Frust oder der Verzweiflung von einst.

Nun mahlen die Mühlen des Wissenschaftsbetriebs bisweilen langsam. So dauerte es immerhin sechs Jahre, bis sich Psychologen Davis' Thesen annahmen. Ohne es auszusprechen, hatte der Soziologe einen kausalen Zusammenhang nahegelegt, also eine Ursache-Wirkungs-Beziehung nach dem Motto: Je schlimmer es einem Menschen geht, desto nostalgischer wird er. Doch empirisch überprüft hatte Davis diese Behauptung nie. Das übernahmen 1985 die US-Wissenschaftler Joel Best und Edward Nelson. Sie werteten vier landesweite Umfragen aus, die zwischen 1968 und 1980 stattgefunden hatten. Etwa 9 000 Teilnehmer zwischen 18 und 64 hatten darin einerseits Angaben zu ihren Lebensumständen gemacht – ob sie Rückschläge verkraften und Niederlagen einstecken mussten, ob sie Verwandte verloren hatten oder umgezogen waren. Sprich: ob sich in ihrem Leben etwas Einschneidendes ereignet hatte. Andererseits sollten sie verschiedene Aussagen bewerten: »Ich bin heute genauso glücklich wie damals«, »Jetzt sind die besten Jahre meines Lebens«, »Wir hatten es früher besser« und »Die Menschen werden immer schlechter«. Daraus bastelten Best und Nelson einen Nostalgie-Index und verglichen ihn mit den Antworten aus dem ersten Teil.

Zwar fanden sie heraus, dass Menschen nach einem Umzug oder Jobwechsel nicht unbedingt nostalgischer waren. Allerdings entdeckten die Forscher einen – wenn auch schwachen – Zusammenhang zwischen Nostalgie und privaten Vorfällen: Befragte, die den Tod eines Kindes oder Geschwisters, gesundheitliche Probleme oder eine Scheidung zu verarbeiten hatten, blickten häufiger mit Sehnsucht zurück.

Die zweite Überprüfung folgte 1995. Die Professorin Krystine Batcho vom Le Moyne College im US-Bundesstaat New York befragte knapp 700 Personen mit einem Durchschnittsalter von 20 Jahren. Im ersten Teil sollten sie drei Fragen auf einer Skala beantworten. Wie ist die Welt momentan (1 = grauenvoll, 5 = herrlich)? Wie wird sie in 20 Jahren sein (1 = grauenvoller, 5 = herrlicher)? Und wie war sie während Ihrer Jugend? (1 = grauenvoller, 5 = herrlicher). Danach füllten die Befragten Batchos Nostalgie-Skala aus (siehe Kasten). Haben Sie einen Stift zur Hand? Los geht's. Kreuzen Sie an, welche Ziffern auf Sie zutreffen. Dann addieren Sie alle Punkte und teilen die Summe durch 20.

Nostalgie-Selbsttest

Wenn Sie an Ihre Jugend denken –
wie sehr vermissen Sie … (1= gar nicht, 9 = sehr)

Verwandte	1	2	3	4	5	6	7	8	9
Vorbilder	1	2	3	4	5	6	7	8	9
Sorglosigkeit	1	2	3	4	5	6	7	8	9
Orte	1	2	3	4	5	6	7	8	9
Musik	1	2	3	4	5	6	7	8	9
Expartner(in)	1	2	3	4	5	6	7	8	9
Freunde	1	2	3	4	5	6	7	8	9
Aktivitäten	1	2	3	4	5	6	7	8	9
Spielzeuge	1	2	3	4	5	6	7	8	9
Das Verhalten der Menschen	1	2	3	4	5	6	7	8	9
Gefühle	1	2	3	4	5	6	7	8	9
Serien und Filme	1	2	3	4	5	6	7	8	9
Die Schule	1	2	3	4	5	6	7	8	9
Verlässlichkeit	1	2	3	4	5	6	7	8	9
Ferien	1	2	3	4	5	6	7	8	9
Den Zustand der Gesellschaft	1	2	3	4	5	6	7	8	9
Ein Haustier	1	2	3	4	5	6	7	8	9
Den Glauben an das Gute	1	2	3	4	5	6	7	8	9
Die Kirche	1	2	3	4	5	6	7	8	9
Ihr Zuhause	1	2	3	4	5	6	7	8	9

Und, wie haben Sie abgeschnitten? Ich bin auf 124 Punkte gekommen beziehungsweise einen Durchschnittswert von 6,2 – also bin ich laut der Skala überdurchschnittlich nostalgisch.

Die Neun habe ich unter anderem bei »Sorglosigkeit« angekreuzt. Warum? Weil ich mir einbilde, dass früher vieles leichter war. Zumindest dachte ich das bislang immer, und zwar in jeder Lebensphase. Als ich noch studierte und für Klausuren lernen musste, unterhielt ich mich mit Kommilitonen darüber, dass wir es als Schüler besser gehabt hatten. So kam es uns vor, aber natürlich stimmt das nicht. Erinnerungen sind enorm verführerisch. Genau genommen waren viele Schultage absolut schrecklich. Vormittags musste man Lehrern zuhören, nachmittags Hausaufgaben machen oder Vokabeln auswendig lernen, zwischendurch Pubertät und Pickel bekämpfen und um die schönsten Mädchen der Klasse buhlen.

Dagegen ist das Studentenleben geradezu paradiesisch. Man kann sich seine Zeit meist relativ frei einteilen, wohnt häufig nicht mehr zu Hause, kann abends feiern und morgens ausschlafen. Trotzdem verklären viele Studenten die Schulzeit – und gleichzeitig freuen sie sich auf den ersten Job. Endlich Geld verdienen, kein Minus auf dem Konto, nicht mehr für Klausuren lernen. Herrlich!

Von wegen.

Jobeinsteiger freuen sich zwar, wenn das Konto gefüllt ist. Aber mit dem ach so freien Leben ist es vorbei. Und der Traum, endlich viel Geld zu verdienen, zerplatzt spätestens beim Blick auf die erste Gehaltsabrechnung. Was passiert? Sie sehnen sich nach der Hochschule zurück. Offenbar begehrt der Mensch immer das, was er nicht hat.

Das ist die Tücke der Nostalgie. Wir glauben, dass das Leben früher leichter, angenehmer, sorgenfreier war, aber das stimmt nur bedingt. Egal in welcher Lebensphase wir uns befinden, egal ob als Schüler, Student, Arbeitnehmer oder Rentner – in jeder einzelnen finden wir die Vergangenheit häufig reizvoller.

Nun taugen beide Studien nicht unbedingt dazu, Davis'

Thesen einwandfrei zu belegen. Vor allem deshalb, weil sie lediglich eine Korrelation, also einen Zusammenhang feststellten: Nostalgische Menschen fanden die Welt früher schöner. Aber eben keine Kausalität nach dem Motto: »Nostalgie führt zur Vergangenheitsverklärung«. Oder: »Unzufriedenheit mit der Gegenwart macht nostalgisch«. Eine methodische Schwäche, die mittlerweile beseitigt wurde. Denn Psychologen ist es tatsächlich gelungen, einen solchen Kausalzusammenhang herzuleiten. Und Fred Davis war der erste Forscher, der dafür die Basis schuf. In seinem Buch legte er nahe, dass Nostalgie therapeutische Wirkung habe. Wie recht er damit hatte, bemerkte ein Psychiater einige Jahre später.

HELDEN VON DAMALS

Nostalgie als Rettungsanker

Oberflächlich betrachtet war alles in Ordnung. Der 27-Jährige war verheiratet und hatte einen festen Job. Trotzdem suchte er Anfang der Achtzigerjahre einen Psychiater auf und vertraute ihm seine Probleme an. Er fühle sich an seinem Arbeitsplatz nicht respektiert und wisse nicht, wie es beruflich weitergehen solle. Privat laufe es ebenfalls suboptimal. Ständig sorge er sich darum, dass seine Frau ihn nicht männlich genug finde. Aber das liege vor allem an ihm selbst. Er hasse seinen Körper, besonders seine trotz einer Schönheitsoperation unförmige Nase. Ständig plagten ihn Magenprobleme und Durchfall. Auch das Verhältnis zu seinen Eltern sei schwierig. Von seinem Vater fühle er sich nicht geliebt, ständig mäkele der an ihm rum. Seine Mutter hingegen liebe er abgöttisch.

Erst bei seiner Heirat war er von zu Hause ausgezogen – doch geistig verlassen hatte er das Elternhaus nie. Er war immer noch ein Kind in einem Männerkörper. Seit seiner Jugend sammelte er leidenschaftlich Spielfilme, mehr als 200 hatte er bereits auf Videokassette. Am liebsten guckte er Filme mit Errol Flynn. Der Hollywoodstar verkörperte in den Dreißiger- und Vierzigerjahren Heroen wie Robin Hood, den »Herrn der sieben Meere« oder den »Helden von Burma«. Immer mimte er einen tapferen, mutigen Mann, einen echten Kerl – so wie der 27-Jährige auch gerne gewesen wäre. Deshalb waren die Filme für ihn eine Art Eigentherapie: »Durch seine nostalgischen Anwandlungen fühlte er sich männlicher«, schrieb der Psychotherapeut später. Nur der Leinwandstar konnte Freude in sein trauriges Dasein zaubern. Die Identifikation mit dem Schauspieler verlieh ihm wenigstens etwas Selbstbewusstsein.

Was für den 27-Jährigen Errol Flynn, war für einen anderen Patienten des Psychiaters die Comicfigur Superman. Der 28-Jährige hatte ebenfalls enorme Probleme mit seinem Selbstbild. Zwei Jahre war er mit einer Frau liiert gewesen, die nicht mit ihm schlafen wollte. Als sie schließlich mit ihm Schluss machte, brach er innerlich zusammen. Er fühlte sich einsam und dachte, die Welt hätte sich gegen ihn verschworen. Die alten seelischen Wunden brachen wieder auf.

Schon seit seiner Kindheit war er körperlich benachteiligt. Wegen eines Geburtsfehlers musste er bereits im Alter von drei Monaten einen Gips tragen, vom Knöchel bis zur Kniescheibe. Nach dem Kindergarten wurde er erstmals operiert und konnte danach nur an Krücken gehen. Als Erwachsener humpelte er und musste orthopädische Schuhe tragen. Es gab nur eine Sache, die Freude in sein trauriges Dasein zauberte. Jeden Sonntag lauschte er im Radio den Abenteuern von Superman. Er kannte alle Folgen auswendig, trotzdem las er die Geschichte parallel in seinen Büchern mit. In diesen Momenten fühlte er sich gut. Zum einen, weil er sich mit dem Superhelden identifizierte. Zum anderen erinnerte er sich daran, wie er schon als Siebenjähriger die Comics verschlungen hatte. »Die Nostalgie half ihm dabei, seinen verletzten Narzissmus zu heilen«, schrieb der Psychiater Harvey Kaplan. Bei ihm waren beide Patienten, die er nicht mit Namen nannte, vor gut drei Jahrzehnten in Behandlung. Doch man muss gar nicht an psychischen Problemen leiden, um Kindheitsidole weiterhin zu vergöttern. Jeder von uns hat seinen eigenen Errol Flynn oder Superman. Einen Helden früherer Zeiten, den er anhimmelt und für den er gerne Geld ausgibt. Dafür reicht ein Blick in die DVD-Abteilung von Media Markt oder Saturn.

Natürlich gibt es dort aktuelle Spielfilme, die erst kürzlich im Kino liefen. Doch gleichzeitig liegt da eine schier unermessliche Zahl von Serien, die Erwachsene von heute an die Kindheit von gestern erinnern: deutsche Produktionen wie ›Anna‹, ›Die Augsburger Puppenkiste‹, ›Die Schwarzwaldklinik‹, ›Ein Schloss am Wörthersee‹, ›Praxis Bülowbogen‹ oder ›Unser Lehrer Doktor Specht‹; schwedische wie ›Die Kinder von Bullerbü‹, ›Karlsson auf dem Dach‹, ›Michel aus Lönneberga‹ oder ›Pippi Langstrumpf‹; und amerikanische Kultserien wie ›Alf‹, ›Bonanza‹, ›Ein Colt für alle Fälle‹, ›Knight Rider‹ oder ›MacGyver‹. Viele dieser Serien laufen heute wieder im Fernsehen. Mit Nostalgie lässt sich gutes Geld verdienen, wie wir später noch sehen werden.

Das heißt nicht, dass die Käufer und Konsumenten einen ernst zu nehmenden psychischen Knacks haben wie die beiden Patienten von Harvey Kaplan. Vielmehr brauchen wir das warme Nestgefühl der Kindheit. »Jeder wird irgendwann mal nostalgisch«, schrieb der Psychiater damals. Das Entscheidende sei, dass man nicht völlig im Gestern versinke. Deshalb unterschied Kaplan zwischen normaler und pathologischer Nostalgie. Erstere sei gesund, die Menschen akzeptieren, dass die Vergangenheit vorbei ist – anders als bei der pathologischen Form. Hier klammern sich die Betroffenen an ein Ereignis oder eine Person aus ihrer Vergangenheit und wollen gar nicht mehr loslassen. Dadurch vergessen sie, dass sie noch Energie für die Herausforderungen der Gegenwart benötigen. Die normale Nostalgie hingegen sei eine schöne Erfahrung, die ein Hochgefühl auslöse, schrieb Kaplan.

Recht hat er. Ich kenne viele Menschen, mich eingeschlossen, die die Filme und Serien ihrer Kindheit und Jugend heute noch gerne gucken. Nicht weil die Produktionen qualitativ hochwertig oder künstlerisch wertvoll sind. Sondern weil wir sie damals auch geguckt haben. Die Form der Verpackung mag sich geändert haben. Jetzt schauen wir die Filme auf DVD, das lästige Zurückspulen der Videokassetten entfällt. Doch der Inhalt ist derselbe geblieben.

Nach Ansicht von Harvey Kaplan beginnt Nostalgie in der Jugend, wenn Menschen erstmals über die Unumkehrbarkeit der Zeit nachdenken. Die Erinnerungen retten zumindest einen Teil der Jugend ins Erwachsenenalter. Dort ist Nostalgie Erklärung, Symptom und Medizin zugleich. Sie erklärt, warum wir bestimmte Gefühle verspüren, Produkte kaufen, Sendungen gucken, Klamotten tragen und Gespräche führen. Sie ist symptomatisch für eine Zeit, die geprägt ist von Angst, Unsicherheit und Orientierungslosigkeit. Und sie ist eine Art seelische Medizin, die diese negativen Gefühle vertreibt. Diese Erkenntnis verdanken wir vor allem einem gebürtigen Niederländer, der seine Heimat vor einigen Jahren verließ.

SEELISCHE MEDIZIN

Erinnerungen helfen gegen Krisen

Die niederländische Gemeinde Zeist ist eingebettet in Felder und Wälder und liegt am Rande des Nationalparks Utrechtse Heuvelrug. Im 19. Jahrhundert bauten hier reiche Bürger große Landhäuser, von denen heute noch viele erhalten sind. Neben dem gleichnamigen Hauptort gehören zu der Gemeinde die Dörfer Austerlitz, Bosch en Duin, Den Dolder und Huis ter Heide. Die 60 000 Einwohner der Region schätzen jedoch nicht nur die idyllische Gegend, sondern auch die Nähe zur nächsten Metropole. Zeist befindet sich an den östlichen Ausläufern von Utrecht. Die dortige Universität ist gerade mal gut zehn Minuten entfernt. Daher musste Tim Wildschut nicht lange überlegen, wo er sich einschreiben sollte.

Nach dem Abitur 1990 immatrikulierte er sich an der Hochschule und machte fünf Jahre später seinen Abschluss in Psychologie. Dann ging er für seine Doktorarbeit an die Universität von North Carolina in Chapel Hill, deren Abteilung für Sozialpsychologie schon damals angesehen war. Dort lernte er den Psychologieprofessor Constantine Sedikides kennen. Der stammte ursprünglich aus Griechenland, auch ihn hatte es in die Ferne getrieben. Nach dem Diplom in Thessaloniki war er in die USA gezogen und nach Stationen in New York, Ohio und Wisconsin in North Carolina gelandet. Die beiden verstanden sich auf Anhieb, fachlich und persönlich. Als Sedikides 1999 an die britische Universität von Southampton wechselte, kam Wildschut ein Jahr später nach.

Zwei neugierige Psychologen, die ihre Heimat verlassen, auf einem anderen Kontinent gelebt hatten und nun nach Europa zurückgekehrt waren; die sich beide schon immer für menschliche Gefühle interessiert hatten und gerne nachdachten – da lag es nicht ganz fern, dass sie irgendwann bei Nostalgie landeten. Wildschut und Sedikides beschlossen, sich dem Thema genauer zu widmen. Sie hatten festgestellt, dass es kaum Literatur dazu gab. Und wenn, dann stammte sie aus dem Bereich der Konsumforschung (siehe Kapitel 4).

Ihre ersten Gedanken veröffentlichten sie 2004. Darin fassten sie allerdings erst mal nur die wichtigsten bisherigen Erkenntnisse zusammen. Von Odysseus über Johannes Hofer und Fred Davis bis zu Harvey Kaplan. Wildschut und Sedikides vermuteten, dass Nostalgie viele wichtige Funktionen erfülle: dass sie das Selbstbewusstsein erhöhe, dem Leben einen Sinn verleihe und das Gemeinschaftsgefühl stärke. Das klang zwar alles plausibel und las sich gut. Das Problem war bloß, dass sie ihre Vermutungen noch nicht in einem Experiment bewiesen hatten. Zwei Jahre später holten sie das nach. Vor allem drei Fragen wollten die Wissenschaftler beantworten: Woraus bestehen nostalgische Erinnerungen? Wie werden sie ausgelöst? Und was haben wir davon?

Für die Studie konzipierte Wildschut sieben unterschiedliche Experimente. Für eines davon gewann er 172 Studenten. Diese setzten sich im Labor an Tische, dann reichte er ihnen einen Stift und ein kleines Büchlein. Darin stand: »Bitte denken Sie an ein Ereignis aus Ihrer Vergangenheit, das eine besondere Bedeutung für Sie hat und Sie nostalgisch stimmt. Denken Sie in Ruhe ein paar Minuten darüber nach.« Nun sollten sie dieses Erlebnis so detailliert, sorgfältig und lebendig wie möglich aufschreiben.

Ein Teilnehmer berichtete vom Tod seiner Großmutter, der ihn damals schwer mitgenommen hatte. Doch jetzt überwog die Freude darüber, dass der Tod für ihn und seine Angehörigen letztlich eine Erleichterung gewesen war; außerdem war er stolz auf seine Mutter, die den Trauerfall gut verarbeitet hatte. Eine andere Teilnehmerin erinnerte sich an ihr Lieblingskleid von früher und dass sie sich darin wie eine Prinzessin gefühlt hatte. Und ein Dritter dachte daran zurück, wie er mit seinem Großvater im Garten gespielt hatte. Die Blumen hatten geblüht und auf dem Tisch hatte ein großer Krug mit frischem Fruchtsaft gestanden.

Direkt im Anschluss an die Schreibaufgabe sollten alle Teilnehmer ihre momentane Gefühlswelt schildern. Dabei gaben sie doppelt so häufig positive Gefühle wie negative an. Offenbar hatte sie die gedankliche Reise in die Vergangenheit in eine angenehme Stimmung versetzt – und diese Reise traten die Testpersonen durchaus häufig an. Jeder vierte Proband gab zu, dass er drei bis vier Mal pro Woche nostalgisch werde. 19 Prozent ging das etwa zwei Mal wöchentlich so, 18 Prozent immerhin ein Mal pro Woche. Und 16 Prozent waren echte Nostalgiker: Sie empfanden das Gefühl mindestens ein Mal täglich. Insgesamt waren also knapp 80 Prozent aller Befragten mindestens ein Mal pro Woche nostalgisch. »Die Ergebnisse zeigen deutlich, dass Nostalgie kein esoterisches Phänomen ist«, schrieb Wildschut, »sondern ein fester Bestandteil des täglichen Lebens.«

Zuletzt wollte er von den Freiwilligen noch wissen, wann genau sie das Gefühl empfanden. Knapp 40 Prozent antworteten: bei negativen Emotionen. Ein Teilnehmer sagte zum Beispiel: »Wenn ich mich einsam fühle oder traurig bin, denke ich an Freunde oder Verwandte, die ich lange nicht mehr gesehen habe.« Ein anderer bestätigte das und meinte, dadurch fühle er sich besser. Offenbar gab es also tatsächlich einen kausalen Zusammenhang: Schlechte Laune führte zu Nostalgie, und Nostalgie verbesserte die Laune.

Die Erinnerung an die Vergangenheit ist wie eine Schatztruhe, die wir sorgsam hüten und bei Bedarf öffnen. Ein durchaus menschliches Bedürfnis. Das Leben ist nun mal kein Wunschkonzert, sondern häufig anstrengend, stressig und unerfreulich. Eine gelegentliche Dosis Nostalgie verleiht dem Leben wieder einen Sinn. Wir zaubern schöne Erlebnisse hervor und stellen fest, dass die Vergangenheit in uns weiterlebt. Erinnerungen sind Medizin gegen mentale Krisen. Mehr noch: Sie können sogar Einsamkeit bekämpfen. Häufig beinhalten sie Erlebnisse mit anderen Personen. Sie vermitteln uns also ein Gefühl der Zugehörigkeit. Davon profitierte auch der deutsche Komiker Hape Kerkeling. 2001 ging er den Jakobsweg, eine Strecke von 600 Kilometern – ganz allein. Der bekennende Grand-Prix-Fan behalf sich unter anderem damit, an einem einsamen Pilgertag alle Siegertitel des Schlagerwettbewerbs seit 1973 zu singen.

Doch selbst wenn es Nostalgie nicht gelingt, die dunklen Wolken am gedanklichen Himmel zu vertreiben, erinnert sie uns daran, dass über den Wolken die Sonne scheint – und eines Tages wieder darunter hervorkommen wird. So ging es auch Wildschuts Probanden. Das ließ den Psychologen aufhorchen. War es vielleicht sogar möglich, Nostalgie künstlich hervorzurufen? Um dieser Frage nachzugehen, teilte er in einem weiteren Experiment 62 Studentinnen in drei Gruppen. Alle bekamen Zeitungsartikel vorgelegt, allerdings mit unterschiedlichem Inhalt. Gruppe A las von der Geburt eines Eisbären im Zoo – tendenziell ein erfreuliches Ereignis. Gruppe B erhielt einen Bericht über die Landung der Raumsonde Huygens auf dem Saturnmond Titan. Eine eher neutrale Nachricht, die bei Nicht-Astronauten keine Euphorie auslöst. Gruppe C hingegen ging es an die Tränendrüse. Ihnen legte Wildschut einen Bericht der Erdbeben im Indischen Ozean im Dezember 2004 vor. Beim anschließenden Tsunami waren mehr als 230 000 Menschen gestorben. Dazu muss man sagen, dass das Experiment knapp ein halbes Jahr nach der Naturkatastrophe stattfand. Man kann also davon ausgehen, dass den Versuchspersonen die Tragödie noch präsent war. Das zeigte in der zweiten Runde des Experiments Wirkung.

Hier sollten die Probanden ihre momentane Gefühlswelt schildern, wobei sich die Mitglieder von Gruppe C wesentlich häufiger traurig oder schockiert äußerten als die der anderen Gruppen. So weit, so normal. Doch schon überraschender war: Jene Probanden waren wesentlich nostalgischer. Das bemerkte Wildschut, als er allen Gruppen den Nostalgie-Selbsttest von Krystine Batcho vorlegte (siehe Seite 63) und sie außerdem fragte, ob ihnen gerade nostalgisch zumute war. Die Manipulation war erfolgreich: Die Probanden in Gruppe C erzielten die höchsten Nostalgiewerte – vor allem bei den Punkten »Verwandte«, »Freunde« oder »frühere Partner«. Eine Frau erinnerte sich beispielsweise an ihr erstes Rendezvous: »Er holte mich in seinem roten Seat Ibiza ab, es war ungefähr 17 Uhr, an einem sonnigen und heißen Tag, dem 14. Mai. Ich trug damals ein Kleid, übersät mit Rosen, und einen Blazer. Er trug Hemd und Hose.« Das heißt allerdings nicht, dass Nostalgie ausschließlich von negativen Emotionen wie Einsamkeit oder Traurigkeit ausgelöst wird. Auch schöne Situationen können Nostalgie hervorrufen.

Psychologen bezeichnen solche Auslöser als *Trigger*. Und die dominieren viele Alltagsgespräche. Wenn sich alte Freunde treffen, auf Kindergeburtstagen und Klassentreffen oder in Kneipen, reden sie gerne und häufig über gemeinsame Erlebnisse. Spätestens beim zweiten Glas Bier oder Wein fallen immer wieder die gleichen Sätze: Weißt du noch, damals? Das waren Zeiten! Was waren wir jung! Wie die Zeit vergeht! Nostalgie schafft Vertrautheit, und kollektive Erinnerungen bilden deren Fundament.

Wildschuts Resümee ist eindeutig: »Nostalgie ist eine weit verbreitete und elementare menschliche Erfahrung – mit wichtigen psychologischen Funktionen. So wie die Liebe stärkt sie soziale Bindungen; wie Stolz erhöht sie die Selbstachtung; und wie Freude erhöht sie das Wohlbefinden.«

Nun ist längst nicht jeder Psychologe seiner Meinung. Es gibt durchaus Wissenschaftler, die Nostalgie mindestens zwiespältig sehen. Leider stehen nun mal nicht alle Menschen auf der Sonnenseite des Lebens. Den einen verfolgen schmerzhafte Erinnerungen oder gar traumatische Erlebnisse. Der andere sinniert über vergangene Erfolge und muss schmerzhaft erkennen, dass er zum sprichwörtlichen alten Eisen gehört. Daher gehen einige Forscher gar davon aus, dass Nostalgie eine negative Emotion ist, da sie die Trauer um die unwiederbringliche Vergangenheit beinhaltet. Umso mehr gilt: Ob sie ihre positive Wirkung entfalten kann, liegt vor allem an uns und unserer Einstellung. Wenn wir uns darauf konzentrieren, wie schön ein Erlebnis war, dann zaubern uns die Erinnerungen schon mal ein Lächeln ins Gesicht. Denken wir vor allem daran, dass es leider der Vergangenheit angehört, fördert das den Weltschmerz umso mehr. Doch wie wir später sehen werden, gehören die meisten Menschen zur ersten Gruppe.

Deshalb sieht die Mehrzahl der Wissenschaftler Nostalgie positiv. Diese Meinung geht auch zurück auf Wildschuts wegweisende Arbeit. Die Studie erschien in einer renommierten wissenschaftlichen Fachzeitschrift, sie wurde also vorab von unabhängigen Experten geprüft. Dennoch kann man die Studie leicht kritisieren. Wildschut konzipierte zwar sieben unterschiedliche Experimente, allerdings hauptsächlich mit englischen Studenten, noch dazu überwiegend jungen Frauen. Es ist also fraglich, wie verallgemeinerbar die Resultate sind. Damit hatte der Psychologe gerechnet. Deshalb befragte er in den darauffolgenden Jahren unterschiedliche Probanden. Mittlerweile hat er Hunderte von Personen untersucht. Studenten und Senioren, Männer wie Frauen. Das Ergebnis war immer ähnlich: Nostalgie hatte eine quasi therapeutische Wirkung. »Jahrhundertelang galt sie als psychische Krankheit, doch inzwischen erweist sie sich als wichtige menschliche Stärke«, schrieb Wildschut 2008 in einer Übersichtsarbeit. »Deshalb hilft sie uns dabei, die Wechselfälle des Lebens zu meistern.« Dieselbe Ansicht hatte Fred Davis gut 30 Jahre zuvor in ›Yearning for Yesterday‹ vertreten.

Dennoch müssen gewisse Bedingungen erfüllt sein, damit wir überhaupt nostalgisch werden. Individuelle, aber auch kulturelle. Nostalgie war immer schon ein Produkt der vorherrschenden Verhältnisse. Es gibt gute gesellschaftliche Gründe dafür, warum vor allem die Menschen in westlichen Kulturen heutzutage so gerne nostalgisch werden – und gute psychologische Argumente dafür, warum sich der Blick in die Vergangenheit so gut anfühlt.

REISE ZURÜCK

Warum Nostalgie im Westen gedeiht

Im Herbst 1985 trafen sich an der Universität Leeds haupt- und nebenberufliche Historiker zu einer Konferenz. Anlass war das 20. Treffen des »History Workshop Movement«. Gegründet hatte die Bewegung der inzwischen verstorbene Geschichtswissenschaftler Raphael Samuel. Er wollte sein Fach aus dem universitären Elfenbeinturm herausholen. Daher konnten an den jährlichen Konferenzen nicht nur Professoren und Dozenten teilnehmen, sondern auch Laien. Samuel betrachtete Geschichtsforschung und -schreibung als gemeinsames Projekt, an dem möglichst viele Interessierte gleichberechtigt arbeiten sollten. Das Organisationskomitee legte vorab eine Handvoll Themen fest, auf der Konferenz konnte sich dann jeder Teilnehmer äußern – solange es irgendetwas mit dem Gegenstand zu tun hatte. Der Historiker Malcolm Chase wollte dort gerne über Nostalgie sprechen. Als Geschichtswissenschaftler hielt er das Thema zunächst für heikel. Denn er dachte, dass Nostalgie vor allem dazu beiträgt, die Vergangenheit schönzureden. Ein Graus für Historiker, die sie doch vor allem so präzise wie möglich aufarbeiten wollen. Doch auf der Konferenz erkannte er, wie vielschichtig und facettenreich das Phänomen ist. Das beschäftigte ihn so sehr, dass er einige Monate später sogar ein Buch veröffentlichte, in dem er und verschiedene Kollegen sich zu Nostalgie äußerten. Ein Buch, das gut in die Zeit passte.

Damals war Margaret Thatcher britische Premierministerin. Die konservative Politikerin forderte in Interviews gerne eine Rückkehr zu »viktorianischen Werten«: mehr Eigenverantwortung und Leistungsbereitschaft, mehr Sparsamkeit und harte Arbeit, weniger Solidarität und Hilfe durch den Staat. Das mündete letztlich sogar in einen Krieg. Im Frühling 1982 hatte Argentinien die Falklandinseln besetzt, eine ehemalige britische Kolonie. Dort lebten weniger als 2000 Menschen, mehr als 12000 Kilometer Luftlinie von London entfernt. Dennoch entschied sich Thatcher, die Inseln mit Atom-U-Booten, Flugzeugträgern und Kampfjets zurückzuerobern. Die Bevölkerung in Großbritannien wollte es so. Die nostalgische Erinnerung an die Kolonialzeit hatte die öffentliche Stimmung geprägt – und eine wichtige Entscheidung der wichtigsten Frau des Landes gleich mit. Chase erstaunte das. Ob es wohl Situationen gebe, in denen eine Gesellschaft besonders anfällig für Nostalgie sei?

Der Historiker bejahte das – falls drei Bedingungen erfüllt seien.

Erstens müsse eine Gesellschaft eine bestimmte Vorstellung von Zeit haben. Genauer gesagt müssten die Menschen sie als Konstante wahrnehmen. Auf westliche Kulturen trifft das zu. Egal ob auf Deutsch, Englisch, Französisch oder Spanisch: Wir denken *zurück* an die Vergangenheit und blicken nach *vorne* in die Zukunft. Die Zeit ist wie eine Linie, mit einem Anfang ganz links und dem Ende ganz rechts. So weit, so klar. Doch diese Denkweise hat eine entscheidende Folge: Die Vergangenheit ist für immer verloren, es gibt keine Rückgängig-Taste – ein fruchtbarer Nährboden für Nostalgie.

Für moderne Gesellschaften klingt diese Vorstellung von Zeit völlig normal. Doch das gilt längst nicht für alle Kulturen. Eine Erkenntnis, die wir einem reiselustigen Chilenen verdanken.

* * *

Rafael Núñez ist in den vergangenen 30 Jahren viel rumgekommen. Er hat in Santiago de Chile studiert, als Gastprofessor in Madrid und Paris doziert, in Bonn, Genf und Lausanne in Laboren geforscht, an der Elfenbeinküste an einer Feldstudie teilgenommen, außerdem wanderte er durch Urwälder in Südamerika und Ozeanien. Während dieser Wanderungen hat der Wissenschaftler, der inzwischen an der Universität von Kalifornien in San Diego arbeitet, etwas Faszinierendes entdeckt.

2006 reiste Núñez mehrmals in die Anden. Schon als Student hatte er das Gebirge zwischen Bolivien, Peru und Chile regelmäßig als Rucksacktourist besucht. Dadurch hatte er die Aymara kennengelernt, einen indigenen Volksstamm. Irgendetwas war ihm komisch vorgekommen. Dem wollte er nun, Jahrzehnte später, genauer nachgehen. Daher unterhielt er sich jeweils zwischen 20 und 50 Minuten mit 30 erwachsenen Aymara. In den Gesprächen sollten sie in ihrer gleichnamigen Stammessprache einerseits über Erlebnisse aus der Vergangenheit und Erwartungen an die Zukunft berichten. Andererseits sollten sie Sprüche und Anekdoten rezitieren, in denen die Zeit eine Rolle spielt. Núñez zeichnete die Gespräche auf Video auf – und war verblüfft: Immer wenn die Aymara über Vergangenes sprachen, zeigten sie nicht nach hinten, sondern nach vorne. Und wenn sie über die Zukunft sprachen, zeigten sie nach hinten. Diese Eigenart fand sich auch in den Wörtern wieder. Bei den Aymara bedeutet »nayra« nicht nur »vorne«, sondern auch »Auge«, »Sicht« und »Vergangenheit«. Der Ausdruck »qhipa« hingegen steht sowohl für »hinten« und »zurück« als auch für die »Zukunft«. Für europäische Ohren klingt das zunächst mal seltsam. Denkt man länger darüber nach, ist das jedoch durchaus sinnvoll. Wir können logischerweise nur sehen, was vor uns liegt – und wir wissen nur von Sachen, die bereits stattgefunden haben. Was in der Zukunft passieren wird, wissen wir nicht. Oder anders gesagt: Wir können es nicht sehen – ebenso wenig wie das, was sich hinter unserem Rücken abspielt.

Die Studie war eine echte Sensation. Denn bislang hatten Wissenschaftler geglaubt, dass es weltweit in jeder Sprache üblich sei, die Zukunft vorne zu platzieren und die Vergangenheit hinten. Doch offenbar ist die Wahrnehmung von Zeit auch kulturell bedingt, folgerte Núñez. Eine Bestätigung für diese Vermutung erhielt er einige Jahre später, als er in das abgelegene Finisterre-Gebirge in Papua-Neuguinea reiste.

Dort lebt das Volk der Yupno, ein Stamm von etwa 5000 Eingeborenen. Die meisten können weder lesen noch schreiben, nur wenige gehen in die Schule. Es gibt keine Straßen, keine Elektrizität, der Stamm hat wenig Kontakt zu Fremden. Ab und zu guckt mal ein Wissenschaftler bei ihnen vorbei. So wie eines Tages Rafael Núñez. Wieder unterhielt er sich mithilfe eines Dolmetschers mit einigen Stammesmitgliedern und zeichnete die Gespräche auf. Und wieder entdeckte er eine völlig andere Vorstellung von Zeit. Immer wenn die Yupno unter freiem Himmel über die Vergangenheit sprachen, zeigten sie talabwärts. Redeten sie über die Zukunft, deuteten sie hangaufwärts. Núñez erklärte sich diese Eigenart mit der Historie des Stammes. Die Vorfahren der heutigen Yupno kraxelten nach der Ankunft am Ufer den Berg hoch. Mit anderen Worten: Die Vergangenheit liegt im Tal und die Zukunft auf dem Berg.

Die Wahrscheinlichkeit ist ziemlich hoch, dass Nostalgie bei Kulturen wie den Aymara oder den Yupno unattraktiv ist. Anders als in westlichen Gesellschaften. Sie begreifen Zeit als Konstante. Die Vergangenheit liegt hinter ihnen, außerhalb der Sicht- und Reichweite. Es war einmal, und es wird nie wieder sein. Genau diese Vorstellung, dass die Zeit einmalig und vergänglich ist, macht Nostalgie so reizvoll. Diese Einmaligkeit wird uns heute ständig vor Augen geführt. Nach Ansicht von Malcolm Chase ist diese Omnipräsenz die zweite gesellschaftliche Bedingung für Nostalgie. Einen Beweis für diese These schleppt heutzutage fast jeder Erwachsene mit sich herum. In seinem Portemonnaie.

* * *

Mal ehrlich: Rechnen Sie die Preise für Produkte manchmal in D-Mark um? Und haben Sie das Gefühl, dass der Euro Ihr Leben verteuert hat? Zahlreiche Umfragen belegen, dass die Deutschen der alten Währung immer noch hinterhertrauern. 2010 resümierte das Marktforschungsinstitut Ipsos, jeder zweite Bundesbürger sehne sich nach der D-Mark zurück. 2012 fand das Meinungsforschungsinstitut TNS Emnid heraus, dass 65 Prozent der Deutschen ihre persönliche Lebenssituation mit der D-Mark »viel besser« oder »etwas besser« einschätzten. Das ist durchaus verständlich. Die D-Mark ist ein Symbol für die guten alten Zeiten. Mehr als 50 Jahre lang war die Deutsche Mark das Zahlungsmittel der Bundesbürger. Mehr als zehn Jahre ist es nun her, dass sie vom Euro abgelöst wurde. Schon vor der Euro-Krise fiel dieser Abschied vielen Menschen schwer –

was sicher auch daran lag, dass Zeitungen und Fernsehsender in den Anfangsjahren der europäischen Gemeinschaftswährung ständig den Umrechnungskurs betonten. Ein Euro gleich 1,955 83 DM. So konnte sich jeder bewusst machen, was die Produkte früher kosteten. Gute alte D-Mark! Und das prägte die Sparentscheidungen. Ende 2010 saßen die Deutschen noch auf knapp 14 Milliarden D-Mark. Eine Handlung, die rational nicht nachzuvollziehen ist. Denn in Schuhkartons, Wollsocken und Plastikdöschen hat das Geld allenfalls symbolischen Wert. Emotional sieht das natürlich anders aus.

Die D-Mark ist eng mit der Geschichte Deutschlands nach dem Zweiten Weltkrieg verknüpft. Nach dem dunkelsten Kapitel des Landes lagen die meisten deutschen Großstädte in Trümmern. Schon ein Jahrzehnt später folgte das Wirtschaftswunder mit Wohlstand, Wachstum und Vollbeschäftigung. Mit dem Euro veränderten sich nicht nur die Preisschildchen im Supermarkt. Spätestens seit der Finanz- und Euro-Krise ist die konjunkturelle Lage instabil. Dieser zeitliche Zusammenhang vergrößert die Sehnsucht nach der D-Mark. Und dann ist da noch das trügerische Gefühl, dass der Euro das Leben verteuert hat. Viele Ökonomen können darüber nur staunen, doch Umfragen zufolge glauben neun von zehn Deutschen, dass der Euro vor allem ein »Teuro« war. Nostalgie kann bisweilen sogar die mathematischen Sinne benebeln.

Das bewies vor einigen Jahren der deutsche Wirtschaftspsychologe Tobias Greitemeyer. Für ein Experiment bastelte er zwei Speisekarten. Darauf notierte er 21 Mahlzeiten eines fiktiven italienischen Restaurants. Verschiedene Pizzen und Pastagerichte, Suppen und Desserts. Der einzige Unterschied war: Die eine Karte zeigte die Preise in Euro, die andere in D-Mark. Letztere reichte er nun seinen Versuchspersonen. Schüler, Studenten, Angestellte. Nachdem sie ihre Bestellung aufgegeben hatten, erhielten sie jene Speisekarte, auf der die Preise in Euro standen.

Doch was sie nicht wussten: Der Wissenschaftler hatte die

Preise manipuliert. Ein Drittel der Teilnehmer bekam eine Euro-Speisekarte, auf der er alle Gerichte korrekt umgerechnet hatte. Die Preise waren real also gleich geblieben. Das zweite Drittel der Versuchspersonen erhielt eine Speisekarte, auf der alle Gerichte 15 Prozent teurer waren. Das letzte Drittel blickte in eine Karte, auf der alle Speisen 15 Prozent niedriger waren. Jetzt sollten alle Gruppen sagen, ob sich die Preise verändert hatten – und wenn ja, um wie viel Prozent.

Kurios: Die Probanden nahmen die Veränderungen völlig unterschiedlich wahr. Wo die Preise um 15 Prozent gestiegen waren, nahmen die Freiwilligen eine durchschnittliche Steigerung von 18 Prozent an – eine ziemlich gute Schätzung. Waren die Preise jedoch de facto gleich geblieben, gingen die Probanden von einer siebenprozentigen Steigerung aus. Offenbar konnten sie sich nicht vorstellen, dass der Euro das Essen nicht verteuert hatte. Noch weiter daneben lag jene Gruppe, die mit einer kräftigen Preissenkung konfrontiert wurde. Sie glaubten tatsächlich, dass die Preise in etwa gleich geblieben waren! Und zwar selbst dann, wenn sie die DM- und Euro-Preise direkt miteinander vergleichen konnten.

Die Teilnehmer litten laut Greitemeyer unter einer *erwartungsgesteuerten Wahrnehmungsverzerrung*. Sie gingen fest davon aus, dass der Euro alles verteuert habe, und verloren die Realität aus den Augen. Da konnten die Nachrichtensender und Zeitungen noch so oft betonen, dass das nicht stimme. Viele Menschen waren auf dem Ohr taub. Sie hatten sich ihre Meinung längst gebildet und wollten sie sich nicht von Fakten kaputtmachen lassen.

Man könnte auch sagen: Ihr Misstrauen und ihr Pessimismus waren zu groß. Dieses Unwohlsein mit der Gegenwart ist für den Historiker Malcolm Chase die dritte gesellschaftliche Bedingung für Nostalgie. Menschen wollten dieses seelische Tief kompensieren, indem sie sich der Vergangenheit zuwenden: »Sie dient als Alternative zu einer inakzeptablen Gegenwart. Im Gestern finden wir, was wir heute vermissen. Und gestern ist eine Zeit, die sich unserer Verantwortung entzieht«, schrieb der britische Historiker David Lowenthal. Materiell und objektiv mag es uns besser gehen, doch ideell und subjektiv empfinden das viele anders. Die einen haben Angst vor der Zukunft, die anderen fanden gestern alles einfacher, egal ob junge oder alte Menschen.

Finden Sie auch, dass die Welt immer schnelllebiger und hektischer wird? War damals nicht alles irgendwie ruhiger, lockerer, stressfreier? Haben Sie heute weniger Zeit als früher? Objektiv ist das Quatsch. Eine Minute hat weiterhin 60 Sekunden, der Tag 24 Stunden. Dennoch fühlen sich viele Menschen unter Zeitdruck. Aber wieso eigentlich?

ZEIT IST GELD

Das Leben wird hektischer

»Denkt immer daran«, schrieb 1748 der amerikanische Politiker und Erfinder Benjamin Franklin, »Zeit ist Geld.«

Blödsinn.

Mit Geld können wir verschiedene Dinge anstellen: Wir können es anlegen, ausgeben, gewinnen, leihen, sparen, tauschen, verdienen oder verschwenden. Mit Zeit können wir … genau: nichts anstellen. Sie vergeht gnadenlos, egal was wir tun. Dennoch hat sich Franklins Satz etabliert. Zeit gilt inzwischen als ökonomisches Gut, das wir genauso wie Geld sinnvoll oder sinnfrei einsetzen können; das wir nutzen oder verschwenden, gewinnen oder verlieren können. Wie konnte es so weit kommen?

Zeitforscher halten die Uhr für die folgenreichste Erfindung der Menschheit. Vorher hatten die Menschen nach der Laune der Natur gelebt. Sie standen auf, wenn die Sonne aufging, und legten sich schlafen, wenn sie unterging. Deshalb verwenden viele romanische Sprachen noch heute für »die Zeit« und »das Wetter« dasselbe Wort: auf Spanisch »el tiempo«, auf Italienisch »il tempo«, auf Französisch »le temps«. Die Uhr löste dieses natürliche System ab. Seit der Industrialisierung wurden Taschenuhren massenweise produziert, sodass jeder immer und überall wissen konnte, wie spät es war. 1884 führte England die Greenwich Mean Time ein. Die universelle Standardzeit ermöglichte genauere Eisenbahnfahrpläne. Doch diese Periode des wirtschaftlichen Wandels brachte nicht nur Vorteile. Sie veränderte auch die Lebens- und Arbeitsbedingungen.

Die industrielle Produktion sollte vor allem effizient ablaufen, also mit geringem Zeitaufwand. Um diese Effizienz zu steigern, mussten die Arbeiter in einer Stunde mehr Waren herstellen. Sie sollten die Zeit also vermeintlich sinnvoll nutzen. Nichtstun galt als Verschwendung, Zeit war so wertvoll wie ein Rohstoff. Und diese Denke prägt unser Leben noch heute.

Es ist schon seltsam: Von diesem Rohstoff besitzen wir mehr denn je. Die Lebenserwartung hat sich in den vergangenen Jahrtausenden verdreifacht. Ein Junge, der 2010 zur Welt kam, wird im Schnitt gut 77 Jahre alt, ein Mädchen 82. Elektronische Geräte wie Wasch- oder Spülmaschinen nehmen uns viele lästige Aufgaben ab, Autos und Züge fahren schneller. Der medizinische und technische Fortschritt sollte uns demnach eigentlich Zeit sparen. Uneigentlich sind heute dennoch viele Menschen in Eile. Jeder dritte Deutsche hat das Gefühl, zu wenig Zeit zu haben, sogar vier von fünf Kindern geht das so. Sie alle eint das Gefühl, die wirklich wichtigen Dinge zu vernachlässigen. Freunde, Partner oder Hobbys etwa.

Dichter und Denker echauffieren sich traditionell gerne über das Leben auf der Überholspur. Johann Wolfgang von Goethe empfand die Beschleunigung als »veloziferisch«, ein Kunstwort aus »velocitas« (Eile) und »Luzifer« (Teufel). Doch in den vergangenen Jahrzehnten erleben wir eine Sondersituation. Sämtliche Arbeits- und Lebensbereiche unterliegen einer erheblichen Beschleunigung.

Wissen vermehrt sich immer schneller, die Lebenszyklen neuer Produkte verkürzen sich, Innovationen müssen rascher auf den Markt kommen. Der technologische Wandel sorgt für zusätzliche Geschwindigkeit.

Vorbei die Zeiten, in denen wir vor dem Abrufen der E-Mails ein Modem einschalten mussten, das laut rauschte und schrill fiepte; in denen wir *entweder* im Internet surfen *oder* im Festnetz telefonieren konnten, aber nicht beides gleichzeitig; in denen das Fernsehprogramm nachts pausierte und währenddessen ein Testbild aus farbigen und schwarzweißen Feldern über den Bildschirm flimmerte, begleitet von einem hellen Piepen. Kurzum: Der technische Fortschritt klaut uns keine Zeit. Er ermöglicht es uns bloß, mehrere Dinge gleichzeitig zu tun. Er vergrößert also das Angebot – und erhöht den Druck.

Die automatische Rolltreppe reicht nicht, stattdessen gilt »Rechts stehen, links gehen«. Wer sich nicht daran hält, wird weggerempelt. Im Supermarkt wechseln wir die Kasse, wenn es uns nicht schnell genug geht. Hauptsache husch, husch. So versuchen wir krampfhaft, den Tag möglichst sinnvoll zu planen, um die knappe Zeit im Privatleben optimal zu nutzen. Bloß keine Zeit verschwenden. Immer den Blick auf die Uhr richten. Zeit ist Geld! Stress!

Doch wahr ist auch: Diese permanente Hektik beeinflusst unser Verhalten – und zwar vor allem auf drei Arten. Erstens verändert sie unsere Einstellung. »Wer Zeit als monetäres Gut sieht, der wird blind für die schönen Dinge des Lebens«, schrieb 2012 Sanford DeVoe, Professor an der kanadischen Rotman School of Management. Menschen mit dieser Maxime wollen den wirtschaftlichen Wert der Zeit maximieren. Dadurch ignorieren sie jene Erfahrungen, die ihnen eigentlich Spaß bereiten. Ständig befürchten sie, Zeit vermeintlich zu verschwenden, und machen sich letztlich selber unglücklich. Doch diese Attitüde wirkt sich nicht nur auf unsere eigene Zufriedenheit aus. Sie verändert auch das Verhalten gegenüber unseren Mitmenschen. Wer im Stress ist, verhält sich automatisch unsozialer.

Zu diesem Ergebnis kamen die beiden Psychologen John Darley und Daniel Batson bereits 1973 in einem Experiment, das mittlerweile zu den Klassikern der Sozialpsychologie gehört. An drei bitterkalten Wintertagen ließen sie 40 Theologiestudenten der Universität Princeton einen kurzen Vortrag vorbereiten – allerdings zu unterschiedlichen Themen. Während die einen über die Berufschancen von Theologen referieren sollten, ging es bei den anderen um eine Passage aus dem Lukas-Evangelium: das Gleichnis vom barmherzigen Samariter. Ein Mann will von Jesus wissen, wie er unsterblich werden kann. Jesus antwortet mit einer Geschichte:

> Ein Mann wurde von Räubern überfallen. Sie schlugen ihn nieder und ließen ihn halb tot liegen. Ein Priester kam vorbei, sah ihn und ging weiter. Ein Levit kam vorbei, sah ihn und ging weiter. Dann kam ein Mann aus Samarien vorbei, sah ihn und hielt an. Er verband seine Wunden und brachte ihn auf seinem Pferd zu einer Herberge. Am nächsten Tag gab er dem Wirt Geld und trug ihm auf, für den Mann zu sorgen.
>
> »Was meinst du«, fragte Jesus, »wer von diesen dreien hat sich als der Nächste dessen erwiesen, der von den Räubern überfallen wurde?«
>
> »Der, der barmherzig an ihm gehandelt hat.«
>
> »Dann geh und handle genauso!«

Die Studenten bereiteten ihre Rede in Ruhe vor. Dann teilten die Wissenschaftler ihnen mit, dass der Vortrag in einem anderen Hörsaal stattfinden und von Dozenten beurteilt werde. Dabei gaukelten sie der einen Hälfte vor, spät dran zu sein. Die Mitglieder jener Gruppe mussten sich also beeilen. Die andere Hälfte erfuhr, dass sie noch Zeit habe. Nun stapften alle los. Die einen hektisch, die anderen seelenruhig.

Nach ein paar Metern trafen sie auf einen Komplizen von Darley und Batson. Der hatte sich als Obdachloser verkleidet und kauerte in einem Hauseingang. Den Kopf gesenkt, die Augen geschlossen. Wenn einer der Studenten anhielt und ihn fragte, ob alles gut sei, hustete der Schauspieler und sagte: »Oh, vielen Dank … nein, alles in Ordnung … ich habe bloß Atemprobleme (hüstel) … mein Arzt hat mir diese Pillen verschrieben, und ich habe gerade eine genommen … ich muss mich nur kurz ausruhen, dann ist wieder alles in Ordnung … aber vielen Dank, dass Sie angehalten haben.« Dann lächelte er gequält.

Es war also offensichtlich, dass er Hilfe gut gebrauchen konnte, vor allem aufgrund der eisigen Kälte. Wie würden sich die Theologiestudenten verhalten? Würden sie stehen bleiben und helfen? Ihm vielleicht einen warmen Kaffee oder Tee besorgen? Und welche Rolle spielte der Faktor Zeit? Anders gefragt: Veränderte die Eile die Hilfsbereitschaft? Und ob. Wenn sie viel Zeit hatten, halfen immerhin 63 Prozent. Waren sie hingegen in großer Eile, halfen nur zehn Prozent. Das Zeitempfinden beeinflusste ihr Verhalten.

Man muss sich das mal vorstellen: Es handelte sich um Theologiestudenten, von denen man ohnehin mehr Altruismus erwartet. Noch dazu hatten sich einige von ihnen gerade mit dem Gleichnis des Samariters beschäftigt, einer Geschichte über Nächstenliebe und Selbstlosigkeit. Und jetzt ignorierten sie einen hilfsbedürftigen Mann! Zumindest dann, wenn sie es eilig hatten.

Das Experiment zeigte eindrucksvoll: Ob wir hilfsbereit sind oder nicht, hängt weniger von uns ab – sondern vielmehr von den äußeren Bedingungen. Die Zeitperspektive verändert uns. Hektik fördert den Egoismus.

Hand aufs Herz: Hätten Sie angehalten?

* * *

Robert Levine faszinierte es schon als kleiner Junge, über die Zeit nachzudenken. Wie jedes Kind lernte er bald, sie mit einer Uhr zu messen. In Sekunden und Minuten, in Stunden und Tagen, in Wochen und Monaten. Doch gleichzeitig erstaunte ihn, dass sich die Menschen erheblich unterschieden. Die einen kamen ihm immer gestresst und hektisch vor, die anderen ließen sich beurlauben oder zogen monatelang ins Ausland, wieder andere gingen tagsüber gemütlich ins Kino. Manche Menschen schienen demnach wenig Zeit zu haben, andere viel. Letztere fand Levine sympathischer. Deshalb war es ihm schon bald egal, ob er in seinem Beruf viel Geld verdienen konnte. Viel wichtiger war es ihm, selbst über seinen Rhythmus bestimmen und seine Zeit frei einteilen zu können. Deshalb wurde er Universitätsprofessor. Doch auch dort ließ ihn das Phänomen der Zeit nicht los.

Im Sommer 1976 arbeitete er als Gastprofessor in Brasilien. Levine war gespannt, wie er mit der Sprache klarkommen würde. Sein Portugiesisch war noch verbesserungswürdig. Außerdem erwartete er, sein Arbeitstempo drosseln zu müssen. Er hatte da so einiges über die südamerikanische Lebensart gehört. Doch kurz nach seiner Ankunft erlitt er einen Kulturschock.

Auf dem Weg zur ersten Vorlesung hatte er seine Uhr vergessen. Er fragte verschiedene Passanten, wie spät es sei. Allerdings nannte jeder eine andere Zeit. Ihn überfiel die Panik, zu spät zu kommen. Ausgerechnet zum ersten Seminar – peinlich! Seine Sorgen waren unbegründet. Zum einen war er kurz vor Beginn der Vorlesung im Hörsaal. Zum anderen trudelten seine Studenten tröpfchenweise ein. Einige waren ein paar Minuten zu spät, andere betraten den Raum weit nach Ablauf der akademischen Viertelstunde. Ohne schlechtes Gewissen. Doch nach Ende der Vorlesung stellte Levine fest, dass die meisten länger blieben. Sie hatten es offenbar nicht eilig. Levine fand das faszinierend. Und deshalb nahm er sich vor, die Psychologie der Zeit zu erkunden. Er wollte systematisch erforschen, ob Menschen in verschiedenen Ländern womöglich ein anderes Zeitgefühl hatten, das sich auf ihr Leben auswirkte – und wenn ja, wie groß diese Unterschiede waren. In den folgenden Jahrzehnten schickte er seine Mitarbeiter in 31 Länder. Vor allem drei Fragen wollte er beantworten: Wo ist es besonders schnelllebig? Wo geht es besonders gemütlich zu? Und was sagt das über die Kultur aus?

In jedem Land untersuchten die Wissenschaftler eine oder mehrere Großstädte. Zunächst erfassten sie die durchschnittliche Gehgeschwindigkeit Dutzender zufällig ausgewählter Fußgänger über 20 Meter. An Sommertagen, vormittags, auf breiten, ebenen Gehwegen ohne Hindernisse. Alle Straßen waren also leer genug, um sich frei bewegen zu können. Außerdem beobachteten sie nur Menschen, die allein gingen. Zweitens analysierten sie die Schnelligkeit am Arbeitsplatz. Dafür gingen sie in Postfilialen, um eine Briefmarke zu erwerben. Wie lang würde der Angestellte am Schalter für den Verkauf brauchen? Und drittens notierten sie, wie genau 15 zufällig ausgewählte Uhren an öffentlichen Gebäuden gingen. Aus allen Ergebnissen bastelten die Wissenschaftler 1999 eine Rangliste, von schnellen bis langsamen Ländern (siehe Kasten).

Die drei schnellsten Länder:	**Die drei langsamsten Länder:**
1. Schweiz	1. Mexiko
2. Irland	2. Indonesien
3. Deutschland	3. Brasilien

Nirgends auf der Welt ist das Leben so schnell wie in der Schweiz – und nirgends so langsam wie in Mexiko, meinte Levine.

Nun könnte man das leicht als landestypische Eigenart abhaken. Nach dem Motto: Die Mexikaner lassen es eben ruhiger angehen, die Schweizer neigen zur Pünktlichkeit. Aber dieser Lebensstil hat ernste Konsequenzen. Denn Levine untersuchte auch, wie hilfsbereit die Einwohner waren: ob sie einer blinden Person dabei halfen, die Straße zu überqueren; ob sie einen absichtlich verlorenen Brief, der auf dem Boden lag, in einen

Briefkasten steckten; und wie viel Geld sie für wohltätige Zwecke spendeten. Und siehe da: In den schnellsten Ländern war die Hilfsbereitschaft am geringsten.

Levine glaubt, dass fünf Faktoren über die Geschwindigkeit einer Gesellschaft entscheiden. Der wichtigste sei die Wirtschaft. Wenn sie funktioniere, sei das Tempo tendenziell schneller – und umgekehrt. Ebenfalls für eine hohe Geschwindigkeit sorgen nach Ansicht des Forschers: ein hoher Industrialisierungsgrad, eine größere Einwohnerzahl, kühleres Klima sowie eine Kultur, in der die Menschen viel Wert auf Leistung legen. Faktoren, die auf die meisten westlichen Gesellschaften zutreffen.

Das subjektive Lebenstempo hat sich in den vergangenen Jahrzehnten deutlich erhöht. Und das führt zu Stress und Egoismus. Doch gleichzeitig gilt: Je gestresster wir sind, desto unzufriedener sind wir mit der Gegenwart – und desto eher neigen wir zu gedanklichen Reisen in die Vergangenheit. Oder, wie Philip Zimbardo sagen würde: desto vergangenheitsorientierter sind wir. Der legendäre Psychologe unterscheidet zwischen drei Arten von Menschen, alle haben Vor- und Nachteile. Die erste Gruppe sind die Zukunftsorientierten. Sie sind zwar generell erfolgreicher, weil sie ihre nächsten Schritte genau planen. Außerdem ernähren sie sich gesünder, da sie lange leben wollen. Aber sie verhalten sich egoistischer und denken seltener an ihre Mitmenschen. Gegenwartsorientierte Menschen hingegen sind hilfsbereit, neigen aber zu riskantem Verhalten: Sie trinken tendenziell mehr Alkohol, konsumieren häufiger Drogen und ernähren sich schlechter. Sie wollen vor allem Spaß haben. Die dritte Gruppe sind die Vergangenheitsorientierten. Auch bei ihnen gibt es unterschiedliche Ausprägungen. Natürlich erlebt jeder Enttäuschungen und Misserfolge. Es kommt bloß darauf an, wie man mit ihnen umgeht. Die einen grübeln ständig über Fehler und Niederlagen und verharren gedanklich in der Vergangenheit, andere haken sie schneller ab – und Letztere sind besser dran. Psychologen wissen: Menschen mit einer positiven Einstellung zur Vergangenheit sind gesünder, glücklicher und zufriedener. Von schönen Erinnerungen profitieren Körper und Geist. Außerdem spricht viel dafür, dass die meisten negativen Erlebnisse im Nachhinein ohnehin verblassen. Aus gutem Grund.

ICH MACH MIR DIE WELT …

Verklären tut gut

Harold Camping lag falsch. Der damals 89-jährige Amerikaner, hauptberuflich Prediger, nebenberuflich Prophet, war der festen Überzeugung, dass am 21. Mai 2011 die Welt untergehen werde. So erstaunlich es klingt: Camping fand mit seiner gewagten Prognose tatsächlich Anhänger. Zum Beispiel den Rentner Robert Fitzpatrick. Der ließ etwa 1000 Plakate in New Yorker U-Bahnhöfen und Bushaltestellen aufhängen, um seine Landsleute vor der Apokalypse zu warnen. Darauf die Botschaft: »Weltweites Erdbeben: das größte aller Zeiten«. Kosten der Aktion: 140000 US-Dollar.

Natürlich kann man darüber den Kopf schütteln und lachen. Doch die psychologisch spannende Frage ist: Wie geht es Menschen, wenn sie einer falschen Prognose erlegen sind (und, wie Robert Fitzpatrick, um ein hübsches Sümmchen ärmer)? Verzweifeln sie? Wollen sie mit dem Propheten mal ein ernstes Wörtchen reden? Von wegen. Vermutlich werden sie die Tatsachen so verdrehen, dass sie wieder ins Bild passen. Eine typische Form kognitiver Dissonanz.

Entdeckt wurde dieses Verhaltensmuster von dem US-Sozialpsychologen Leon Festinger. Er beschäftigte sich Anfang der Fünfzigerjahre mit einer skurrilen amerikanischen Sekte. Deren Anführerin Dorothy Martin behauptete, Nachrichten von Außerirdischen zu empfangen. Eine gewisse »Sananda« vom

Planeten Clarion habe ihr außerdem exklusiv verraten, dass eine gewaltige Flut schon bald alle Erdenbewohner töten werde – mit Ausnahme von Martins Sekte. Die nämlich würde der Apokalypse gemeinsam entkommen, und zwar auf fliegenden Untertassen. Eine kuriose Vorstellung. Noch kurioser war allerdings, dass Martin tatsächlich einige Anhänger um sich scharte. Sie beteten und meditierten zusammen, dann warteten sie auf den Weltuntergang. Und warteten. Und warteten. Doch die Welt wollte partout nicht untergehen.

Ob die Mitglieder nun an ihrem weiblichen Guru zweifelten, Dorothy Martin für verrückt erklärten und sich selbst gleich mit? Nichts dergleichen. Als der Jüngste Tag ausblieb, schwenkten die Sektenmitglieder um: Sie behaupteten, erst durch die gemeinsamen Gebete sei der Weltuntergang verhindert worden. Alle bis auf ein Sektenmitglied: Leon Festinger. Der hatte sich inkognito in die Sekte eingeschlichen.

Hinterher taufte der Psychologe das Verhalten der Gruppe *kognitive Dissonanz*. Vereinfacht gesagt gab es ein Missverhältnis zwischen den Erwartungen und den Ereignissen – und solch ein krasser Widerspruch ist kaum zu ertragen. Da die Sektierer aber gar nicht daran dachten, von ihrer Meinung abzurücken, wollten sie nun andere von der Kraft ihrer Gebete überzeugen. Diese Denkweise hat der österreichische Psychologe Paul Watzlawick in den Achtzigerjahren in seiner ›Anleitung zum Unglücklichsein‹ satirisch verarbeitet:

> Ein Mann klatscht alle 10 Sekunden in die Hände.
> Darauf fragt ihn ein anderer Mann, warum er das tue.
> »Um die Elefanten zu verscheuchen.«
> »Elefanten? Hier sind doch gar keine Elefanten.«
> »Na also, sehen Sie!«

* * *

Peter Ustinov glänzte zu Lebzeiten nicht nur als Schauspieler, Schriftsteller und Sonderbotschafter der UNESCO, sondern auch als geistreicher und humorvoller Chronist der Gesellschaft. Vom Sinn des Lebens etwa behauptete er, dass ihn ohnehin niemand so genau kenne: »Jedenfalls hat es wenig Sinn, der reichste Mann auf dem Friedhof zu sein.« Drei Ehen machten ihn in Bezug auf das weibliche Geschlecht nicht unbedingt schlauer: »Viele Frauen wissen nicht, was sie wollen, aber sie sind fest entschlossen, es zu bekommen.« Doch in einem war sich Ustinov gewiss: »Jetzt sind die guten alten Zeiten, nach denen wir uns in zehn Jahren zurücksehnen werden.« Damit fasste er süffisant zusammen, was Psychologen inzwischen bestätigen konnten: Der Mensch neigt zum Verklären. Nicht nur bei falschen Weltuntergangsfantasien.

Ihrer wörtlichen Bedeutung nach ist die Vergangenheit weg, futsch, verschwunden. Einerseits stimmt das. Doch andererseits lebt sie weiter, in unserem Kopf und in unserem Herzen. Dort speichern wir ab, was wir erlebt, wen wir getroffen haben und wo wir gewesen sind. Doch das bedeutet gleichzeitig auch, dass Erinnerungen höchst subjektiv sind. Sie gehören nur uns. Wir können mit ihnen anstellen, was immer wir wollen.

Natürlich könnten wir uns im Nachhinein alles schlechtreden und miesmachen – aber besser gehen würde es uns damit nicht. Die meisten Menschen legen es verständlicherweise darauf an, dass es ihnen gut geht. Und deshalb neigen sie meist dazu, die negativen Ereignisse der Vergangenheit zu verdrängen und die positiven besonders schönzureden. Das fühlt sich gut an – allemal besser als die unsichere Zukunft.

»Wer weiß schon, was der Morgen bringt«, dichtete vor einigen Jahren der deutsche Sänger Xavier Naidoo. Recht hat er, natürlich kann das niemand wissen. Die Zukunft hat nun mal die ärgerliche Angewohnheit, undurchschaubar zu sein. Doch der Mensch mag solche Unsicherheit nicht. Daher flüchtet er dahin, wo er sich auskennt – in die Vergangenheit. Wir wissen nicht, wohin wir gehen. Aber wir glauben zu wissen, woher wir kommen.

Fred Davis, Harvey Kaplan und Tim Wildschut hatten ja gezeigt, dass wir uns nostalgischen Gedanken hingeben, um uns besser zu fühlen – unabhängig davon, ob es uns vorher wirklich schlecht ging. Doch damit diese seelische Hygiene funktioniert, müssen die Erinnerungen tatsächlich angenehm sein. Daher setzen wir beim Blick in den Rückspiegel des Lebens die rosarote Brille auf. Im Nachhinein war alles viel schöner, als wir es in jenem Moment tatsächlich empfunden haben. Erinnerungen strahlen immer heller als die Realität.

Einen ersten Hinweis darauf fand der US-Wissenschaftler Samuel Waldfogel bereits 1948 in einer Studie, die den Grundstein legte für die Erforschung des autobiografischen Gedächtnisses (siehe Abschnitt *Seepferdchen und Mandel*). So bezeichnen Psychologen jene Episoden, die unsere persönliche Entwicklung und Identität prägen. Für seine Doktorarbeit an der Universität von Michigan gewann Waldfogel 124 Freiwillige, 48 Männer und 76 Frauen. An zwei verschiedenen Zeitpunkten sollten sie nun jeweils 85 Minuten lang jede Erinnerung aus ihren ersten acht Lebensjahren aufschreiben. Nur zu, Sie können das an dieser Stelle gerne selbst ausprobieren. Fällt Ihnen spontan etwas ein?

Wenn es Ihnen ging wie mir, dann haben Sie zunächst mal überlegt, in der wievielten Klasse Sie im Alter von acht Jahren waren. Oder Sie haben kurz nachgerechnet, in welchem Jahr Sie acht Jahre alt geworden sind – und was bis dahin alles passiert ist. Ich zum Beispiel musste spontan an zwei Urlaube denken. 1988 fuhr ich mit meiner Mutter in die Tiroler Berge. Ich erinnere mich noch gut daran, wie wir vom Hotel Quellenhof im Ort Leutasch regelmäßig zu langen Touren aufbrachen. Die Gemeinde köderte fleißige Fußgänger mit der Goldenen Wandernadel. Um sie zu ergattern, musste man verschiedene Berge hochkraxeln und auf den Hütten einen Pass abstempeln lassen. War eine gewisse Punktzahl erreicht, gab es als Belohnung die Wandernadel.

Der zweite Urlaub führte uns mit befreundeten Familien auf das IJsselmeer. Von diesem Segeltörn blieben mir vor allem drei

Dinge im Gedächtnis: Einer der beiden Kapitäne hatte als Jugendlicher einen Arm verloren, nun trug er eine Prothese. An dessen Ende waren allerdings keine Finger befestigt, sondern ein Haken. Als Siebenjähriger schockierte mich dieser Anblick. Angenehmer war da schon das regelmäßige Frühstück: Haferflocken mit Milch und Kakaopulver. Ernährungswissenschaftlich fragwürdig, aber für Kinder ein Hochgenuss. Doch am stärksten im Kopf geblieben ist mir ein Pärchen. Beide waren geschieden und hatten sich gerade frisch ineinander verliebt. Diese Frühlingsgefühle lebten sie nun aus – indem sie in jeder freien Minute an Bord wild herumknutschten. Ich weiß noch genau, dass mich der Anblick der innigen Zungenküsse damals zutiefst verstörte. Wie konnte man nur!

Außerdem erinnere ich mich daran, wie das Böse in mein Leben trat.

Die Sommerferien 1988 neigten sich dem Ende entgegen, ich war kurz zuvor sieben Jahre alt geworden und vertrieb mir die Zeit mit Fußballspielen, Fahrradfahren und Fernsehgucken. Dieter Degowski und Hans-Jürgen Rösner vertrieben sich die Zeit damit, eine Filiale der Deutschen Bank in Gladbeck zu überfallen. Der Anfang einer Geschichte, an deren Ende ich erkannte, dass es auf der Welt nicht nur gute Menschen gibt – was auch daran lag, dass Fernsehsender die Geiselnahme und anschließende Odyssee der beiden Verbrecher über Bremen, die Niederlande und Köln live übertrugen. Sein Ende fand das Drama in der Nähe meiner Heimat, auf der Autobahn A3 bei Siegburg. Beim Schusswechsel mit dem Sondereinsatzkommando starb eine Geisel. Ihren Namen und ihr Gesicht werde ich nie vergessen. Eine blonde, junge Frau namens Silke Bischoff.

Drei frühe Kindheitserinnerungen, davon zwei (überwiegend) positiv. Ein guter Schnitt – und völlig normal. So erging es den Probanden von Samuel Waldfogel ebenfalls. Er ließ sie damals nicht nur jegliche Erinnerungen notieren, sondern auch bewerten: 50 Prozent waren schön, 30 Prozent schlecht,

20 Prozent neutral. Allerdings wäre es denkbar, dass Waldfogels Teilnehmer sich von der Laborumgebung beeinflussen ließen. Vielleicht schien damals gerade die Sonne zum Fenster rein, die Vögel zwitscherten, die Freiwilligen waren gut gelaunt und entspannt. Womöglich sind schöne Erinnerungen in solch einer Situation präsenter als schlechte. Außerdem könnte es sein, dass alle Probanden flunkerten; dass sie absichtlich mehr positive Erlebnisse schilderten als negative. Doch selbst wenn es so wäre, wahr ist eben auch: Den Moment selbst empfinden wir vielleicht als nervtötend oder langweilig. Wir stören uns an lästigen Details, beklagen uns morgens nach dem Aufstehen über das schlechte Wetter, auf dem Weg zur Arbeit nerven uns die anderen Pendler, tagsüber Kollegen und Chefs, abends womöglich der Partner oder das lausige Fernsehprogramm. Im Urlaub stänkern wir über Schlangen am Buffet, der Kaffee ist zu kalt, das Bier zu warm. Doch nachher war alles halb so wild. »Das autobiografische Gedächtnis bevorzugt üblicherweise angenehme Informationen«, schrieben Psychologen um Richard Walker von der Winston-Salem State Universität vor einigen Jahren.

Einen eindrucksvollen Beleg lieferte 1997 der US-Wissenschaftler Terence Mitchell von der Universität von Washington. Zusammen mit einigen Kollegen befragte er 136 Amerikaner zu ihren Ferienplänen. 21 wollten zwölf Tage lang durch Europa reisen, 38 drei Wochen lang durch Kalifornien radeln, 77 während des amerikanischen Erntedankfests Thanksgiving ein verlängertes Wochenende bei ihren Eltern verbringen. Alles unterschiedliche Aktivitäten, aber jede hatte ihren Charme – einen neuen Kontinent und fremde Städte erkunden hier, die Sonne genießen und Sport treiben da, sich bekochen lassen und entspannen dort. Schöne Aussichten! Das dachten auch die Befragten, denn sie konnten den Urlaub kaum abwarten. Doch die Vorfreude war mal wieder am schönsten, wie sich später herausstellte.

Alle Probanden erklärten sich dazu bereit, während der Ferien Fragebögen auszufüllen, die meisten schrieben ihre Gefühle zusätzlich in ein Tagebuch. Es wurde eine Chronik der Frustrationen. Die einen waren genervt vom schlechten Wetter, die anderen stritten mit ihren Eltern, wieder andere hatten sich generell mehr erhofft. Von den Fahrradtouristen waren beispielsweise vor dem Urlaub nur fünf Prozent davon ausgegangen, enttäuscht zu werden. Doch während der Reise waren ganze 61 Prozent mies drauf! Mal blieben ihre Erwartungen unerfüllt, mal brachen Stress und Hektik aus. Das Verblüffendste war jedoch: Hinterher waren alle froh über ein wenig Erholung – und die Enttäuschung war wie verflogen. Schon eine Woche nach der Heimkehr sagten beispielsweise nur noch elf Prozent der Radfahrer, dass sie während der Reise unzufrieden waren.

Aber es kommt noch besser: Vorher hatte niemand damit gerechnet, dass er seine Meinung ändern würde. Während des Trips gaben das immerhin schon acht Prozent zu, nachher kletterte diese Quote auf 53 Prozent. Mehr als die Hälfte der Teilnehmer hatte ihre Meinung über den Urlaub also geändert – und zwar zu 96 Prozent in eine positive Richtung! Offenbar ist es dem menschlichen Gedächtnis inhärent, die schönen Dinge zu betonen und die unschönen auszublenden.

Nach Angaben von Terence Mitchell beinhaltet jedes Erlebnis drei Aspekte:

1. Rosarote Prognose (*rosy projection*): Wir neigen dazu, ein Erlebnis positiver zu antizipieren, als wir es währenddessen tatsächlich empfinden.
2. Abschwächen (*dampening*): Während eines Erlebnisses reden wir das tatsächliche Vergnügen klein.
3. Rosarote Erinnerung (*rosy retrospection*): Hinterher finden wir das Erlebnis wiederum toller – jedenfalls toller, als wir es in jenem Moment empfunden haben.

Wir machen uns die Welt, widde-widde-wie sie uns gefällt. Aber warum? Wieso gefallen uns Erlebnisse nachher meistens besser? Psychologen zufolge hat das vor allem vier Gründe.

Erstens ist es denkbar, dass uns allein schon die Erinnerung

Freude bereitet. Das würde bedeuten, dass wir einem Irrtum unterliegen: Nicht die Vergangenheit an sich ist schön – sondern die Tatsache, dass wir uns überhaupt noch an sie erinnern.

Zweitens ist unsere Aufnahmefähigkeit begrenzt. Im Alltag halten wir uns noch mit nervigen Details auf, doch im Rückblick verblassen diese. Auf die Vergangenheit schauen wir großzügiger. Und das hat Vorteile, da in der Folge nur noch die schönen Sachen übrigbleiben. Die guten landen im gedanklichen Töpfchen, die schlechten im Kröpfchen.

Drittens ist die Zukunft logischerweise völlig unklar – aber das ist uns gar nicht recht. Frei nach dem Motto »Lieber den Spatz in der Hand« bevorzugen wir also die abgeschlossene Vergangenheit.

Doch am wichtigsten ist viertens der *fading affect bias*: Unangenehme Erinnerungen verblassen schneller als schöne. Und das ist auch gut so. Denn davon profitiert unser »psychologisches Immunsystem«. Der Ausdruck geht zurück auf Daniel Gilbert, Psychologieprofessor und Glücksforscher der Harvard Universität. Vor einigen Jahren prägte er in einer Studie den Ausdruck *affective forecasting*. Dahinter steckt vereinfacht gesagt folgendes Dilemma: Wenn wir eigene Gefühle vorhersagen sollen, liegen wir meistens falsch. Wir überschätzen die Wirkung zukünftiger Ereignisse – und unterschätzen, dass die Umstände in der Zukunft andere sind als zum Zeitpunkt der Prognose. In seinen Untersuchungen entdeckte Gilbert immer wieder dasselbe Muster: Er ließ seine Probanden verschiedene Lebenssituationen vorausahnen. Mal sollten sie sich das Ende einer Liebesbeziehung vorstellen, mal den Tod eines Kindes, eine Wahlniederlage oder Kritik am eigenen Charakter. Und jedes Mal stellten sie sich die Situation wesentlich schlimmer vor, als sie letztendlich tatsächlich war. Was laut Gilbert an unserem psychologischen Immunsystem liegt. Es sorgt dafür, dass unser Gehirn negative Erlebnisse anders behandelt als positive. Oder genauer: dass es negative schneller vergisst und die positiven länger behält. Dieses System hält den Geist gesund.

Das ist doch irgendwie beruhigend. Die unschönen Erinnerungen verblassen im Laufe der Zeit, die schönen bleiben. Unser Gehirn legt uns damit zwar in gewisser Weise rein. Doch erst durch diese subtile Manipulation können wir mit Tragödien umgehen, schöne Momente genießen und uns auf morgen freuen. Verklären ist ganz natürlich. Insbesondere dann, wenn es um Kindheitserinnerungen geht. Werden sie geweckt, verändern wir uns – und zwar zum Positiven.

SCHÖN WAR DIE ZEIT

Erinnerungen machen großzügig

Aha-Erlebnisse sind eine zauberhafte Erfahrung. Vor allem deshalb, weil sie immer plötzlich auftreten. Und häufig dann, wenn wir eigentlich gerade mit etwas anderem beschäftigt sind. Der Körperpflege zum Beispiel. Den griechischen Mathematiker Archimedes traf der Geistesblitz einst in der Badewanne. Als plötzlich das Wasser über die Wanne schwappte, entdeckte er der Legende nach das archimedische Prinzip, wonach sich anhand der verdrängten Wassermenge die Dichte eines Körpers bestimmen lässt. Sir Isaac Newton soll es sich angeblich unter einem Apfelbaum gemütlich gemacht haben, als ihm eine Frucht auf den Kopf plumpste – und den Erfinder dadurch erst auf das Gravitationsgesetz brachte. Der Kanadier Taylor Jones hatte die Idee seines Lebens an einem Küchentisch.

Im Mai 2011 war der 21-Jährige zu Besuch bei seinen Eltern im Städtchen Kitchener, etwa eine Stunde entfernt von Toronto. Gemeinsam mit seinem jüngeren Bruder Landon saß er am Esstisch und durchstöberte alte Fotoalben. Da stießen sie auf eine Aufnahme von Landons drittem Geburtstag. Darauf grinste der Jubilar in die Kamera, vor sich eine Torte mit drei Kerzen, unter sich einen Stuhl – am selben Tisch, an dem die

Brüder nun alte Fotos guckten. Plötzlich hatte Jones ein Aha-Erlebnis.

Vorsichtig nahm er das Foto aus dem Album und holte seine Kamera. Er stellte sich einige Meter vor den Tisch, hielt das Bild vor die Linse und fotografierte es just so, dass im Hintergrund die Küche von heute zu sehen ist. Eine selbstgemachte Collage, die Vergangenheit vorne, die Gegenwart hinten.

Jones war angefixt. Er nahm sich eine Handvoll alter Fotos und machte überall im Haus Bilder nach demselben Muster. Dann wollte er die Bilder ins Internet stellen. Doch vorab fragte ihn das System nach einer Bildzeile. Jones überlegte. Was könnte er unter so ein Foto bloß schreiben? Da kam ihm die Idee, der Aufnahme einen kurzen Brief zu widmen. Der Anfang einer schier unglaublichen Erfolgsgeschichte, an deren Ende Dutzende von Zeitungsartikeln, Auftritte im Fernsehen und ein Buchvertrag stehen sollten.

Wenige Tage nach den ersten Aufnahmen registrierte Jones die Internetseite »Dear Photograph«. Er erzählte Freunden davon und rief sie dazu auf, eigene Fotos einzusenden. Offenbar stieß er in ein emotionales Wespennest. Schon bald schickten ihm Hunderte unbekannter Personen ihre Bilder. Die Erinnerung an die Kindheit hatte die Hilfsbereitschaft der Internetnutzer geweckt – und gleichzeitig ihr Interesse: Einige Wochen später wurde die Seite pro Tag 250 000-mal angeklickt.

Jones' Projekt ist nicht nur ein Beispiel dafür, dass Nostalgie im Internetzeitalter weiterhin funktioniert. Sondern auch dafür, wie stark sie das Verhalten von Menschen prägen kann. So wie bei Daniel Brühl. Der deutsche Schauspieler kam 1978 im katalanischen Städtchen Arenys de Munt bei Barcelona zur Welt, seine Mutter ist Spanierin. Brühl wuchs in Köln auf, doch in den Sommerferien fuhr die Familie oft nach Spanien. Vor einigen Jahren, Brühl wohnte mittlerweile in Berlin, drehte er einen Film in Barcelona und fühlte sich sofort wieder heimisch. Am Feierabend ging er in die Tapas-Bars im Stadtteil Raval und genoss die entspannte Atmosphäre. Alle drängten sich am Tresen, aßen *patatas bravas* und frittierte Sardinen. »In Berlin habe ich lange so einen Ort gesucht, immer wenn ich mal Sehnsucht nach Spanien bekam. Es gab zwar Restaurants, in denen Stierköpfe an den Wänden hingen, aber das war pure Folklore und nicht meine Welt.« Deshalb beschloss Brühl eines Tages, diese Welt selbst zu gestalten. 2011 eröffnete er mit zwei Partnern eine Tapas-Bar am Görlitzer Park in Kreuzberg. Er wollte endlich sein Leibgericht nach Berlin bringen – *calçots*, scharfe Zwiebeln. »Ich stelle mir vor, wie meine Familie in das Lokal kommt«, erzählte er dem ›Zeit-Magazin‹. »Dann weiß ich, ich habe es geschafft: Ich habe mich in die kulinarische Familiengeschichte hineingeschrieben.« Das klingt schon sehr nach Nostalgie.

Nun ist Daniel Brühl als erfolgreicher Schauspieler finanziell nicht auf den Erfolg des Restaurants angewiesen. Deshalb wäre es naheliegend, seine gastronomischen Tagträume als pure Schwärmerei abzutun. Dennoch zeigt die Anekdote, wie stark uns Nostalgie prägen kann. Nicht nur bei geschäftlichen Entscheidungen. Sondern auch im Umgang mit unseren Mitmenschen. Denn inzwischen häufen sich die Hinweise darauf, dass schöne Erinnerungen unsere charakterliche Schokoladenseite hervorbringen.

Davon ist zum Beispiel Francesca Gino überzeugt. Die Wissenschaftlerin der Harvard Business School erforscht, warum sich Menschen *prosozial* verhalten. So nennen Psychologen Akte der Hilfsbereitschaft, Nächstenliebe und Selbstlosigkeit. Die Fragestellung war vor einigen Jahrzehnten noch undenkbar. Lange Zeit glaubten Forscher, der Mensch sei nur an seinem eigenen Wohlergehen interessiert. Biologen argumentierten mit dem Fortpflanzungsdrang, Ökonomen mit der Nutzenmaximierung. Doch mittlerweile wissen sie, dass der Mensch gar nicht so egoistisch ist. Umfragen, Studien und Experimente beweisen: Wir sind durchaus dazu bereit, Rücksicht zu nehmen und andere zu unterstützen. Und diese Hilfsbereitschaft lässt sich durch Nostalgie künstlich fördern. Zu dieser

Erkenntnis gelangte Gino in mehreren Experimenten. Bei einem davon teilte sie 113 Studenten via Zufallsprinzip zunächst in zwei Gruppen. Die eine sollte einen Aufsatz über ein schönes Kindheitserlebnis schreiben, die andere über den letzten Einkauf im Supermarkt. Der Sinn der Sache: Gruppe A wurde damit auf ihre Kindheit *geprimed*.

Unter Priming verstehen Psychologen eine Art geistige Manipulation. Zahlreiche Experimente konnten in der Vergangenheit zeigen, dass sich Menschen äußerst subtil beeinflussen lassen. Wer mit Worten konfrontiert wird, die mit Sauberkeit zu tun haben, verhält sich anderen gegenüber danach anständiger. Wer auf Macht gepolt wird, denkt eher an sich. In Ginos Experiment schrieben in Gruppe A manche über das erste Mal Fahrrad fahren, andere über Spiele mit Freunden oder bestimmte Lieder. Bei der anderen Gruppe dominierten hingegen die Gedanken an ein profanes Alltagserlebnis – was üblicherweise nicht mit besonderen Gefühlen verbunden ist.

Im Anschluss fragte Gino, ob die Probanden ihr noch rasch für ein anderes Projekt zur Verfügung stehen würden. Freiwillig, versteht sich. Sie appellierte also an die Hilfsbereitschaft – und die war nach der Schreibübung völlig unterschiedlich ausgeprägt. Aus der Gruppe, die über den Einkauf im Supermarkt geschrieben hatte, erklärten sich 55 Prozent zur Zusatzaufgabe bereit. Immerhin etwas mehr als die Hälfte, aber kein wirklich sensationeller Wert. Wer jedoch gedanklich in seine Kindheit abgetaucht war, half in 75 Prozent der Fälle. Die Nostalgie steigerte tatsächlich die Selbstlosigkeit.

Dies war auch im nächsten Experiment der Fall. Wieder schrieb die eine Hälfte über ihre Kindheit, die andere über Einkäufe. Danach fragte Gino, ob sie Geld für die Opfer des verheerenden Erdbebens in Haiti mit etwa 300 000 Toten spenden würden. Die Nostalgie-Gruppe öffnete ihr Portemonnaie in 62 Prozent der Fälle, die andere Gruppe nur zu 41 Prozent. Mehr noch: Wer über seine Kindheit geschrieben hatte, spendete im Schnitt sogar doppelt so viel Geld.

Gino glaubt, dass Kindheitserinnerungen und moralisches Verhalten zusammenhängen. Vor allem deshalb, weil Kinder in jeder Kultur als unschuldige und ehrliche Wesen gelten, die frei sind von egoistischen Motiven. Außerdem fördert Nostalgie unsere Laune. Je besser wir uns fühlen, desto hilfsbereiter sind wir. Nostalgie fördert also soziales Verhalten – selbst wenn wir uns nur wenige Momente mit der eigenen Kindheit beschäftigen. So wie bei »Dear Photograph«. Ein Projekt, dessen Erfolg auf der Hilfsbereitschaft und Großzügigkeit der Internetnutzer basiert. Jones' Idee inspirierte sie – und brachte sie gleichzeitig dazu, ihre eigenen Archive zu öffnen und persönliche, intime Momente im Netz zu veröffentlichen.

Wer sich eine Weile durch die Seite klickt, wird automatisch nostalgisch. Zu sehen sind Fotos kleiner Kinder, die spielen, auf den Weihnachtsmann warten oder mit ihrem Lieblingsstofftier kuscheln, alle mit kurzen Widmungen in der Bildunterschrift. Ein Nutzer namens »Ariel« fotografierte ein Foto von sich im Kinderwagen, geschoben von seinem Großvater. Darunter der Text: »Liebes Foto, damals hasste ich es, wenn Opa sagte: ›Komm, wir gönnen dem Fernseher eine Pause und gehen spazieren.‹ Schon seltsam, wie sehr ich diese Spaziergänge heute vermisse.« »Mathilde« fotografierte eine Aufnahme, die sie als kleines Mädchen mit ihrem Hund zeigt: »Liebes Foto, irgendwie hoffe ich immer noch, dass dieser kleine Hund eines Tages zurückkommt und an meinem Rock zieht.« »Stephana« knipste ein Foto ihrer beiden Geschwister als Kinder: »Liebes Foto, hier meine Brüder – bevor das Leben kompliziert wurde.« Und »Giuseppe« fotografierte ein altes Kinderfoto: »Liebes Foto, vor 30 Jahren war ich ein kleiner Junge, der Schönheit von nah und fern wahrnehmen konnte. Vielleicht ist genau das die Einfachheit der Kindheit: Man blickt unschuldig auf das Leben und genießt die Sicht. Ich hoffe, ich verliere diesen Blick nie aus den Augen.«

Die Botschaft seiner Seite sei ziemlich simpel, sagte Jones einmal in einem Interview: »Es geht darum, sich die Zeit zu nehmen, die Vergangenheit zu reflektieren. Daraus zu lernen, wie andere sie wahrnehmen – und an gute, schlechte oder einfachere Zeiten zu denken. Hoffentlich erleben wir die Gegenwart dadurch intensiver und wissen die Erinnerungen mehr zu schätzen.« Kurzum: Das Erfolgsrezept der Seite ist Nostalgie. »Ich glaube, die Menschen sehnen sich nach ihr«, sagt Jones. »Sie wollen sich daran erinnern, was passiert ist. Und die Technologie von heute erlaubt es uns, dieses Bedürfnis wahrzumachen.«

Einer, der ebenfalls gerne zurückblickt, ist Robert Stampf – selbst wenn die Erinnerungen ihn schmerzen. Sein Sohn Jonathan schickte Taylor Jones ein Foto, auf dem der 85-jährige Robert neben einer Bank steht und ein altes Foto in der Hand hält, das ihn gemeinsam mit seiner Frau Doris auf ebendieser Bank zeigt. Die Aufnahme war nur wenige Jahre zuvor entstanden. Beide Senioren lächeln sich innig an, sie sehen immer noch verliebt aus. Einige Monate später starb Doris an Krebs. Die Bildunterschrift lautet: »Liebes Foto, danke für alles, was wir hatten.«

Weltweit waren die Menschen gerührt von der Geschichte. Auch der US-Fernsehsender ABC wurde darauf aufmerksam und suchte Sohn und Vater Stampf auf. In einem Interview erklärt der 85-Jährige den Charme des Fotos: »Ich schaue es mir einfach gerne an. Es hilft mir dabei, mich an das Lächeln meiner Frau zu erinnern.« Die Aufnahme tröstet ihn. So traurig er ist, dass sie nicht mehr lebt, so dankbar ist er für die gemeinsamen Jahrzehnte. Das Wissen, dass er seine große Liebe gefunden und behalten hatte, macht ihn demütig. Er weiß, dass sein Leben einen Sinn hatte. Und vielleicht helfen ihm die schönen Erinnerungen dabei, sich auf den Tod vorzubereiten, der mit Mitte 80 nicht mehr allzu weit weg ist. Ein schmerzlicher Gedanke, klar. Aber Nostalgie kann dabei helfen, damit umzugehen.

DER SCROOGE-EFFEKT

Nostalgie schützt vor Todesgedanken

Es war einmal ein einsamer Mann. So alt, wie er war, so mies war er. Er dachte immer nur an sich und das Geschäft, er war geldgierig, geizig und misanthropisch. Hart wie ein Stein, verschlossen wie eine Auster. Selbst seinen Neffen, der es gut mit ihm meinte, behandelte er wie Abschaum. Als der den alten Mann am Weihnachtsabend zum Essen einladen wollte, beschimpfte der Alte ihn und warf ihn raus. Wenige Stunden später sollte sich sein Leben für immer verändern.

Wie so oft hatte er alleine in seinem Lieblingsrestaurant gespeist und dort Zeitung gelesen, dann war er nach Hause gegangen und hatte sich schlafen gelegt. Plötzlich wachte er auf und erschrak. Vor seinem Bett stand ein Geist. Der Geist seines Geschäftspartners, der sieben Jahre zuvor gestorben war. Und der verkündete, dass ihn in den darauffolgenden Nächten drei weitere Geister aufsuchen würden.

Der Mann war eigentlich nicht empfänglich für übersinnliche Kräfte. Deshalb führte er die Erscheinung zunächst darauf zurück, dass ihm das Essen im Restaurant nicht bekommen war. Doch als der Geist schrie und mit einer Kette klirrte, glaubte er ihm.

Mit diesen Szenen beginnt die Weihnachtsgeschichte des englischen Schriftstellers Charles Dickens. In der Hauptrolle als alter Griesgram: Ebenezer Scrooge. Dieser Klassiker der Kinderliteratur soll uns auch daran erinnern, wie viel Macht die Vorstellung über uns hat, dass wir eines Tages sterben werden – und wie stark uns die Frage prägen kann, wie wir bis dahin leben wollen.

Kaum jemand sieht das so nüchtern wie einst der britische Ökonom John Maynard Keynes. »Langfristig sind wir alle tot«, sagte der mal. Damit wollte der Ökonom zwar vor allem seine Kritiker beschwichtigen. Doch gleichzeitig sprach er damit eine unumstößliche Wahrheit aus. Noch dazu eine, die uns mit steigendem Lebensalter zunehmend beschäftigt. Der Gedanke an die eigene Endlichkeit ist wahrlich kein schöner. Aber einer, der sich nicht wegdiskutieren lässt. Und einer, der uns verändert. Sogar alte Griesgrame wie Ebenezer Scrooge.

* * *

Mal angenommen, Sie müssten morgen sterben – was würden Sie als Allerletztes tun wollen? Oder anders gefragt: Was würden Sie bereuen, nicht getan zu haben? Kaum jemand stellt und beantwortet sich diese Frage, wenn es ihm gutgeht. Sie taucht meist erst dann auf, wenn es bereits zu spät ist. Bronnie Ware weiß das aus eigener Erfahrung. Die australische Krankenschwester arbeitete jahrelang als Pflegerin in der Palliativmedizin. Dort geht es nicht mehr darum, die Patienten zu heilen, denn sie befinden sich bereits im Endstadium. Vielmehr soll ihnen ein möglichst angenehmer Tod ermöglicht werden. Und dafür war Bronnie Ware zuständig. Sie begleitete Menschen, die nach Hause gegangen waren, um zu sterben. Manche betreute sie drei Monate, andere nur drei Wochen. Wenig Zeit, um einen Menschen kennenzulernen. Genug Zeit für Bronnie Ware, um sich den todkranken Patienten emotional zu nähern. Denn sie vertrauten ihr an, was sie in ihrem Leben gerne anders gemacht hätten, aber jetzt nicht mehr ändern konnten. »Sie nannten immer und immer wieder dieselben Dinge«, sagt Ware. Und das hielt die Krankenschwester in einem Buch fest, das im Frühjahr 2013 auch in Deutschland erschien: ›5 Dinge, die Sterbende am meisten bereuen‹ (siehe Kasten). Sicher, Wares Buch ist ernst und traurig. Doch gleichzeitig kann es inspirieren. Denn die Krankenschwester appelliert indirekt daran, über den Sinn des Lebens nachzudenken, bevor es zu spät ist.

Nun würden uns permanente Todesgedanken in den Wahnsinn treiben. Wer ständig Angst vor einem tödlichen Auto-

Die meistgenannten Aussagen:
»Ich hätte den Mut haben sollen, mein eigenes Leben zu leben – und mich nicht von fremden Erwartungen leiten zu lassen.«
»Ich hätte nicht so hart arbeiten dürfen.«
»Ich hätte meine Gefühle äußern sollen.«
»Ich hätte mit meinen Freunden in Kontakt bleiben sollen.«
»Ich hätte mir mehr Glück gönnen sollen.«

unfall hat, setzt sich gar nicht erst hinter das Steuer oder auf den Beifahrersitz. Wer Panik vor Flugzeugabstürzen hat, kann nicht fliegen. Doch wahr ist eben auch: Wer fest damit rechnet, morgen nicht mehr zu leben, wird den heutigen Tag sicher ganz anders gestalten. Der Tod gehört zum Leben dazu. Doch wie geht man damit um?

Mit dieser Frage beschäftigte sich der amerikanische Anthropologe Ernest Becker in den Siebzigerjahren. Die zentrale These seines Buchs ›Die Überwindung der Todesfurcht‹ lautet, dass der Gedanke an den Tod für den Menschen absolut unerträglich ist und ihn massiv beeinflusst: »Er ist eine der Triebfedern menschlichen Handelns, eines Handelns, das hauptsächlich darauf ausgerichtet ist, dem Schicksal des Todes zu entgehen oder es zu besiegen, indem wir leugnen, dass es unser aller endgültiges Schicksal ist.« Dieses Schicksal ereilte Becker im März 1974, und so erlebte er die größte publizistische Ehre nicht mehr: Zwei Monate nach seinem Tod erhielt sein Werk den renommierten Pulitzer-Preis als bestes Sachbuch.

Darin vereinte er die Erkenntnisse von Philosophen wie Søren Kierkegaard, Psychologen wie Sigmund Freud und Biologen wie Charles Darwin. Der hatte die Theorie vertreten, dass sich menschliche Wesen im Laufe der Evolution durch Selektion entwickeln. So wie andere Säugetiere besitzen Menschen einen natürlichen Überlebensinstinkt. Doch was uns von Affen, Hunden oder Katzen unterscheidet, ist Selbst*bewusstsein*: Wir wissen, dass wir existieren. Dazu gehört die Gewissheit, dass wir eines Tages aufhören zu existieren. Und das, meinte Becker, prägt uns mehr, als wir uns manchmal eingestehen wollen.

Nun ist Todesfurcht einerseits gut, denn sie ist Teil unseres Selbsterhaltungstriebes. Wer überhaupt keine Angst vor dem Tod hat, würde vermutlich Risiken eingehen, die sein Leben schneller beenden, als ihm lieb ist. Aber wie schaffen wir es, mit der eigenen Vergänglichkeit umzugehen? Eine Antwort darauf formulierte eine Gruppe von Sozialpsychologen Anfang der Neunzigerjahre. Dabei ließen sie sich vor allem von Ernest Becker inspirieren.

Jeff Greenberg, Tom Pyszczynski und Sheldon Solomon lernten sich Ende der Achtzigerjahre als Doktoranden kennen. Schon immer hatten sich die Psychologen dafür interessiert, was Menschen antreibt. Einige Jahre später empfahl Solomon ein ehemaliger Kommilitone, doch mal Beckers Buch zu lesen. Solomon war sofort fasziniert von dessen Gedanken, er erzählte Greenberg und Pyszczynski davon. Und daraus entwickelte das Trio die sogenannte *Terror-Management-Theorie*.

Seinen Ursprung hat der Begriff im lateinischen Wort *terror* (Angst, Schrecken). Ernest Becker hatte ja beschrieben, wie aus unserem Selbstbewusstsein das Wissen um die eigene Sterblichkeit erwächst. Wir haben nur eine Chance, Träume zu verfolgen und Wünsche zu erfüllen. Zu verreisen, zu lieben, Kinder zu kriegen, Karriere zu machen, ein Haus zu bauen oder einen Baum zu pflanzen. Irgendwann ist alles vorbei. Aus diesem Bewusstsein heraus entsteht lähmende Angst. Mit diesem unangenehmen Zustand müssen wir umgehen – und wie, das zeigt die Terror-Management-Theorie.

Nach Ansicht von Greenberg und Co. gibt es zwei symbolische Angstpuffer, die uns vor der Todesfurcht bewahren. Den ersten nannten sie kulturelle Weltsicht (*cultural worldview*). Sie gingen davon aus, dass Kulturen entstanden sind, um dem Leben einen Sinn zu geben und den Menschen Hoffnung zu machen auf ein Leben nach dem Tod. Jede Kultur hat gewisse Rituale und Symbole. Wer sich daran hält und die entsprechende

Weltsicht vertritt, wird belohnt mit symbolischer Unsterblichkeit und verringert die Furcht vor seiner Vergänglichkeit. Denn er weiß: Körperlich verschwindet er vielleicht, aber die Kultur bleibt – und damit ein Teil von ihm. Die eigene Existenz war also nicht sinnlos.

Der zweite Angstpuffer gegen die Todesangst ist Selbstachtung (*self-worth*). Dahinter steckt die Gewissheit, dass man ein bedeutsames Leben führt. Diese Überzeugung kann aber nur der aufrechterhalten, so die Terror-Management-Theorie, der im Einklang mit den Werten dieser Kultur lebt. Nun klingt das erst mal ziemlich abstrakt. Außerdem fehlte es den Wissenschaftlern zunächst an empirischen Beweisen für ihre Thesen. Deshalb nahm die Theorie anfangs kaum jemand ernst. Das hat sich inzwischen jedoch geändert. In den vergangenen Jahrzehnten sind mehr als 200 Studien zu diesem Thema erschienen. Alle wollten herausfinden, wie Menschen auf ihre Vergänglichkeit reagieren. In den entsprechenden Experimenten musste sich meist ein Teil der Probanden mit dem eigenen Tod beschäftigen. Eine typische Aufgabe lautete zum Beispiel: »Schreiben Sie auf, welche Gefühle Ihr eigener Tod auslöst und notieren Sie so genau wie möglich, was mit Ihnen körperlich nach Ihrem Tod geschieht.« Die eine Gruppe machte sich also ihre Vergänglichkeit bewusst. Die andere Gruppe sollte sich hingegen beispielsweise den Besuch beim Zahnarzt vorstellen – ebenfalls kein schönes Erlebnis, aber im Zweifelsfall angenehmer als der Tod. Die Gruppen dachten also zunächst an unterschiedliche Dinge. Und diese Manipulation wirkte sich jedes Mal entsprechend aus.

Die Kandidaten der »Todes-Gruppe« klammerten sich hinterher zum Beispiel stärker an eigene Ansichten und lehnten fremde Meinungen ab. Sie hielten eher an bestimmten Werten fest oder versuchten, ihr Selbstbewusstsein zu erhöhen. Denn dadurch sinkt die Angst vor der eigenen Vergänglichkeit. Außerdem ließen sich Probanden, deren Selbstwert durch positives Feedback gestärkt wurde, von einem Film über den Tod weniger einschüchtern. Solche Angstpuffer zeigten also Wirkung. Und inzwischen haben Wissenschaftler einen weiteren Puffer gefunden – Nostalgie.

Bereits Tim Wildschut hatte gezeigt, dass sie das Wohlbefinden steigern kann. Sie beinhaltet oft Erlebnisse mit anderen Personen – und die sind eine unserer größten Glücksquellen überhaupt. Menschen sind soziale Lebewesen. Daher macht uns fast alles automatisch glücklich, was zur Stärkung dieser Verbindungen beiträgt. Häufig denken wir zurück an kulturelle Rituale, an Geburtstage, Weihnachten oder Urlaube. Nostalgie füllt die Zeit mit Erlebnissen, unsere Lebenszeit war also nicht wertlos. Und diese Gedanken helfen dabei, mit dem eigenen Tod umzugehen.

Davon geht zum Beispiel Clay Routledge aus, Assistenzprofessor an der North Dakota State Universität. 2008 konfrontierte er 76 Freiwillige in einem Experiment zunächst mit acht Aussagen (siehe Kasten).

Diese sollten die Probanden nun auf einer Skala bewerten, von eins (überhaupt nicht typisch für mich) bis fünf (sehr typisch für mich). Nun teilte Routledge sie nach dem Zufallsprinzip in zwei Gruppen. Gruppe A sollte sich mit dem eigenen Tod beschäftigen und ihre Gedanken dazu aufschreiben. Gruppe B sollte notieren, welche Gefühle sie mit Zahnschmerzen verband. Auch Routledge verdeutlichte einem Teil der Freiwilligen also die eigene Sterblichkeit.

Nun sollten sich alle Teilnehmer drei Minuten lang mit einem Puzzle ablenken. Danach reichte der Forscher ihnen einen letzten Fragebogen. Dort sollten sie verschiedene Aussagen über den Sinn des Lebens bewerten. Etwa: »Das Leben ist komplett sinnlos« oder »Alles Streben ist vergebens und absurd«, diesmal auf einer Skala von eins (»Ich stimme überhaupt nicht zu«) bis vier (»Ich stimme vollkommen zu«). Und bei der Auswertung fiel Routledge etwas Bemerkenswertes auf.

Die Vertreter der Terror-Management-Theorie hatten ja gezeigt, dass die »Todes-Gruppe« immer ihre Einstellung ver-

1. Ich denke gerne an die Vergangenheit.
2. Ich sinniere häufig darüber, was ich hätte anders machen sollen.
3. Insgesamt überwiegen die positiven Erinnerungen.
4. Ich grüble oft über die schönen Dinge, die ich verpasst habe.
5. Glückliche Erinnerungen tauchen plötzlich in meinem Kopf auf.
6. Die Vergangenheit besteht aus vielen unangenehmen Erlebnissen, an die ich lieber nicht zurückdenke.
7. Ich denke mit Nostalgie an meine Kindheit zurück.
8. Ich denke an die schlechten Dinge, die mir widerfahren sind.

änderte. Doch hier hatte der Gedanke an den eigenen Tod kaum Auswirkung – zumindest bei jenen Probanden, die hohe Nostalgiewerte erzielten: Je positiver sie ihre Vergangenheit sahen, desto seltener betrachteten sie das Leben als sinnlos. Offenbar gibt Nostalgie dem Leben nicht nur einen Sinn, sondern schützt gleichzeitig vor Gedanken an die Vergänglichkeit – und dann schreckt der Tod nicht mehr so sehr. Wie gut das funktioniert, untermauerte das zweite Experiment.

Dort füllten 40 Probanden zunächst die »Southampton Nostalgia Scale«, kurz SNS, aus. Dafür beantworteten sie Fragen wie »Wie oft werden Sie nostalgisch?« (nie, manchmal, ständig) oder »Wie wichtig ist Ihnen Nostalgie?« (egal, sehr). Je höher die Punktzahl, desto höher die Empfänglichkeit für Nostalgie.

Jetzt wurden die Probanden in zwei Gruppen aufgeteilt – eine sollte wieder über den Tod schreiben, die andere über Zahnschmerzen. Danach wurden alle erneut mit einem kurzen Puzzle abgelenkt. Und nun folgte der eigentliche Versuch. Routledge legte ihnen einen Test vor, bei dem sie 28 Wortfragmente ergänzen sollten. Allerdings hatte er ihn vorab manipuliert. Bei sechs Wörtern passten sowohl neutrale Begriffe als auch solche, die etwas mit dem Tod zu tun haben. Eines davon lautete beispielsweise »Coff_ _«. Neutral wäre nun das Wort »Coffee« (Kaffee), in einer Beziehung zum Tod stünde »Coffin« (Sarg).

Hinterher zählte Routledge, wie viele »Todeswörter« jeder

Teilnehmer verwendet hatte. Dabei stellte er fest: Die Nostalgiker ließen sich von den morbiden Gedanken am wenigsten manipulieren. Je nostalgischer sie waren, desto weniger Todesbegriffe verwendeten sie. Vereinfacht gesagt: Die Todesgedanken konnten ihnen kaum etwas anhaben. »Offenbar schützt Nostalgie vor Todesangst«, schrieb Routledge. Die Freiwilligen beschworen den Zauber der Vergangenheit. Deshalb machten ihnen die Gedanken an die eigene Vergänglichkeit weniger aus. Nostalgie stärkte ihr Selbstbewusstsein – und das schmälerte die Macht der Todesgedanken.

Die Studie von Routledge ist für die Wirkung von Nostalgie enorm bedeutsam. Nicht nur, weil sie eine weitere positive Eigenschaft hervorbrachte. Sie legt außerdem nahe, dass Nostalgie ein Gefühl ist, das früher oder später jeden erfasst. Bereits Ernest Becker hatte behauptet, dass uns das Bewusstsein der eigenen Endlichkeit erst zu Menschen macht. Wir werden alle sterben, der Tod ist unwiderruflich. Doch unsere Vergänglichkeit verleiht der Nostalgie erst ihre Intensität. Könnten wir ewig leben und alles noch mal erleben, müssten wir verpassten Chancen und vergangenen Genüssen nicht hinterhertrauern. Nostalgie wäre nicht so schön, aber auch nicht so bitter. Doch das Leben ist nun mal endlich. Und weil wir alle altern und sterblich sind, prägt die Nostalgie früher oder später jeden von uns. Selbst alte, grantige Männer.

* * *

Das Gespenst hatte nicht gelogen. In den folgenden Nächten besuchten Ebenezer Scrooge drei weitere Geister und traten mit ihm verschiedene Zeitreisen an. Der erste nahm Scrooge mit in seine Vergangenheit und führte ihm vor Augen, wie einsam er schon als Kind gewesen war und wie er die Liebe seines Lebens verstoßen hatte. Der zweite reiste mit ihm in die Gegenwart, ins Haus seines Angestellten Bob Cratchit. Scrooge lernte den behinderten Sohn der Familie kennen, Tiny Tim, und der Geist verriet ihm, dass der Kleine bald sterben müsse – falls ihm nicht geholfen werde. Der dritte Geist reiste mit ihm in die Zukunft, in ein armes Viertel der Stadt. Einige Anwohner hatten sich versammelt, um die Habseligkeiten eines gerade verstorbenen Mannes zu verscherbeln. Niemand hatte ihn leiden können, und so war der Mann einsam gestorben. Zu schlechter Letzt führte der Geist Scrooge an ein Grab. Und spätestens jetzt wurde ihm klar, von wem die Armen gesprochen hatten. Auf dem Grabstein stand sein Name.

Die Schocktherapie wirkte: »Ich bin nicht mehr der Mensch, der ich ehedem war. Ich will ein anderer Mensch werden, als ich vor diesen Tagen gewesen bin. Ich will Weihnachten in meinem Herzen ehren, ich will versuchen, es zu feiern. Ich will in der Vergangenheit, in der Gegenwart und in der Zukunft leben.« Am nächsten Tag ließ er der Familie Cratchit einen riesigen Truthahn zukommen, nahm die Einladung seines Neffen an, war plötzlich freundlich zu jedem, spendete Geld für die Armen und erhöhte das Gehalt seines Angestellten. Scrooge entschied sich dafür, seine Mitmenschen besser zu behandeln, und entging seinem Schicksal. Die Konfrontation mit der einsamen Vergangenheit, gepaart mit der Angst vor dem einsamen Tod, hatte ihn verändert.

Die Botschaft von Charles Dickens ist unmissverständlich: Anstatt immer nur an uns selbst zu denken und materiellen Dingen hinterherzujagen, sollten wir selbstloser sein und uns mehr um Mitmenschen kümmern – ansonsten sterben wir einsam und verlassen, und unser Leben war sinnlos. Oder, wie der US-Schriftsteller Chuck Palahniuk einmal schrieb: »Wir alle müssen sterben. Das Ziel ist nicht ewiges Leben, sondern etwas zu erschaffen, was ewig leben wird.«

Was Dickens in ein Märchen verpackte, erkennen Altersforscher inzwischen an. Die bewusste Zeitreise in die Vergangenheit wirkt durchaus therapeutisch. Dutzende Studien konnten zeigen, dass es Menschen, die sich häufig an früher erinnern, besser geht als jenen, die das nur selten tun. Nostalgie hilft dabei, eine eigene Identität zu bewahren, das Selbstwertgefühl zu stärken oder mit negativen Erlebnissen umzugehen. Das gilt sowohl für Senioren als auch für Jugendliche.

LAND VOR UNSERER ZEIT

Erinnerungen als Therapie

Erinnerungen sind wie Fotos, die plötzlich aus dem Album unseres Lebens herauspurzeln. Oft sind es nur kleine Fragmente und Bruchstücke, die in unseren Gedanken unbewusst weiterleben – und manchmal müssen wir gar nicht viel dafür tun, damit sie wieder auftauchen. In einem Altenheim in Osnabrück reicht es zum Beispiel schon, im Erdgeschoss eine Tür zu öffnen und einen Raum zu betreten. Die dortige Ameos-Klinik beherbergt etwa 70 psychisch kranke Senioren, viele davon leiden an Demenz. Inzwischen ist bekannt, dass das Kurzzeitgedächtnis der Betroffenen erheblichen Schaden nimmt – sie wissen nicht, was sie gestern getan haben, und vergessen selbst die Namen engster Verwandter. Doch ihr Langzeitgedächtnis funktioniert häufig noch prima. Das wollte der Pflegedirektor Manfred Timm ausnutzen. Deshalb machte er seinen Mitarbeitern an einem Herbsttag 2010 einen Vorschlag.

Eine frühere Kollegin hatte ihm von der Doktorarbeit eines niederländischen Psychologen erzählt, der sich mit den Auswirkungen nostalgischer Erinnerungen auf Senioren beschäftigt hatte. Da kam ihm die Idee, eine ungewöhnliche Therapie auszuprobieren. Timm wollte auf seiner Station ein »Erinnerungszimmer« im Stil der Fünfzigerjahre einrichten. Jener Epoche also, in der seine Patienten noch fit und gesund waren. Er bat die 700 Mitarbeiter darum, Gegenstände zu spenden. Alle packten mit an. Sie kletterten auf Speicher und stiegen in Keller; wühlten in Kisten und Schränken; sammelten alte

Schränke, Bügeleisen, Tischdecken, Haushaltsgegenstände und Schallplatten; beklebten die Wände mit Mustertapeten; stellten Kaffeetassen mit Goldrand auf die Tische und legten Kissen mit Blümchenmuster auf die Sofas. Im Februar 2011 eröffnete das Zimmer. Heute befinden sich in dem ehemaligen Möbellager etwa 150 alte Gegenstände. Das Teuerste war die Mustertapete, die etwa 500 Euro gekostet hat. Was noch fehlte, wurde mit Spenden finanziert, darunter eine Ausgabe des ›Kicker‹ nach dem WM-Sieg der deutschen Nationalmannschaft 1954. Die Klinik nutzt das Zimmer für die Einzelbetreuung von Patienten, aber auch für gemeinsames Singen. Außerdem können die Bewohner dort an ihrem Geburtstag mit Angehörigen Kaffee trinken.

Manfred Timm schwärmt, wenn er von dem Raum erzählt. Sobald die kranken Senioren den Raum betreten, tauchen sie ein in die Vergangenheit. Bei den meisten erkennt Timm sofort eine Veränderung. Die einen lächeln, die anderen staunen – aber alle werden danach zugänglicher. Timm: »Ich bin sehr froh, dass wir das Erinnerungszimmer haben. Denn es zeigt, dass manchmal schon relativ kleine Veränderungen eine große Wirkung haben können.« Damit hat das Altenheim architektonisch umgesetzt, was Psychologen bejahen – Nostalgie macht glücklich.

Die Anregung für den Erinnerungsraum geht zurück auf den niederländischen Psychologen Ben Koevoet. Der hatte sich 2010 im Rahmen seiner Dissertation an der Universität Tilburg mit der Macht der Erinnerungen beschäftigt. Aus gutem Grund: Seit einigen Jahren ist bekannt, dass viele Senioren an Depressionen leiden – wobei die Zahl der Betroffenen in Altenheimen bis zu vier Mal höher ist. Da ältere Menschen sich selten auf eine Psychotherapie einlassen und ihre seelischen Probleme lieber verschweigen, greifen Gerontologen auf die sogenannte Lebensrückblicktherapie zurück. Dabei geht es vor allem darum, positive Erinnerungen zu wecken und dadurch die seelische Gesundheit der Senioren zu verbessern. Nostalgie, so fand Ben Koevoet heraus, kann da durchaus hilfreich sein.

Für seine Arbeit gewann er ein Dutzend Bewohner eines niederländischen Altenheims, die zwischen 68 und 98 Jahren alt waren. Alle litten unter milden Depressionen, waren ansonsten aber geistig noch fit. Um sie nicht zu verwirren, teilte er ihnen zunächst in aller Ruhe den Ablauf seines Experiments mit. Er bat sie darum, ihm in den kommenden Wochen regelmäßig von ihrem Leben zu berichten, um sich womöglich besser zu fühlen. Allerdings verschwieg er, dass er sie in zwei Gruppen einteilte, eine Versuchs- und eine Kontrollgruppe. Die Teilnehmer der Versuchsgruppe fragte er beim ersten Treffen, ob sie sich an ein Lied aus ihrem Leben erinnerten, dem sie immer noch gerne lauschten. In der darauffolgenden Woche konfrontierte Koevoet jene Gruppe mit den Songtexten. Am Ende der Sitzung sollten sie ein anderes Lied nennen. Drei Monate lang besuchte er sie regelmäßig. Danach bewertete ein versuchsfremder Assistent ihre geistigen Fähigkeiten. Und siehe da: Die musikalische Nostalgie wirkte. Die Versuchsgruppe schlug sich nun wesentlich besser. Deren Mitglieder waren aufmerksamer, holten in Merktests mehr Punkte, konnten besser lesen, schreiben und rechnen. Doch die Therapie hinterließ zudem emotionale Spuren: »Durch die Nostalgie verschwanden die depressiven Symptome und Kummer stärker«, schrieb Koevoet.

Diese therapeutische Wirkung der Erinnerungen konnten Wissenschaftler sogar bei jüngeren Menschen feststellen. Der Psychologieprofessor Fred Bryant von der Loyola Universität in Chicago befragte vor einigen Jahren 180 Studenten von zwei Hochschulen nach ihrem seelischen Wohlbefinden. Er wollte aber auch wissen, wie häufig sie gedanklich in die Vergangenheit abtauchten. Das Ergebnis: Je öfter sie das taten, desto stärker genossen sie ihr Leben.

Für die zweite Studie gewann er 65 Studenten, die eine Woche lang nur zwei Mal zehn Minuten täglich über ihr Leben nachdachten und einen kurzen Fragebogen beantworteten. Allerdings verteilte Bryant drei unterschiedliche Anweisungen. Gruppe A sollte sich in Ruhe hinsetzen, tief durchatmen und fest an eine schöne Erinnerung denken. Die Teilnehmer von Gruppe B sollten irgendeinen Gegenstand herauskramen, mit dem sie Erinnerungen verbanden. Gruppe C diente als Kontrollgruppe. Deren Mitglieder sollten an irgendetwas denken, das ihnen derzeit wichtig war, und ebenfalls in Ruhe darüber sinnieren. Sie ahnen es sicher schon: Den Teilnehmern der Gruppen A und B ging es am Ende der Woche wesentlich besser – den Mitgliedern von Gruppe C hingegen nicht.

Wohlgemerkt: Es geht nicht darum, aus der Gegenwart zu flüchten und sich in die Vergangenheit zu retten – sondern die Vergangenheit sinnvoll in die Gegenwart zu integrieren. Nostalgische Erinnerungen können unserer Existenz einen Sinn verleihen. Sie sind wie ein Sicherheitsnetz, das uns auffängt, wenn wir fallen. Sie verbessern unsere Stimmung. Was sogar unser Leben verlängern kann. Wortwörtlich.

DIE NONNEN-STUDIE

Dankbarkeit verlängert das Leben

Es war eine kuriose Reisegesellschaft, die sich an einem heißen Samstagnachmittag 1957 in Kalifornien in einen Ford quetschte. Am Steuer saß Barbara Snowdon, Sekretärin des Pfarrers im Städtchen Redlands. Neben ihr und auf der Rückbank hatten sich insgesamt fünf Nonnen reingequetscht. Die Ordensschwestern besaßen weder Auto noch Führerschein. Deshalb chauffierte Snowdon sie ins knapp zwei Stunden entfernte San Diego, wo die Nonnen an einer Schule unterrichteten. Die hintere Ladefläche des Autos war normalerweise für Snowdons Foxterrier Spot reserviert, doch jetzt kauerte dort ihr fünfjähriger Sohn David. Der abenteuerliche Ausflug sollte den Kleinen mehr prägen, als er sich das damals hätte träumen lassen. Und das lag nicht nur an den wüstenähnlichen Temperaturen.

Die Sonne brannte vom Himmel, die berüchtigten Santa-Ana-Winde heizten die Luft zusätzlich auf, das Innere des Wagens glich einem Backofen. Dennoch blieben die Nonnen seelenruhig. Den kleinen David verwunderte das, ebenso wie die anderen Autofahrer, die die Reisegesellschaft entgeistert anstarrten. Die meisten von ihnen waren, wie es sich für Kalifornier gehört, sonnengebräunt und luftig angezogen, anders als die blassen Nonnen im grünen Ford. David realisierte plötzlich, dass die Gottesfrauen Außenstehenden absolut rätselhaft erscheinen mussten – und wenn er genauer darüber nachdachte, waren ihm die Nonnen ebenfalls ein wenig suspekt. Beinahe so, als kämen sie aus einer anderen Welt. Etwa vier Jahrzehnte später widmete er ihnen ein Forschungsprojekt.

Als Kind hatte er zunächst von einer Karriere als Turner oder Bauer geträumt. Vielleicht ist es manchmal besser, wenn sich Träume nicht erfüllen. David Snowdon wurde zu einem der renommiertesten Alzheimer-Forscher weltweit. Und gleichzeitig zu einem Nonnen-Experten.

* * *

Die Karriere von Karolina Gerhardinger war schon in jungen Jahren vorgezeichnet. Zur Welt kam sie am 20. Juni 1797 in Regensburg. Zu sagen, dass das Leben damals ziemlich turbulent war, wäre eine Untertreibung. Ganz Europa war im Umbruch, was vor allem an der Französischen Revolution lag. Deren Auswirkungen bekamen die Deutschen ebenfalls zu spüren. Im Zuge der Säkularisation beschnitten die Fürsten des Heiligen Römischen Reiches die Macht der Kirche. Sie beschlagnahmten deren Gebiete und Güter. Zahlreiche Klöster und Stifte mussten schließen, mitsamt ihren Schulen. Dadurch entstand ein Bildungsvakuum, das der Staat nicht füllen konnte. Viele Kinder aus der Mittel- und Unterschicht hatten nun überhaupt keinen Zugang mehr zu Bildung, vor allem Mädchen waren betroffen. Auch Karolina Gerhardinger.

Eingeschult worden war sie 1803, doch schon sechs Jahre später wurde das Notre-Dame-Kloster im heutigen Regensburger Bezirk Stadtamhof geschlossen. Der Pfarrer und spätere Regensburger Bischof Georg Michael Wittmann wollte das nicht mit ansehen. Er nahm sich vor, irgendwann einmal ein Kloster zu eröffnen, in dem Nonnen Mädchen erzogen und ausbildeten. Dafür brauchte er Personal. Also beauftragte er seinen Kaplan damit, drei junge Mädchen zu Lehrerinnen auszubilden. Eine davon war Karolina Gerhardinger. Im Alter von zwölf Jahren begann sie ihre Ausbildung, drei Jahre später unterrichtete sie bereits. Wittmann erkannte schon bald ihr Talent und erkor sie dazu aus, seinen Traum von einem Kloster zu verwirklichen. 1833, einige Monate nach Wittmanns Tod, war es so weit: Gerhardinger gründete die Ordensgemeinschaft der Armen Schulschwestern von Unserer Lieben Frau.

Das war damals ebenso mutig wie ungewöhnlich. Im Zuge der Aufklärung hatte sich die Gesellschaft der Klöster ja gerade erst entledigt – und da kam eine Frau und gründete ein neues. Doch sie setzte sich durch und legte zwei Jahre später das Gelübde ab. Von nun an hieß sie Maria Theresia von Jesus.

Die junge Nonne war sofort erfolgreich. Schnell schlossen sich ihr eine Handvoll Frauen an, 1843 verlegten sie das Mutterhaus nach München. Von dort aus reisten sie in Städte und Dörfer und kümmerten sich um arme Kinder in Kindergärten, Schulen und Heimen. Vor Augen immer ihr großes Ziel: junge Frauen zu erziehen und zu bilden.

Diese Nachfrage bestand nicht nur in Bayern, sondern auch in den USA. Viele Deutsche waren dorthin ausgewandert, um ein neues Leben zu beginnen. Doch Engländer und Iren waren ihnen zuvorgekommen und hatten sich bereits etabliert. So lebten die Deutschen häufig in Armut. Das wollte die Nonne ändern. 15 Jahre nach Gründung ihrer Kongregation wagte sie sich über den Großen Teich und ging 1847 mit fünf Schwestern nach Nordamerika. Wenige Jahrzehnte später gab es sieben Ordenshäuser in verschiedenen Bundesstaaten. Heute arbeiten für den Orden knapp 4000 Schwestern in fast 40 Ländern weltweit. Sie verwalten das geistige Erbe ihrer Gründerin und wollen vor allem Armen und Kindern helfen. Doch ganz nebenbei haben sie der Wissenschaft einen unschätzbaren Dienst erwiesen. Und auch dem Alzheimer-Forscher David Snowdon.

Der wusste Mitte der Achtzigerjahre nicht so recht, wie es beruflich weitergehen sollte. Promoviert hatte er in Epidemiologie. Diese Disziplin beschäftigt sich damit, wie und warum Individuen und Gesellschaften gesund bleiben oder krank werden. Für seine Dissertation an der Universität von Minnesota hatte er sich an einer bereits laufenden Studie über eine lutheranische Bruderschaft beteiligt und untersucht, ob Krebs und Herzkrankheiten mit Alkoholkonsum zusammenhängen. Danach ging er nach Kalifornien und erforschte, wie sich die Ernährung auf die Gesundheit einer Gruppe von Adventisten auswirkte. Zurück in Minnesota, hatte er eine Position als Assistenzprofessor angenommen. Nun war er auf der Suche nach einer wissenschaftlichen Nische, die ihm seine Stelle sicherte. Er wusste bloß, dass er sich weiter dem Zusammenhang zwischen dem Alterungsprozess und der Gesundheit widmen wollte, am liebsten in religiösen Gruppen – was sicher auch daran lag, dass Snowdon als Schüler selbst von Nonnen unterrichtet worden war. Doch so recht fiel ihm zunächst kein geeignetes Projekt ein. Zum Glück lernte er eines Tages Nora Keenan kennen. Die Epidemiologin hatte ihren Abschluss an seiner Fakultät gemacht – ihre zweite Karriere. Zuvor hatte sie einige Jahre als Nonne gearbeitet, bei den School Sisters of Notre Dame. So lautet der englische Name des Ordens von Karolina Gerhardinger. Wenig später begann Snowdon mit der Studie, die ihn berühmt machen sollte.

Eigentlich wollte er vor allem eine Frage beantworten: Welche Faktoren fördern das Risiko, an Alzheimer zu erkranken? Dafür schien die Versuchsgruppe wie gemacht. Regelmäßig stehen Wissenschaftler bei Langzeitstudien vor der Herausforderung, dass Menschen ihr Leben höchst unterschiedlich gestalten. Die einen rauchen, die anderen nicht. Die einen trinken regelmäßig einen über den Durst, die anderen sind abstinent. Manche arbeiten körperlich hart, andere sitzen am Schreibtisch. Manche verdienen viel Geld, andere wenig. Diese Unterschiede wirken sich nicht nur auf die Menschen und ihre Gesundheit aus, sondern verwässern auch das Ergebnis. Umso einzigartiger war die Versuchsgruppe der Nonnen. Bei ihnen handelte es sich um eine äußerst homogene Gruppe. Logischerweise hatten alle denselben Beziehungsstatus, sie waren kinderlos und führten ein ähnliches Leben. Sie rauchten nicht, tranken kaum, verfügten über gleich viel Geld und hatten denselben Zugang zu medizinischer Versorgung.

Dazu kam, dass Snowdon unglaubliches Glück hatte. Zum einen deshalb, weil sich 678 Schwestern im Alter von 75 bis 102 Jahren der School Sisters of Notre Dame bereit erklärten mitzumachen. Das bedeutete, dass sie einmal im Jahr ihren Körper und Geist testen ließen und sogar einwilligten, ihr Gehirn nach ihrem Ableben der Wissenschaft zur Verfügung zu stellen. Zum anderen stieß Snowdon auf einen wissenschaftlichen Schatz.

Am 22. September 1930 hatte die nordamerikanische Oberin den Nonnen einen Brief geschickt. Darin forderte sie die jungen Schwestern dazu auf, ihr bisheriges Leben auf einem Blatt Papier zusammenzufassen. In 200 bis 300 Wörtern, inklusive Geburtsort, Eltern, Schulbildung, interessanten Erlebnissen während der Kindheit und was sie zum Orden geführt hatte. Immerhin 180 handgeschriebene Autobiografien waren noch erhalten.

Die Arbeitsanweisung war relativ neutral formuliert, dennoch unterschieden sich die Zeugnisse erheblich. Eine Nonne schrieb: »Ich kam am 26. September 1909 zur Welt, als ältestes von sieben Kindern. In meinem ersten Jahr als Nonne unterrichtete ich Chemie und Latein. So Gott will, werde ich mein Bestes für den Orden geben, um die Religion zu verbreiten und für meine persönliche Heiligung zu sorgen.« Eine andere notierte: »Gott hat es von Anfang an gut mit mir gemeint. In meinem ersten Studienjahr war ich sehr glücklich. Jetzt freue ich mich enorm auf den Segen unserer Lieben Frau und ein Leben voll göttlicher Liebe.« Sie sehen schon: Beide Briefe sind zwar äußerst kurz, dennoch transportieren sie völlig unterschiedliche Emotionen. Die eine Nonne formulierte eher nüchtern und neutral, die andere glücklich und beinahe überschwänglich. Diese Unterschiede fand Snowdon in allen Briefen. Und das machte ihn neugierig. Also reichte er alle Autobiografien zwei unabhängigen Mitarbeitern. Sie sollten die Briefe nach bestimmten Schlüsselwörtern durchforsten, die entweder eine positive oder negative Emotion zum Ausdruck brachten. Liebe, Hoffnung, Freude oder Glück; Angst, Wut, Scham oder Traurigkeit. Eine echte Sisyphusarbeit. Doch die Mühe lohnte sich.

Aus etwa 90 000 unterschiedlichen Wörtern filterten die Mitarbeiter 1598 heraus, die eine Emotion ausdrückten. 84 Prozent waren positiv, 14 Prozent negativ, der Rest neutral. Danach analysierte Snowdon, welche Nonnen noch lebten beziehungsweise in welchem Alter sie gestorben waren. Kaum zu glauben: Es gab einen deutlichen Zusammenhang zwischen der Ausdrucksweise in der Autobiografie mit Anfang 20 und der Lebensdauer. Jene Gruppe, die am wenigsten positive Wörter benutzt hatte, wurde im Schnitt 86,6 Jahre alt; jene mit den meisten positiven Wörtern hingegen kam im Schnitt auf 93,5 Jahre. Ein Unterschied von knapp sieben Jahren! Mehr noch: Die Wahrscheinlichkeit, mit 90 unter der Erde zu liegen, lag bei der positiv gestimmten Gruppe bei 38 Prozent – und bei der negativ gestimmten Gruppe bei 70 Prozent! Eine positive Lebenseinstellung als junge Erwachsene ging einher mit einer deutlich erhöhten Lebenserwartung.

Nun bedeutet das nicht automatisch, dass allein die guten Gefühle ein langes Leben sicherten. Es könnte zum Beispiel sein, dass eine dritte Variable dafür zuständig war – vielleicht hatten die gut gelaunten Nonnen weniger Übergewicht oder einfach gute Gene. Gleichzeitig waren die Versuchsteilnehmer ausschließlich weiblich, Rückschlüsse auf Männer sind also nicht unbedingt zulässig.

Dennoch: Eine ganze Reihe von Studien legt nahe, dass Menschen mit positiven Emotionen länger leben als jene mit negativen. Von Freude, Glück und Zufriedenheit scheint das autonome Nervensystem zu profitieren, das unter anderem Atmung, Verdauung und Stoffwechsel kontrolliert. »Sein vergangenes Leben genießen zu können, heißt zweimal zu leben«, sagte schon der römische Dichter Martial. Eine positive Einstellung, auch in Bezug auf die Vergangenheit, macht nicht nur glücklich und zufrieden, sondern auch dankbar. Und diese Dankbarkeit fördert unsere Gesundheit.

Das fanden vor einigen Jahren die beiden Psychologen Robert Emmons und Michael McCullough heraus. Kurz nach Semesterbeginn teilten sie knapp 200 Studenten in drei Gruppen. Gruppe A bekam einen Zettel gereicht, auf dem stand: »Es gibt vieles, wofür wir dankbar sein können, im Kleinen wie im Großen. Denken Sie an die vergangene Woche und schreiben Sie maximal fünf Dinge auf, für die Sie dankbar sind.« Die Bescheidenen schrieben: »Morgens aufzuwachen.« Andere freuten sich über die Großzügigkeit ihrer Freunde, wundervolle Eltern oder ihre Lieblingsband.

Gruppe B las: »Alltagsstress ist ärgerlich und nervenaufreibend, egal ob im Beruf oder Privatleben, egal ob es um unsere Gesundheit oder unser Geld geht. Denken Sie an die vergangene Woche und notieren Sie maximal fünf Dinge, die Ihnen auf die Nerven gegangen sind.« Wie erwartet fiel den Probanden einiges ein. Die einen waren genervt von der Parkplatzsuche, die anderen sorgten sich um ihr leeres Konto, wieder andere waren im Lernstress.

Die Studenten der Gruppe C sollten an fünf alltägliche Erlebnisse denken, die ihnen in der vergangenen Woche widerfahren waren – Aufräumen, ein Flug oder ein Gespräch.

Nun führten alle knapp drei Monate lang Tagebuch. Darin sollten sie ihre körperliche und seelische Verfassung festhalten, wie viel Sport sie trieben und wie sie das Leben generell beurteilten. Als die Psychologen alle Unterlagen auswerteten, stellten sie fest: Die Studenten in Gruppe A waren insgesamt wesentlich zufriedener mit ihrem Leben und optimistischer. Mehr noch: Sie fühlten sich körperlich besser und trieben mehr Sport.

Im Anschluss wiederholten Emmons und McCullough ihre Studie. Diesmal aber mit Personen, die an seltenen neuromuskulären, genetisch bedingten Erkrankungen litten. Die Freiwilligen im Alter zwischen 22 und 77 hätten also allen Grund dazu gehabt, mit dem Schicksal zu hadern. Doch das Fazit blieb dasselbe: Die »dankbare« Gruppe war zufriedener, optimistischer und genoss die Zeit mit anderen Menschen stärker. Doch damit nicht genug: Sie schlief sogar länger und tiefer, außerdem verspürte sie weniger Schmerzen.

Die Studie ist ein eindrucksvoller Beleg dafür, wie wichtig es ist, dankbar zu sein. Und Dankbarkeit lässt sich durch Nostalgie steigern. Die Vergangenheit strahlt meist ohnehin heller, Gegenwart und Zukunft bereiten uns bisweilen wenig Freude oder sogar Kummer. Will sagen: Nostalgie macht glücklich, egal ob sie bewusst oder unbewusst ausgelöst wird.

Zugegeben: Nicht jedem Menschen ist es vergönnt, ausschließlich positiv auf die Vergangenheit zurückzublicken. Den einen plagen Reuegefühle, der andere kommt nicht über Enttäuschungen hinweg, von schweren Traumata mal ganz zu schweigen. Dennoch: In jedem Kopf schlummern schöne Erinnerungen. Garantiert. Falls es Ihnen schwerfällt, diese zu wecken, helfen Ihnen vielleicht ein paar Nostalgietipps (siehe Kasten). Ich gebe Ihnen mein Wort: Danach wird es Ihnen besser gehen.

Natürlich ist diese Liste ohne Anspruch auf Vollständigkeit. Ihrer nostalgischen Fantasie sind keine Grenzen gesetzt. Hauptsache, es macht Sie glücklich und zaubert ein Lächeln auf Ihr Gesicht – und sei es nur für ein paar Sekunden. Besser als gar nichts. Aber seien Sie gewarnt: Es ist gut möglich, dass Sie bei der ein oder anderen Erinnerung wehmütig oder traurig wer-

Kleines Nostalgietraining

1. Schreiben Sie mindestens fünf schöne Erinnerungen auf …
2. … und denken Sie in Ruhe daran zurück.
3. Schauen Sie eine DVD mit dem Lieblingsfilm Ihrer Jugend …
4. … oder mit Ihrer damaligen Lieblingsserie an.
5. Lesen Sie Ihr liebstes Kinderbuch.
6. Kochen Sie Ihr früheres Lieblingsgericht.
7. Lauschen Sie Ihrer Lieblingsmusik.
8. Suchen Sie auf Youtube nach Ausschnitten alter Sendungen.
9. Googeln Sie ehemalige Klassenkameraden …
10. … oder Ihren Jugendschwarm …
11. … oder frühere Lehrer und Trainer …
12. Noch besser: Verabreden Sie sich mit denen zu einem Treffen.
13. Kaufen Sie ein altes Lieblingsparfüm.
14. Falls Ihre Eltern noch leben: Fragen Sie sie nach gemeinsamen Urlauben.
15. Blättern Sie in alten Fotoalben.
16. Durchstöbern Sie Kisten nach Tagebüchern, Zeugnissen, Liebesbriefen.
17. Besuchen Sie einen Flohmarkt.
18. Gehen Sie an Ihrer ehemaligen Schule vorbei …
19. … früherer Kindergarten geht natürlich auch …
20. … oder besuchen Sie das Haus, in dem Sie aufgewachsen sind.

den und eine kleine Träne verdrücken. Nostalgie bezieht sich eben immer auf Momente, die nicht mehr wiederkommen. Es geht darum, die Mischung zu finden, zwischen Erinnern einerseits und Vergessen andererseits.

Wir können uns erinnern, ohne nostalgisch zu werden. Aber wir können nicht nostalgisch werden, ohne uns zu erinnern. Wie das funktioniert und was das über unser Gehirn aussagt, werden wir gleich sehen. Dafür verlassen wir aber zunächst einmal die Laboratorien von Psychologen, Psychiatern und Altersforschern und reisen nach Frankreich. Zu einem Mann, der nicht nur einer der berühmtesten Schriftsteller aller Zeiten war. Sondern gleichzeitig auch einer der größten Nostalgiker.

NOSTALGIE
IM GEHIRN
Kapitel 3
A

PROUSTS MADELEINE

Die Magie der Erinnerungen

Er fror. Vor der Tür herrschte tiefer Winter, in seinem Kopf schlechte Laune. Seine Mutter wollte ihn aufmuntern und bot ihm eine Tasse Tee an. Er mochte das Gebräu nicht und lehnte zunächst ab, überlegte es sich dann aber anders. Zum Tee servierte ihm seine Mutter eine Madeleine, das süße Kleingebäck aus Ei, Butter, Mehl und Zucker. Er löffelte einen Schluck Tee aus der Tasse, legte ein Stück der Madeleine hinein und steckte den Löffel in den Mund. Da passierte es. Als die Mischung aus Gebäck und Tee seinen Gaumen berührte, zuckte er zusammen. War wie gebannt. Von Glück durchströmt. Denn plötzlich war die Erinnerung zurück. Die Erinnerung an die Madeleines, die ihm als Kind seine Tante Léonie angeboten hatte, nachdem sie das Gebäck in Lindenblütentee getunkt hatte. Die Erinnerung an die Stadt, in der das Haus gestanden hatte; an die Straßen und Wege; an die Blumen im Garten; an die Seerosen auf dem Wasser. Alles erschien ihm wieder greifbar – ausgelöst von einer Tasse Tee und einem Stück Madeleine.

Die Szene stammt aus dem berühmten Roman ›Auf der Suche nach der verlorenen Zeit‹ von Marcel Proust. Wie so viele literarische Werke, so ist auch dieses mit der Biografie seines Autors verbunden. Und das nicht nur, weil der Ich-Erzähler ebenfalls Marcel heißt. Sondern weil Proust darin mal mehr, mal weniger verklausuliert sein eigenes Leben aufarbeitet.

Seine Eltern waren wohlhabend. Vater Adrien war ein berühmter Medizinprofessor, Mutter Jeanne der Spross einer Bankiersfamilie. Schon früh stand fest, dass Marcel immer auf die Unterstützung seiner Eltern angewiesen sein würde, finanziell wie moralisch. Bereits als Kind litt er unter Asthma und

Allergien. Obwohl er sein Jurastudium beendete, verdiente er kaum eigenes Geld. Sein anfälliger Körper zwang ihn ständig zur Bettruhe. Dort widmete er sich seinen großen Leidenschaften: nachdenken und schreiben. Zeit hatte er ja genug.

Als Asthmatiker und Allergiker war er von Natur aus sensibel, sein Wesen förderte diese Empfindsamkeit: Prousts Beobachtungsgabe war außergewöhnlich – ebenso wie die Liebe zu seiner Mutter, die er über alle Maßen vergötterte. Auf ihren Gutenachtkuss freute er sich schon den ganzen Tag. Wenn Jeanne ihn abends verabschiedete und aus dem Zimmer ging, schickte er ihr über die Bediensteten manchmal kleine Briefe ins Erdgeschoss. Proust war ein zartbesaitetes Muttersöhnchen. Kein Wunder, dass ihn der Tod von Jeanne veränderte. Und diese Veränderung bestimmte schließlich die sieben Bände, deren deutsche Übersetzung mehr als 4 000 Seiten umfasst. Darin machte Proust sich auf die Suche nach der verlorenen Zeit.

Acht Jahre vor der Veröffentlichung des ersten Bandes hatte sich Proust in ein Sanatorium einweisen lassen. Er wollte seine Neurasthenie behandeln lassen. Eine psychische Störung, die man heute in die Nähe des chronischen Erschöpfungssyndroms rückt. Sein Arzt war der französische Neurologe Paul Sollier. Dessen Spezialität war es, die Patienten nach ihrer Ankunft in der Klinik erst mal zu isolieren. Sollier war der Einzige, mit dem sie Kontakt hatten. Er wollte sie gewissermaßen mit ihren Gedanken alleine lassen, um dadurch die Heilung zu beschleunigen. Proust sprach hinterher nie viel über den Aufenthalt im Sanatorium – und normalerweise sprach er äußerst gerne über sich selbst. Trotzdem kann man davon ausgehen, dass ihn Solliers Therapie enorm beeinflusste. Denn in seinem Werk beschrieb er ein Phänomen, das heute als *unfreiwillige autobiografische Erinnerung* bekannt ist: Erlebnisse unserer Vergangenheit, die scheinbar zufällig wieder auftauchen. Etwa dann, wenn wir im Radio ein Lied hören, das uns an eine Person erinnert. Ein Geruch, den wir wahrnehmen, der Geschmack eines Lebensmittels, ein Gesicht auf der Straße, der Anblick eines Gegenstands oder der Besuch eines Ortes – sie alle können Erinnerungen auslösen. Und damit Nostalgie.

Mit diesem Phänomen beschäftigten sich bis vor wenigen Jahren hauptsächlich Psychiater, um beispielsweise posttraumatische Belastungsstörungen zu behandeln. Doch inzwischen sind viele Psychologen überzeugt: Diese unfreiwilligen Erinnerungen sind nicht die Ausnahme, sondern die Regel. Sie sind kein Anzeichen psychischer Probleme, sondern geistiger Gesundheit. Sie sind kein Anlass zur Sorge, sondern Grund zur Freude. Eine Erkenntnis, die schon bei Marcel Proust zu finden ist. In den sieben Bänden machte er insgesamt mehr als 1200 Anspielungen auf Erinnerungen, im sechsten Teil mit dem Titel ›Die Entflohene‹ gar mehr als eine pro Seite. Doch die Madeleine-Szene ist das berühmteste Beispiel.

Die Kindheit, die dem Erzähler nun wieder bewusst wird, war alles andere als angenehm. Trotzdem macht ihn die Erinnerung glücklich: »Mit einem Schlage waren mir die Wechselfälle des Lebens gleichgültig, seine Katastrophen zu harmlosen Missgeschicken, seine Kürze zu einem bloßen Trug unserer Sinne geworden«, schrieb Proust. »Ich hatte aufgehört, mich mittelmäßig, zufallsbedingt, sterblich zu fühlen.« Das Vergnügen, das der Erzähler empfindet, liegt nicht am Geschmack der Madeleine oder dem Duft des Getränks. Sondern vor allem an der Erinnerung, die diese beiden Sinne auslösen. Gleichzeitig ist er fasziniert: »Woher strömte diese mächtige Freude zu mir? Woher kam sie? Was bedeutete sie? Wo konnte ich sie fassen?« Diese Fragen können Wissenschaftler inzwischen beantworten. Ihre Erkenntnisse erklären das Phänomen der Nostalgie – und verraten gleichzeitig viel darüber, wie unser Gehirn funktioniert.

* * *

Es ist schon faszinierend: Das Gehirn eines Erwachsenen wiegt gerade mal etwa 1500 Gramm. Es macht lediglich circa zwei

Prozent unserer gesamten Körpermasse aus. Trotzdem verdanken wir ihm unser gesamtes Leben. Unser Gehirn erinnert uns daran, wenn wir etwas essen oder trinken sollten, es koordiniert unsere Bewegungen und steuert unsere Gedanken. Und es speichert Daten, Fakten und Erlebnisse. Schon unsere Vorfahren konnten nur überleben, wenn sie im Kopf behielten, welche Nahrungsmittel giftig, welche Tiere tödlich und welche Orte gefährlich waren. Durch Riechen erkannten sie, wer wo bereits sein Revier markiert hatte, oder fanden den richtigen Partner. Daher gehen Evolutionspsychologen heute davon aus, dass sich unser Gehirn vor allem als Geruchs- und Raumgedächtnis entwickelte. Doch schon seit Jahrtausenden fasziniert Menschen die Frage, was genau darin eigentlich vor sich geht. Archäologen haben mehr als 7 000 Jahre alte Schädel gefunden, die Spuren von *Trepanationen* aufweisen. So nennt man den Vorgang, einem lebendigen Menschen Löcher in den Schädel zu bohren. Nicht um ihn zu töten, sondern um ihn zu heilen. Vermutlich wollten die prähistorischen Chirurgen damit Kopfschmerzen oder psychische Beschwerden lindern – um die bösen Geister im wahrsten Sinne des Wortes aus dem Kopf zu vertreiben.

Lange Zeit glaubte man jedoch, dass unser Bewusstsein und Denken nicht in unserem Kopf lagern, sondern in unserem Herzen. Das dachte zum Beispiel der griechische Philosoph Aristoteles. Das Gehirn war für ihn lediglich eine Art Ventilator, der das Blut abkühlt, wenn das Herz überhitzt ist. Etwas näher an der Realität war der griechische Arzt Galen, der etwa zwischen 130 und 200 nach Christus lebte. Er behandelte viele Gladiatoren und konnte deshalb aus nächster Nähe Verletzungen am menschlichen Gehirn beobachten. Am liebsten widmete er sich allerdings Tieren, allen voran Schafen. Denen schnitt er, auch schon mal bei lebendigem Leib, das Hirn heraus. Dabei stellte er fest, dass diese über ein festes Kleinhirn (*Cerebellum*) und ein teigartiges, weiches Großhirn (*Cerebrum*) verfügen. Galen vermutete, dass Letzteres Sinneswahrnehmungen empfängt und Erinnerungen abspeichert. Eine Vermutung, der seine Nachfolger inzwischen zustimmen. Erst gegen Ende des 18. Jahrhunderts hatten Wissenschaftler die menschliche Anatomie vollständig erfasst. Seitdem unterteilt man das *zentrale Nervensystem* in zwei Teile, das Gehirn und das Rückenmark. Außerdem stellten die Forscher schon früh fest, dass auf jeder Hirnoberfläche ähnliche Furchen und Windungen sitzen. Das Großhirn wurde daraufhin in verschiedene *Lappen* unterteilt. Das war die Basis für die Erkenntnis, dass verschiedene Regionen für verschiedene Dinge zuständig sind – auch wenn sie dabei häufig zusammenarbeiten.

Über mehrere Jahrhunderte kannten Anatomen nur einen Weg, das Gehirn zu untersuchen: Sie entfernten es aus dem Kopf und schnitten es in Teile. Diese Methode hatte den Charme, dass die Forscher tatsächlich viel über dessen Funktionsweise lernten. Allerdings blieb ein Nachteil: Wenn das Untersuchungsobjekt nicht schon vor dem Eingriff tot war – hinterher lebte es ganz bestimmt nicht mehr. In den vergangenen Jahrzehnten hat die Hirnforschung jedoch erstaunliche Fortschritte gemacht, vor allem durch neue Technologien. Die haben revolutionäre Erkenntnisse ermöglicht – und die Probanden bleiben am Leben.

Einer der Pioniere der Gedächtnisforschung war der deutsche Philosoph und Psychologe Hermann Ebbinghaus. Im Rahmen seiner Habilitation 1885 unterzog er sich einem kuriosen Selbstexperiment. Aus zwei Konsonanten und einem Vokal bastelte er zunächst 2300 sinnlose Silbenreihen wie »fev«, »muw« oder »piz«. Damit wollte er sicherstellen, dass sie keine emotionale Bedeutung für ihn hatten (warum Gefühle wichtig für das Erinnern sind, werden wir später noch sehen). Dann versuchte Ebbinghaus, die Silbenreihen zu memorieren. Dabei stellte er fest: Je mehr Zeit zwischen Lernen und Abfragen verstrich, desto schlechter wurde er. Nach 20 Minuten wusste er bereits 40 Prozent der Silben nicht mehr, nach einem Tag waren es 66 Prozent. Vor allem am Anfang vergaß er sehr viel. Diesen geistigen Verfall malte der Forscher auf – und daraus entstand die Ebbinghaus'sche Vergessenskurve. Heute klingt das vermeintlich banal, aber der Wissenschaftler konnte als Erster empirisch zeigen: Je länger etwas zurückliegt, desto weniger erinnern wir. Zumindest im Normalfall. Ebbinghaus bewies nicht nur, dass wir uns Sachen umso besser einprägen, je häufiger wir ihnen begegnen. Sondern vor allem, dass Forscher Gedächtnisleistungen objektiv untersuchen können.

Weniger bekannt ist allerdings, dass er in seiner Habilitation zwischen drei Arten von Erinnerungen unterschied: unbewussten, die im Bewusstsein verankert sind, ohne jemals aufzutauchen; freiwilligen, die wir jederzeit hervorholen können; und unfreiwilligen: »Die einmal bewusst gewesenen Zustände kehren oft noch nach Jahren, ohne jedes Zutun des Willens, scheinbar von selbst ins Bewusstsein zurück, sie werden unwillkürlich reproduziert. Wie die genaue Beobachtung dabei lehrt, geschehen diese unwillkürlichen Reproduktionen nicht ganz beliebig und zufällig. Vielmehr werden sie veranlasst und verursacht durch andere, jetzt gerade gegenwärtige psychische Gebilde«, schrieb Ebbinghaus. Obwohl seine Arbeit schon knapp 130 Jahre alt ist, sind seine Annahmen immer noch aktuell. Denn mittlerweile haben seine Nachfolger viel über diese psychischen Gebilde herausgefunden. Dabei haben sie nicht nur das Wissen über unser Gedächtnis enorm vermehrt, sondern sozusagen auch die neurowissenschaftliche Basis für Nostalgie entdeckt. Alles begann mit einem amerikanischen Epileptiker.

DER AMERIKANISCHE PATIENT

Ein Leben ohne Gedächtnis

Im Alter von neun Jahren stieß Henry Molaison mit einem Fahrradfahrer zusammen. Der Amerikaner war danach fünf Minuten lang bewusstlos. Ob der Unfall wirklich Schuld hatte an seinen Langzeitschäden, ist nicht restlos geklärt. Fest steht jedoch, dass Molaison ein Jahr später epileptische Anfälle bekam. Die dauerten bis zu 40 Sekunden und überkamen ihn plötzlich. Er öffnete den Mund, schloss die Augen, verschränkte Arme und Beine, biss sich auf die Zunge, musste urinieren und wurde schließlich bewusstlos. Die Schule konnte er immerhin erfolgreich abschließen, später arbeitete er eine Weile am Fließband. Obwohl sein Arzt, der Neurochirurg William Scoville, die Dosierung der Medikamente bereits ständig erhöht hatte, wurden die Anfälle immer häufiger und schlimmer. Unter diesen Umständen war es unmöglich, ein normales Leben zu führen, geschweige denn zu arbeiten. Scoville sah keine andere Lösung mehr und traf eine verhängnisvolle Entscheidung.

Am 1. September 1953 betäubte er den 27-jährigen Molaison, dann bohrte er zwei Löcher in dessen Schädel und entfernte Teile seines Gehirns. Dort vermutete Scoville die Ursache der Krämpfe. Damit sollte er Recht behalten, einerseits. Dass sein Eingriff andererseits dramatische Konsequenzen haben würde, konnte er zu dem Zeitpunkt nicht ahnen.

In den ersten Tagen war Scoville optimistisch. Die Operation schien gut verlaufen zu sein. Molaison war zwar ein wenig benommen, aber ansonsten erholte er sich bestens. Außerdem ließen die epileptischen Anfälle tatsächlich nach. Doch irgendetwas stimmte nicht. Scoville wusste nicht weiter und konsultierte seinen Kollegen Wilder Penfield. Dessen Mitarbeiterin Brenda Milner hatte sich für ihre Doktorarbeit wenige Jahre zuvor mit Menschen beschäftigt, die am Gehirn operiert worden waren – und die sich nach dem Eingriff ebenfalls verändert hatten. Wenig später reiste die junge Wissenschaftlerin Milner zu dem renommierten Chirurgen Scoville. Der Beginn einer Zusammenarbeit, die in die Geschichte der Wissenschaft eingehen und unser Verständnis von Erinnerungen für immer verändern sollte.

Milner unterzog Molaison zunächst einer Reihe von Untersuchungen. Bei manchen schlug er sich passabel, bei anderen sogar richtig gut. In einem IQ-Test erreichte er beispielsweise einen Wert von 112 Punkten – vor der Operation hatte er nur 104 Punkte geschafft. Doch gleichzeitig stellte Milner fest, dass sein Gedächtnis erheblichen Schaden genommen hatte. Kurz vor der ersten Untersuchung hatte Molaison sich zum Beispiel mit einem Arzt unterhalten. Dieses Gespräch hatte er wenige Minuten später schon wieder vergessen. »Sobald er sich einer neuen Aufgabe zuwendete, erinnerte er sich schon nicht mehr an die vorige – und er bemerkte auch nicht, wenn er einen Test zum zweiten Mal absolvierte«, schrieben Scoville und Milner in einer Studie. Mehr noch: Er glaubte, weiterhin im Jahr 1953 zu leben – das Jahr seiner Operation. Und ging davon aus, wie damals weiterhin 27 zu sein. Seinen Zustand beschrieb er, als wache er immer wieder aus einem Traum auf: »Jeder Tag steht für sich alleine da.«

Das Schicksal von Molaison wurde zu einem Meilenstein der Neurowissenschaften. Vorher hatten Forscher angenommen, dass unsere Erinnerungen im Gehirn an vielen verschiedenen Orten abgelegt werden, was unter anderem auf den US-Psychologen Karl Lashley zurückging. Der hatte in den Zwanzigerjahren Ratten im Labor mit bestimmten Aufgaben konfrontiert. Auf diese Tiere greifen Wissenschaftler bei vielen Versuchen zurück, weil ihr Gehirn dem menschlichen ähnelt. Lashley brachte den Nagern bei, in einem Labyrinth umherzulaufen und Futter zu finden. Allerdings liefen die Ratten dabei zwangsläufig in Sackgassen und mussten umkehren. Doch je öfter die Tierchen übten, desto schneller fanden sie das Futter. Dann entfernte Lashley verschiedene Teile ihres Gehirns und schickte sie wieder in den Käfig. Dabei fiel ihm auf, dass ihr Erinnerungsvermögen zwar immer schlechter wurde, je mehr Hirngewebe er entfernte. Allerdings schien es völlig egal zu sein, welchen Teil er herausschnitt. Daraus hatte Lashley gefolgert, dass Erinnerungen nicht an einem bestimmten Ort sitzen, sondern im gesamten Gehirn verteilt sind. Der Fall von Henry Molaison widersprach dieser Annahme – denn ihm hatte Scoville ja nur einen kleinen Teil des Gehirns entfernt. Aber genau dieser schien dafür verantwortlich zu sein, neue Erinnerungen formen zu können. Eine Fähigkeit, die sein Patient durch die Operation verloren hatte.

* * *

Neurowissenschaftler gliedern unser Gehirn in drei Hauptteile. Da ist zum einen der *Hirnstamm*. Er sitzt vereinfacht gesagt tief in unserem Kopf, unter ihm beginnt das Rückenmark. Der Hirnstamm ist eine Art Bindeglied zum zentralen Nervensystem. Er regelt grundlegende Funktionen wie Atmen, Schlucken oder Verdauen, die Körpertemperatur oder das Bewusstsein.

Der zweite Teil ist das Kleinhirn. Es liegt im hinteren, unteren Bereich des Schädels und steuert vor allem unsere Bewegungen, egal ob wir einen Stift greifen, einen Ball werfen oder Klavier spielen.

Und dann ist da noch das *Großhirn*. Es besteht aus zwei Hälften, in jeder befinden sich vier Areale, *Hirnlappen* genannt. Zwar arbeiten sie nie ganz für sich allein, aber jeder ist an gewissen Prozessen mehr beteiligt als andere. Der *Stirn-* oder auch *Frontallappen* beginnt direkt hinter der Stirn. Er beheimatet unter anderem den *präfrontalen Kortex*, der zum Beispiel für Planen, Entscheiden und Handeln zuständig ist. Dahinter liegt der *Scheitel-* beziehungsweise *Parietallappen*. Er verarbeitet hauptsächlich Empfindungen wie Berührungen, Schmerz, Hitze oder Kälte. Am Hinterkopf befindet sich der *Okzipitallappen*, der sich vor allem um visuelle Informationen kümmert – Farben, Formen und Bewegungen. Die meisten Aufgaben hat jedoch der *Schläfen-* oder *Temporallappen* in der Nähe unserer Ohren. Er ermöglicht nicht nur Hören, Riechen und Sprechen – sondern auch das Abspeichern von Informationen. Doch das war noch unbekannt, als William Scoville bei seinem Eingriff 1953 genau hier das Skalpell ansetzte.

In früheren Operationen hatte er Epilepsiepatienten Teile des Schläfenlappens entfernt – und danach waren ihre Anfälle seltener geworden. Deshalb ging er bei Henry Molaison genauso vor und schnitt ihm ein acht Zentimeter langes Stück des *medialen Temporallappens* heraus. Zur Erklärung: Stellen Sie sich vor, Sie blicken von oben auf Ihr Gehirn. Nun ziehen Sie genau in der Mitte eine vertikale Linie. Alles in deren Nähe nennen Wissenschaftler *medial*. Strukturen, die davon entfernt sind, bezeichnet man als *lateral*. Dazu muss man wissen, dass die rechte Seite das Spiegelbild der linken ist. Fast alles kommt in unserem Gehirn nämlich gleich doppelt vor. Scoville entfernte Molaison daher auf beiden Seiten kleine Stücke des Schläfenlappens. Dadurch gewann sein Patient tatsächlich ein gewisses Maß an Freiheit, denn seine Anfälle ließen nach. Doch gleichzeitig verlor er eine entscheidende Fähigkeit.

Seit der folgenschweren Operation erschienen Dutzende von Studien, für die sich Molaison bereitwillig zur Verfügung stellte. Er zeigte durchaus normale gedankliche Leistungen, er konnte sich unterhalten und eine Reihe von Ziffern memorieren. In einem Experiment legte Brenda Milner ihm einen fünfzackigen Stern vor – allerdings sah er den nur in einem Spiegel. Dann bat sie ihn darum, dessen Umrisse mit einem Stift nachzuzeichnen. Selbst gesunden Menschen fällt das anfangs nicht leicht. So erging es auch Henry Molaison. Aber von Mal zu Mal wurde er besser. Drei Tage später konnte er den Stern noch nachkritzeln. Allerdings hatte er schon wieder vergessen, die Aufgabe jemals erledigt zu haben.

An viele Erlebnisse aus seiner Kindheit erinnerte er sich weiterhin, aber er konnte sich keine neuen Erinnerungen mehr einprägen. Die offizielle Diagnose lautete: Molaison litt unter einer *anterograden Amnesie*. Seit der Operation hatte er seine Gesundheit wieder zurück. Doch das Gefühl für Zeit war ihm abhandengekommen.

Umso dankbarer sind ihm die Wissenschaftler, die in den vergangenen Jahrzehnten mit ihm zusammenarbeiten durften. »Er war ein sehr geduldiger Mann, der unsere Aufgaben immer bereitwillig bearbeitete«, sagte Brenda Milner einmal. »Doch jedes Mal, wenn ich ihn traf, war es, als wären wir uns nie begegnet.« An einem Nachmittag im Dezember 2008 starb Henry Molaison im Alter von 82 Jahren in einem Pflegeheim. Doch er wird der Wissenschaft in Erinnerung bleiben. Molaison erklärte sich dazu bereit, sein Gehirn posthum zur Verfügung zu stellen. Es befindet sich mittlerweile in einem Forschungslabor in San Diego.

Aus seinem tragischen Fall gewannen Neurologen zwei Erkenntnisse: Ohne die Schläfenlappen ist es offenbar unmöglich, eine neue Erinnerung abzuspeichern – und die Erinnerung ist eine besondere Hirnfunktion, die sich von anderen Gedächtnisleistungen trennen lässt. Im wahrsten Sinne des Wortes. Aber wieso speichert unser Gehirn gewisse Erlebnisse ab? Weshalb tauchen andere auf, ohne dass wir etwas bewusst dafür tun? Und welche Rolle spielen dabei unsere Gefühle? Schon 1890 schrieb William James, Urvater der amerikanischen Psychologie: »Ein Eindruck kann emotional so aufregend sein, dass er beinahe eine Wunde im Gehirngewebe hinterlässt.« Vermutlich würde es ihn freuen, dass seine Nachfolger in den vergangenen Jahrzehnten mehr über diese Eindrücke und Wunden erfahren haben. Diese Erkenntnisse haben vor allem mit zwei Hirnregionen zu tun, deren Namen an ein Meerestier und eine Steinfrucht erinnern.

SEEPFERDCHEN UND MANDEL

Was wir im Kopf behalten

Es begann mit einer E-Mail.

»Sehr geehrter Herr McGaugh, ich sitze hier und würde Ihnen gerne erklären, warum ich Ihnen schreibe. Ich hoffe, Sie können mir helfen. Ich bin jetzt 34 Jahre alt und seit meinem elften Lebensjahr habe ich die unglaubliche Fähigkeit, mich an meine Vergangenheit zu erinnern. Ich weiß noch, wie ich als Kleinkind in der Wiege lag, etwa 1967. Ich kann jedes beliebige Datum wählen, von 1974 bis heute, und Ihnen sagen, auf welchen Wochentag es fiel, was ich gemacht habe und ob irgendetwas Wichtiges passiert ist. Ich muss dafür gar nicht in einen Kalender gucken oder alte Tagebücher lesen. Das geht immer so, ich kann es nicht aufhalten – und es erschöpft mich.

Manche nennen mich den menschlichen Kalender, andere wenden sich erschrocken ab. Aber alle sind von diesem vermeintlichen Geschenk völlig erstaunt. Dann werfen sie mir ein Datum hin, um mich zu überlisten, aber bislang ist das noch niemandem gelungen.

Die meisten halten das für eine Gabe, aber für mich ist es eine Last. Jeden Tag läuft mein gesamtes Leben vor meinem geistigen Auge ab und das macht mich noch verrückt!!!«

Diese Nachricht schickte die Amerikanerin Jill Price vor einigen Jahren an James McGaugh. Der Neurobiologe gehört zu den renommiertesten Hirnforschern weltweit. Als kleiner Junge spielte er häufig in Theaterstücken mit und fragte sich schon damals, warum er sich Texte und Strophen einprägen konnte. Der Grundstein für seine Laufbahn. McGaugh widmete sein gesamtes berufliches Leben dem menschlichen Gedächtnis – und diese Karriere währt nun bereits mehr als ein halbes Jahrhundert. Seinen ersten Abschluss in Psychologie machte er 1953, sechs Jahre später ergatterte er seinen Doktortitel. Von 1966 bis 1994 war er Professor an der Universität von Kalifornien in Irvine. Dort forscht er heute noch – obwohl er bereits über 80 ist, Hunderte von Studien veröffentlicht hat und mit Preisen überhäuft wurde. Das Thema lässt ihn nicht los.

Man könnte davon ausgehen, dass ihn nach all den Jahren so schnell nichts mehr überrascht. Doch die E-Mail von Jill Price schaffte das – und weckte seine Neugier. Erzählte sie Märchen oder sagte sie die Wahrheit? War sie eine begnadete Lügnerin oder ein medizinisches Wunder? Um diese Fragen zu beantworten, unterzog er Price fünf Jahre lang umfangreichen Tests. Mit speziellen Fragebögen prüfte er ihr Erinnerungsvermögen und untersuchte ihr Gehirn. Und im Anschluss veröffentlichte er eine Studie, die seine Kollegen mindestens genauso faszinierte wie ihn selbst. Jill Price hatte nicht gelogen. Sie kannte weder spezielle Merktechniken noch konnte sie gut auswendig lernen. Sie war als Schülerin unauffällig gewesen, durchschnittlich intelligent und beruflich nicht sonderlich erfolgreich. Sie konnte sich einfach mühelos an die Vergangenheit erinnern. Nicht an einzelne Erlebnisse – sondern an beinahe jeden einzelnen Tag seit ihrem 14. Lebensjahr.

Knapp 25 Jahre lang hatte sie regelmäßig Tagebuch geführt. Diese Aufzeichnungen nutzte McGaugh nun, um sie zu testen. »Sobald wir ihr ein Datum nannten, konnte sie uns innerhalb von wenigen Sekunden den Wochentag nennen und wie sie ihn verbracht hatte«, schrieb McGaugh. In den meisten Fällen lag Price richtig, sie vertat sich höchstens um ein oder zwei Tage.

1. Juli 1986? »Ein Dienstag. Da bin ich mit einer Freundin in einem Restaurant gewesen.«

27. April 1994? »Ein Mittwoch. Ich war zwei Tage zuvor zu meiner Großmutter nach Florida gereist. Damals dachten alle, sie läge im Sterben, aber sie lebte noch eine Weile.«

In einem anderen Versuch bat McGaugh sie darum, die Daten sämtlicher Osterfeiertage seit 1980 aufzuschreiben. Nach zehn Minuten war sie fertig.

McGaugh taufte das Phänomen »hyperthymestisches Syndrom«. Im Griechischen bedeutet *thymesis* so viel wie erinnern, *hyper* steht für überdurchschnittlich. Seit der ersten Studie meldeten sich bei McGaugh Hunderte von Personen, die ebenfalls ein solch übermenschliches Gedächtnis reklamierten. Doch es war bis vor Kurzem unbekannt, wie viele davon wirklich glaubhaft waren.

2012 identifizierten McGaugh und seine Doktorandin Aurora LePort in einer neuen Studie weitere Fälle. Um die flunkernde Spreu vom wahrheitsgetreuen Weizen zu trennen, ließen sie 115 Personen zunächst verschiedene Fragen beantworten. Zum einen erkundigten sie sich nach den Daten gewisser Ereignisse. Etwa: An welchem Datum erhielt der ehemalige US-Präsident Jimmy Carter den Friedensnobelpreis? Zum anderen fragten sie die Probanden nach wichtigen Erlebnissen aus deren Leben – wann genau sie eingeschult worden waren und an welchem Wochentag beispielsweise. Nach allen Durchläufen blieben elf Personen übrig, sieben Männer und vier Frauen. Diese luden die Forscher ins Labor und legten ihnen weitere Tests vor. Die Ergebnisse ähnelten denen von Jill Price. Keine der Personen war besonders intelligent. Niemand kannte spezielle Merktechniken. Alle aber hatten ein außergewöhnliches Gedächtnis: Sie konnten sich an beinahe jeden Tag ihres Lebens erinnern. Eine Entdeckung, die nicht nur für Otto Normal völlig verblüffend klingt, sondern auch für Wissenschaftler. Denn Menschen wie Jill Price stellen eine lang geglaubte Gewissheit in Frage.

* * *

Eine Erinnerung ist erst mal nichts anderes als eine gespeicherte Information. Die Fähigkeit, sie zu speichern, bezeichnet man als Gedächtnis. Und dazu gehören drei Phasen: Die Aufnahme (*Enkodierung*), die Speicherung (*Konsolidierung*) und der Abruf (*Reproduktion*). Zunächst einmal müssen wir etwas auf- und wahrnehmen. Wir fühlen, sehen, riechen, hören oder schmecken. Diese Sinneseindrücke landen im Kurzzeitgedächtnis, wo sie wenige Sekunden bis maximal einige Minuten verweilen. Klassisches Beispiel: Sie sind auf einer Party und wollen sich eine Telefonnummer merken. Wenn Sie sich konzentrieren, gut zuhören und nicht zu viel Alkohol getrunken haben, wird Ihnen das für wenige Momente gelingen. Danach haben Sie sie sofort wieder vergessen – und das ist auch gut so. Sie brauchen die Nummer nicht mehr, da Sie sie im Zweifelsfall ohnehin notiert haben. Anders ist das bei wichtigen Informationen oder einschneidenden Erlebnissen. Die müssen oder wollen Sie gerne im Kopf behalten. Doch dafür müssen Sie in Ihr Langzeitgedächtnis. Oder genauer gesagt: in eine von fünf Schubladen.

Im *prozeduralen Gedächtnis* speichern wir motorische Fähigkeiten ab, die wir irgendwann automatisieren. Auto oder Fahrrad fahren zum Beispiel, die Schuhe zubinden, Kaffee kochen oder eine Banane schälen. Das *Priming-System* sorgt dafür, dass wir Reize wiedererkennen. Wer ein Lied im Radio hört und später einige von dessen Tönen erneut wahrnimmt, erkennt es wieder. Das *perzeptuelle Gedächtnis* hilft uns dabei, Lebewesen und Objekte in Kategorien einzuteilen. Dadurch können wir einen Hund von einer Katze, einen Apfel von einer Ananas, eine Schallplatte von einer CD unterscheiden. Das *semantische Gedächtnis* umfasst Faktenwissen. Berlin ist die Hauptstadt von Deutschland. Oder auch: Eins plus eins ergibt zwei. Für Nostalgie ist vor allem die fünfte Schublade entscheidend: das *episodische* oder auch *autobiografische Gedächtnis.*

Dahinter verbirgt sich so etwas wie unser eigenes Archiv. Es beinhaltet zum einen persönliche Fakten wie unseren Namen oder unser Geburtsdatum. Zum anderen gehören dazu episodische Elemente: Erinnerungen, die für unsere Identität wichtig sind. Sie machen uns zu der Person, die wir heute sind. Die Einschulung zum Beispiel, die Abiturfeier oder die Hochzeit, das Begräbnis der Großmutter. Ein zärtlicher Kuss, eine schöne Reise. Erlebnisse also, die eine persönliche Bedeutung für uns haben und deshalb mit Gefühlen verknüpft sind. Mal mit Freude und Zufriedenheit, mal mit Frust und Trauer. Solche emotionalen Erinnerungen unterscheiden sich erheblich von anderen Informationen, die wir im Kopf haben.

Zwar weiß noch niemand genau, was in unserem Gehirn passiert, wenn wir nostalgisch werden. Dafür ist Nostalgie, anders als Emotionen wie Angst oder Freude, zu schwer definierbar. Aber es gibt durchaus Erkenntnisse dazu, warum wir emotionale Erlebnisse abspeichern – und was in unserem Gehirn vor sich geht, wenn wir uns an sie zurückerinnern. Nichts anderes geschieht bei Nostalgie.

Kurze Frage: Wo waren Sie am 11. September 2001, so gegen 15 Uhr? Was haben Sie gemacht? Waren Sie allein oder mit jemandem zusammen? Ich wette, die Antworten fallen Ihnen leicht. Aber wissen Sie noch, was Sie am 11. September 2002 gemacht haben? Oder am 12. September 2003? Vermutlich nicht.

Der 11. September 2001 ist vielen Menschen im Gedächtnis geblieben. Nicht nur die reine Information, dass damals die Anschläge auf das World Trade Center stattfanden. Sondern auch die Umstände, wie und wann sie davon erfuhren. Ich weiß noch genau, dass ich nachmittags alleine vor dem Fernseher saß, durch die Programme schaltete und zufällig bei CNN hängenblieb; dass ich abends eigentlich zum Tennisspielen verabredet war, das Training jedoch absagte; dass ich stattdessen zu guten Freunden fuhr und mit ihnen stundenlang Fernsehen guckte; und dass wir schockiert waren, als wir sahen, wie die Türme des World Trade Centers in sich zusammenstürzten. Wieso erinnern wir uns an manche Ereignisse noch Jahre später, so als wären sie erst gestern passiert?

Eine Antwort auf diese Frage suchte der US-Psychologe Frederick Welton Colegrove schon 1899. Da erkundigte er sich bei Landsleuten, ob und wie gut sie sich an die Ermordung von Abraham Lincoln erinnerten. Der ehemalige US-Präsident war 1865 erschossen worden. Genug Zeit also, um Einzelheiten an das Attentat zu vergessen. Trotzdem wussten alle Befragten noch genau, wie und wo sie davon erfahren hatten. Einer sagte: »Mein Vater und ich waren gerade unterwegs, wir wollten noch einkaufen. Als wir in die Stadt kamen, merkten wir, dass irgendetwas nicht stimmte. Alle schauten so traurig und waren ganz aufgeregt. Mein Vater stoppte das Pferd der Kutsche und fragte die Leute, was los sei. ›Haben Sie es noch nicht gehört?

Lincoln ist ermordet worden.‹ Ihm fielen vor Schreck die Zügel aus der Hand, er fing an zu weinen und erstarrte. Es dauerte eine ganze Weile, bis er sich beruhigt hatte.« Obwohl das Erlebnis bereits 34 Jahre her war, erinnerte sich Colegroves Gesprächspartner noch an das Erlebnis, als sei es erst gestern passiert.

Kein Wunder. Bereits 1919 beschrieb der Wissenschaftler George Stratton in einer Studie, dass sich emotionale Ereignisse wie Autounfälle oder Erdbeben lebhaft und detailliert ins Gedächtnis einbrennen. »Die Person erinnert sich noch Jahre später in fast fotografischem Detail an die gesamte Situation im Moment des Schocks.« Knapp 50 Jahre später postulierte sein Kollege Robert Livingston die Now-Print-Theorie. Seine Vermutung war, dass das Gehirn nach einem bedeutsamen Ereignis alles minutiös aufzeichnet. Mittlerweile hat sich für dieses Phänomen ein anderer Begriff etabliert. Die beiden US-Psychologen Roger Brown und James Kulik sprechen von *Blitzlichterinnerungen* (*flashbulb memories*). Sie umfassen allerdings mehr als das reine Faktenwissen – sondern beinhalten vor allem die Erinnerung daran, wann und wo wir von etwas erfahren haben. Mit anderen Worten: An ihnen sind gleich mehrere Schubladen des Langzeitgedächtnisses beteiligt.

Eine Erfahrung, die jede Generation schon mal gemacht hat. Über 60-Jährige erinnern sich noch genau an die Ermordung von John F. Kennedy am 22. November 1963, die Jüngeren an den 11. September 2001 oder den Tod von Lady Di am 31. August 1997 – oder zumindest an deren emotionale Trauerfeier, bei der Elton John eine neue Version von ›Candle in the wind‹ sang. Meine Mutter redet heute noch davon, wie sie damals mit meiner Oma schluchzend vor dem Fernseher saß.

Doch solche Blitzlichterinnerungen gibt es nicht nur bei negativen Erlebnissen wie politischen Attentaten, terroristischen Verbrechen oder dem tragischen Tod beliebter Prominenter. Roger Brown und James Kulik fanden 1977 heraus: Auch persönliche, schöne Ereignisse können sich ins Gedächtnis einbrennen. Entscheidend ist, dass sie uns emotional berühren oder überraschen. Am besten natürlich alles auf einmal.

Aber warum stärken Gefühle das Gedächtnis? Die simpelste Erklärung lautet: Emotionale Erregung während eines Erlebnisses steigert die Aufmerksamkeit – und diese gedankliche Habachtstellung hilft dem Gehirn dabei, Eindrücke abzuspeichern. Ebenfalls denkbar wäre, dass persönliche Erlebnisse aus der Masse herausstechen. Sie machen das Leben einzigartig und bleiben stärker hängen. Vielleicht liegt es daran, dass wir über sie häufig mit anderen sprechen. Mal freiwillig, wenn wir ins Schwärmen kommen und von früheren Erlebnissen erzählen. Oder unfreiwillig, wie im Falle von negativen Blitzlichtererinnerungen wie dem 11. September: Durch Zeitungsartikel und Fernsehberichte bleibt das Ereignis auch Jahre später noch präsent. Schon Gedächtnisforscher Hermann Ebbinghaus hatte betont, wie wichtig ständige Wiederholungen sind, um etwas fest im Kopf zu verankern – was jeder Schüler beim Vokabellernen erfährt. Je häufiger er die Wörter wiederholt, desto besser prägt er sie sich ein. Doch Blitzlichterinnerungen zeigen: Manchmal ist diese ständige Wiederholung gar nicht nötig. »Emotionale Erfahrungen müssen nicht ständig geübt werden, um sich im Kopf festzusetzen«, so James McGaugh. Sie sorgen beinahe automatisch für länger anhaltende Erinnerungen. Er und seine Kollegen haben eine Reihe aufsehenerregender Studien veröffentlicht, die unser Gedächtnis biochemisch und neurowissenschaftlich erklären. Das verdanken sie auch dem technischen Fortschritt – denn glücklicherweise können Wissenschaftler Menschen inzwischen ins Gehirn gucken, ohne ihnen gleich den Schädel aufzuschneiden (siehe Kasten).

Zunächst einmal beginnt jede Erinnerung damit, dass sich in unserem Gehirn bestimmte Nervenzellen, Neuronen, zusammenschließen. Die Kontaktstelle nennt man *Synapse*. Unser Gehirn verfügt über etwa 100 Milliarden Neuronen und 100 Billionen dieser Treffpunkte. Damit die Nervenzelle aktiv wird, bedarf es elektrischer Impulse. Wenn diese die Sy-

1. Elektroenzephalogramm (EEG): Wissenschaftler befestigen am Kopf der Probanden etwa zwei Dutzend Kabel. Diese sind mit einem Computer verbunden, der die Aktivität in der Großhirnrinde aufzeichnet.
2. Positronen-Emissions-Tomographie (PET): Forscher injizieren radioaktive ungefährliche Substanzen. Diese wandern ins Gehirn, wo die Zellen sie aufnehmen. Geräte zeichnen die Radioaktivität auf, die bestimmte Zellen abgeben. Ein Monitor bildet ab, welche Hirnregionen beteiligt sind.
3. Magnetresonanztomographie (MRT): Mit Magnetfeldern und Radiowellen erzeugen Wissenschaftler Energieimpulse im Gehirn. Wird der Impuls auf eine bestimmte Frequenz hochgedreht, richten sich einige Atome im Magnetfeld aus. Wird der Impuls abgeschaltet, versetzen sich die Atome in ihre Ursprungslage – und vibrieren. Diese Resonanz zeichnet ein Empfänger auf und leitet sie an einen Computer weiter.
4. Funktionelle Magnetresonanztomographie (fMRT): Aktive Nervenzellen brauchen mehr Glukose und Sauerstoff als inaktive. Wird eine Hirnregion aktiv, leiten die Gefäße des Gehirns dorthin mehr Blut – und diesen veränderten Blutfluss können Forscher im fMRT sehen. Die Methode hat drei Vorteile: Den Probanden muss nichts injiziert werden, außerdem erzeugt sie dreidimensionale Bilder des gesamten Gehirns und liefert dadurch sowohl Informationen über die Aktivität des Gehirns als auch dessen Struktur.

napse erreichen, machen sich sogenannte *Neurotransmitter* auf den Weg – chemische Botenstoffe, die nun die andere Nervenzelle informieren. Jedes Mal, wenn wir nachdenken und uns erinnern, ändern wir die Verbindungen zwischen den Neuronen. Die einen werden stärker, andere schwächer, wieder andere schließen sich neu zusammen. Unser Gehirn bleibt ein Leben lang formbar.

Nehmen wir einen Sommerurlaub im Süden. Wir haben das Meer gesehen, Salzwasser auf unserer Haut gespürt, mediterranes Essen gekostet und Pinien gerochen. Sprich: An der *Konsolidierung* eines solchen Erlebnisses sind nicht nur viele Sinneswahrnehmungen beteiligt, sondern auch viele Gefühle.

Und für die ist in unserem Gehirn vor allem das *limbische System* zuständig.

Der Name geht zurück auf den französischen Neurologen Pierre Paul Broca. Er vertrat bereits 1878 die Ansicht, dass der Hirnstamm von saumartig angeordneten Ringen umgeben sei – das lateinische Wort für Saum lautet *limbus*. Der amerikanische Physiologe Paul McLean verbreitete in den Fünfzigerjahren schließlich den Begriff des limbischen Systems. Er war der Meinung, dass es dazu befähige, Emotionen zu empfinden und auszudrücken. Damit kam er der Wahrheit schon recht nahe.

Stellen Sie sich das Gedächtnis vor wie eine Postfiliale. Informationen ohne Emotionen, etwa reine Daten und Zahlen, kommen ins Faktengedächtnis, bestimmte Bewegungsabläufe ins prozedurale Gedächtnis. Und Erlebnisse, die mit starken Gefühlen verbunden sind, landen im episodischen Fach. Doch das Besondere ist: Es verleiht dieser Information eine Bedeutung – und dadurch entstehen stärkere, dauerhaftere Erinnerungen. Vor allem zwei Regionen des limbischen Systems sind dabei entscheidend: der *Hippocampus* und die *Amygdala*.

Der Begriff *Hippocampus* bezieht sich auf den lateinischen Namen für das Wort Seepferdchen – weil seine Form an das Meerestierchen erinnert. Er befindet sich im medialen Schläfenlappen und ist dafür zuständig, Erlebnisse zu verarbeiten. Sinneseindrücke werden zwar in verschiedenen Arealen gespeichert. Gleichzeitig senden diese Areale dem Hippocampus aber Signale über den Inhalt dieser Eindrücke. Funken mehrere Bereiche diese Signale gleichzeitig, packt er sie zu einem Bündel zusammen. Oder anders formuliert: Es entsteht eine Erinnerung. Das erklärt, warum Henry Molaison sich nichts Neues mehr merken konnte. Sein Chirurg William Scoville hatte ihm nicht nur weite Teile der Schläfenlappen entfernt, sondern auch Bereiche des Hippocampus. Ohne ihn gleicht unser Gedächtnis einem Fotoapparat ohne Film. Wir können durch die Linse gucken, aber nichts aufnehmen.

Amygdala bedeutet auf Latein Mandel – ebenfalls eine Anspielung auf ihre Form. Heute bezeichnen Forscher sie als *Mandelkern.* Die Amygdala hilft dabei, ein Ereignis emotional zu bewerten und emotionale Erlebnisse abzuspeichern. Das weiß man zum Beispiel aus Studien mit Menschen, die am Urbach-Wiethe-Syndrom leiden. Dabei handelt es sich um eine genetisch bedingte Krankheit, die außer zu Hautproblemen und einer rauen Stimme auch zu einer Verkalkung der beiden Mandelkerne führt. Hirnforscher erzählen den Betroffenen zum Beispiel eine fiktive Geschichte, wonach eine Frau in einem bunten Kleid ein Zimmer betritt und von einem Mann erstochen wird. Nach einigen Tests bitten die Wissenschaftler die Patienten, den Vorfall noch mal zu schildern – doch diese erzählen mehr vom bunten Kleid als vom hinterhältigen Mord. Kurzum: Sie können Wichtiges nicht mehr von Unwichtigem trennen.

Inzwischen haben Hirnforscher auch an gesunden Probanden getestet, welche Rolle die Amygdala für Emotionen spielt. 1996 kooperierte James McGaugh für eine Studie mit einem Team von Neurobiologen um Larry Cahill von der Universität von Kalifornien in Irvine. Acht Männer sollten sich 24 Videos mit einer Länge von etwa zwei Minuten ansehen. Die eine Hälfte der Filme war emotional aufwühlend und zeigte beispielsweise die Verstümmelung eines Tieres oder ein Gewaltverbrechen. Die andere Hälfte drehte sich um neutrale Ereignisse wie eine Gerichtsverhandlung oder einen Reisebericht. Während die Probanden sich die Videos ansahen, waren sie an einen Positronen-Emissions-Tomographen angeschlossen. Wie die Wissenschaftler vermuteten, reagierte das Gehirn stärker auf die aufwühlenden Videos – allen voran die Amygdala. Drei Wochen später kontaktierten die Wissenschaftler alle Probanden erneut. Sie wollten herausfinden, wie viel sie von den Filmchen im Kopf behalten hatten. Und siehe da, die emotional aufregenden Szenen waren stärker im Gedächtnis geblieben. Mehr noch: Die Aktivität der Amygdala hing mit dem Erinnerungsvermögen zusammen. Je stärker der Mandelkern reagiert hatte, desto besser funktionierte das Gedächtnis. Dieses Resultat ist inzwischen in Dutzenden von Studien bestätigt worden, auch mit Frauen. Immer wenn wir emotional aufgewühlt sind, schlägt die Amygdala Alarm – und dadurch verbessert sich unser Erinnerungsvermögen. »Sie ist maßgeblich daran beteiligt, emotionale Momente unvergesslich zu machen«, sagt James McGaugh. Mittlerweile sind die biochemischen Prozesse dahinter bekannt. Bei emotionaler Erregung schüttet die Amygdala Botenstoffe aus, allen voran Cortisol und Noradrenalin. Diese Stoffe sind eine Art Schmieröl im Motor unseres Gehirns. Wenn sie ausgeschüttet werden, erleichtert das die Signalübertragung zwischen den Nervenzellen. Das funktioniert auch andersherum: Verabreicht man Probanden Stoffe, die Adrenalin hemmen, wird die Bildung von Erinnerungen erheblich gestört.

Die Amygdala und der Hippocampus sind essenziell, um episodische Erinnerungen wahrzunehmen und abzuspeichern. Auch weil sie mit zahlreichen Hirnregionen vernetzt sind, die für das Gedächtnis ebenfalls wichtig sind. Hinzu kommt: Teile des Hippocampus sind eng mit der Amygdala verbunden. Von der Aktivität der Mandelkerne profitiert also das Seepferdchen. Zumindest im Normalfall. Ausnahmen wie Jill Price bestätigen diese Regel.

James McGaugh unterzog sie und die anderen Patienten mit dem hyperthymestischen Syndrom umfangreichen Gedächtnistests, und er durchleuchtete ihr Gehirn. Dabei fiel ihm auf, dass ihr Gehirn tatsächlich anders tickte. Die meisten Unterschiede fand er in Regionen, die mit dem autobiografischen Gedächtnis zusammenhängen. Insgesamt sahen neun Areale anders aus als bei normalen Menschen. Zum Beispiel waren die Schläfenlappen größer. Außerdem entdeckte McGaugh Unterschiede in winzigen Fasern des Kleinhirns, die den Hippocampus und die Amygdala mit dem frontalen Kortex verbinden. Ob diese anatomischen Unterschiede wirklich die Ursache für das überdurchschnittliche Gedächtnis sind, ist allerdings noch nicht ganz klar.

Man stelle sich vor, jeder einzelne Tag bliebe im Gedächtnis. Alle Erfolge, Siege und Triumphe, aber auch alle Enttäuschungen, Fehler, Missverständnisse. Eine schöne oder schreckliche Vorstellung? Eher Letzteres. Darauf deuten zumindest die Studien von James McGaugh hin. Für die Betroffenen war ihr überdurchschnittliches Merkvermögen mehr Fluch als Segen. Fast alle zeigten Anzeichen von Verhaltensstörungen. Die einen horteten zwanghaft Gegenstände, darunter Zeitungen, Plüschtiere oder Kleidungsstücke. Die anderen hatten panische Angst vor Bakterien und wuschen ihre Hände exzessiv. Wieder andere hatten einen Ordnungsfimmel. Offenbar ist es nicht unbedingt erstrebenswert, ein perfektes Gedächtnis zu haben – was Jill Price in ihrer E-Mail an McGaugh ja schon angedeutet hatte. Selbst wenn wir uns bisweilen über unser löchriges Gedächtnis ärgern: Dahinter steckt eine Art seelische Hygiene. Schon der Psychologiepionier William James fand Vergessen genauso wichtig wie Erinnern. »Wenn wir uns an alles erinnern, sind wir meistens genauso schlecht dran, wie wenn wir uns an nichts erinnern.«

Die Untersuchungen von McGaugh und Co. zeigen vor allem: Emotionen spielen eine wichtige Rolle beim Erinnern. Gefühle wie Freude, Glückseligkeit und Zufriedenheit, aber auch Angst, Scham oder Trauer versetzen das Gehirn in eine Art Alarmzustand. Und in diesem Zustand können sich Erlebnisse regelrecht ins Gedächtnis einbrennen. Häufig haben wir gar keine Kontrolle über diese Emotionen. Sie tauchen einfach auf und sorgen subtil dafür, dass sich Erinnerungen im Gehirn einnisten. Und genauso unbeabsichtigt tauchen diese Erinnerungen plötzlich wieder auf.

KOPFKINO

Das Phänomen plötzlicher Erinnerungen

An einem dunklen Novembertag 1993 saß Dorthe Berntsen vor ihrem Schreibtisch an der dänischen Universität Aarhus. Draußen wurde es langsam dunkel, drinnen flackerte eine Lampe, der Computer surrte leise. Berntsen las ein Buch und aß zu Mittag. Als Nachtisch hatte sie sich eine Mandarine mitgebracht. Während sie die Frucht schälte, tauchte vor ihrem geistigen Auge plötzlich eine Erinnerung auf.

Als junges Mädchen hatte sie häufig ihre Großmutter besucht, die im selben Örtchen lebte, und ihr die Tageszeitung gebracht. Als Dankeschön bekam sie oft eine Mandarine. Jetzt musste sie daran denken, wie sie einst an dem dunklen Esstisch im Wohnzimmer ihrer Großmutter gestanden, die Mandarine geschält und die Schale in einen blauen Keramikaschenbecher gelegt hatte. Ihre Oma hatte derweil in ihrem Stuhl gesessen, sie beobachtet und immer denselben Satz gesagt: »Ich würde dir genauso gerne ein Stück Schokolade geben, aber die magst du ja nicht.« In Wahrheit war das Quatsch, Berntsen liebte Schokolade. Aber als pubertierender Teenager wollte sie auf ihr Gewicht achten. Deshalb erzählte sie einfach, dass sie Süßigkeiten nicht leiden konnte.

Der Tagtraum im Büro löste weitere Erinnerungen an ihre Großmutter aus: Berntsen dachte an die gelben Vorhänge, die Bücherregale, die Lampe über dem Esstisch und das Telefonbuch neben dem Sessel. Da wusste sie mal wieder, dass sie damals die richtige Entscheidung getroffen hatte.

1993 hatte sie ihren Masterabschluss in Psychologie gemacht, nun wollte sie sich um ein Doktorandenstipendium bewerben. Schon immer interessierte sie sich für Literatur, vor allem Metaphern faszinierten sie. Doch ihr Mentor fand das ungeeignet für eine Doktorarbeit. Daher musste sie sich ein anderes Thema überlegen. Gesagt, getan. In den darauffolgenden Jahren wurde Dorthe Berntsen eine der wichtigsten Forscherinnen über *unfreiwillige autobiografische Erinnerungen*. Gemeinsam mit einigen Kollegen hat sie dazu beigetragen, dass Marcel Proust nicht nur von Literaturkritikern bewundert wird – sondern auch von Psychologen und Hirnforschern.

Sigmund Freud glaubte, dass wir theoretisch alle Erlebnisse der Vergangenheit wieder aus dem Gedächtnis hervorkramen könnten. Praktisch wissen wir, dass das nicht stimmt. Wir behalten längst nicht alles im Kopf. Und das ist gut so, wie das Beispiel von Jill Price uns gezeigt hat. Vergessen muss sein. Doch gleichzeitig konnten Berntsen und Co. zeigen: Schöne Erinnerungen tauchen oft völlig unerwartet auf, ohne Absicht, ohne Plan, ohne bewusste Entscheidung. Auch daraus ergibt sich die Magie der Nostalgie.

Mitte der Achtzigerjahre erschien der erste Sammelband über das autobiografische Gedächtnis. Herausgeber war David Rubin, mittlerweile Psychologieprofessor an der amerikanischen Duke-Universität. Bis zu dem Zeitpunkt gab es zu diesem Thema in der Datenbank »PsychInfo« gerade mal etwa 20 Fachbeiträge. Doch nach Rubins Buch stieg das Interesse rapide: Inzwischen sind es mehr als 3 000 Aufsätze. Es entstanden wissenschaftliche Fachzeitschriften, ›Applied Cognitive Psychology‹ 1987, ›Memory‹ 1995. Und eine Handvoll Forscher widmete sich dem Thema in Arbeitsgruppen. Darunter das »Emory Cognition Project«, geführt vom deutschstämmigen, 2012 verstorbenen Psychologen Ulric Neisser, sowie die »Applied Cognition Unit« der Cambridge Universität. Diese Wissenschaftler haben Dutzende von Studien veröffentlicht – und dabei vor allem drei Gemeinsamkeiten zwischen freiwilligen und unfreiwilligen Erinnerungen entdeckt: die Retentionsfunktion, die Kindheitsamnesie und den Erinnerungshügel.

Die Retentionsfunktion geht zurück auf Hermann Ebbinghaus und besagt: Ereignisse aus der jüngeren Vergangenheit erinnern wir tendenziell besser. Das gilt sowohl für Daten und Fakten als auch für Erlebnisse.

Die Kindheitsamnesie tauchte in der wissenschaftlichen Literatur erstmals 1895 auf. Da erkundigte sich die Psychologin Caroline Miles bei 89 Personen nach ihrer frühesten Erinnerung: Im Schnitt waren die Befragten damals drei Jahre alt. Ihre Kollegen Victor und Catherine Henri kamen 1898 zum gleichen Resultat. Und als Gedächtnisforscher David Rubin Anfang des neuen Jahrtausends mehr als 11 000 Erinnerungen vor dem zehnten Lebensjahr analysierte, kam er zu einem ähnlichen Ergebnis. Egal ob bei Männern oder Frauen, nur ein Prozent bezog sich auf ein Ereignis vor dem dritten Lebensjahr.

Es ist irgendwie seltsam: Als Kind lernen wir wichtige Fähigkeiten, die wir nie wieder vergessen. Wir fangen an zu gehen, zu reden und können Gesichter wiedererkennen. Wir entwickeln einen Sinn für Gerechtigkeit und ein Gespür für Kooperation, wir sind fähig zu Mitleid und Hilfsbereitschaft. Aber warum erinnern wir uns nicht bewusst an diese ersten wichtigen Lektionen vor dem dritten oder vierten Lebensjahr?

Sigmund Freud war der Meinung, dass kindliche Erinnerungen zwar durchaus in uns schlummern, wir sie aber unterdrücken. Babys und Kleinkinder hielt er für »polymorph pervers«. Ständig lutschten sie am Daumen oder hätten Freude am Stuhlgang. Diesen frühen sexuellen Impulsen wollen wir laut Freud als Erwachsene aus dem Weg gehen, weil wir uns im Nachhinein für sie schämen. Und deshalb verdrängen wir sie.

Diese These gilt inzwischen als überholt. Stattdessen begründen Wissenschaftler die Kindheitsamnesie mit neurologischen und psychologischen Gegebenheiten. Manche vermuten, dass sich die Gehirnareale für Erinnerungen erst später entwickeln. Wie der Fall von Henry Molaison zeigte, brauchen wir für das autobiografische Gedächtnis den Hippocampus. Inzwischen weiß man: Ein Teil von ihm, der *Gyrus dentatus*, ist bei Menschen erst mit vier oder fünf Jahren voll entwickelt. Und ohne voll funktionstüchtigen Hippocampus gibt es auch keine Langzeiterinnerungen.

Eine andere Erklärung für die Kindheitsamnesie ist mangelndes Sprachvermögen. Diese Auffassung vertreten beispielsweise Gabrielle Simcock und Harlene Hayne von der Universität von Otago in Neuseeland. Für eine Studie 2002 besuchten sie 38 Kleinkinder im Alter von 27, 33 und 39 Monaten mit einem eigens angefertigten Gerät, einer Art Zaubermaschine. Zunächst zeigten sie ihnen, wie man die Maschine startet. Dazu mussten sie an einem Hebel ziehen, der eine Reihe bunter Lichter aktivierte. Dann nahm eine der Forscherinnen ein Spielzeug, etwa einen Teddybär, und legte ihn in eine Öffnung auf der Oberseite der Maschine. Nun drückte sie einen anderen Hebel, der vier Sekunden lang Töne abspielte. Als der Klang endete, spuckte die Maschine das Spielzeug am unteren Ende in einer Miniaturversion wieder aus. Den Kindern wurde also vorgegaukelt, dass das Spielzeug wie von Zauberhand geschrumpft war. Einige Monate später testeten die Wissenschaftlerinnen, ob die Kinder das Experiment noch im Kopf hatten. »Als ich dich zuletzt besuchte, haben wir ein wirklich tolles Spiel gespielt! Erzähl mir doch, was du noch weißt.« Falls das nicht klappte, hakten sie nach. »Erinnerst du dich noch an das Spielzeug? Und wie wir die Maschine gestartet haben?« Zuletzt zeigten sie ihnen ein Foto des Geräts und fragten sie, ob ihnen noch etwas dazu einfalle.

Fehlanzeige.

Zwar konnten die Kinder einige Handlungen erneut mehr oder weniger gut erledigen. Allerdings konnte keines die Erinnerung verbalisieren. Und das, obwohl sie in der Zwischenzeit deutliche sprachliche Fortschritte gemacht hatten. »Die Unfähigkeit, frühe Erfahrungen in Worte zu fassen, verhindert, dass diese Erfahrungen Teil des autobiografischen Gedächtnisses werden«, schrieben Simcock und Hayne. Daher sei vor allem die Sprachentwicklung schuld an der Kindheitsamnesie.

Sie können das gerne selbst ausprobieren – erinnern Sie sich an irgendetwas vor Ihrem vierten Lebensjahr? Überlegen Sie ruhig ein paar Minuten. Ihnen wird nicht allzu viel einfallen.

Anders wäre es, wenn Sie nun sämtliche Erinnerungen an Ihre Vergangenheit aufschreiben müssten. Wahrscheinlich würden Sie eine eindrucksvolle Liste zusammenstellen, vermutlich würde Sie das mehrere Stunden kosten. So viel Zeit muss man erst mal haben. Die US-Psychologin Madorah Smith nahm sie sich 1952. Damals war sie 62 Jahre alt. Ein gutes Alter, um das Leben Revue passieren zu lassen. Dabei wollte sie sämtliche Erinnerungen protokollieren – und kam auf 6263 Episoden. Eine echte Fleißarbeit, die Laien viel zu mühsam ist. Aber falls Sie tatsächlich alle Erinnerungen notierten, dann würden Ihnen mit ziemlicher Sicherheit vor allem Ereignisse zwischen Ihrem 15. und 30. Lebensjahr einfallen (wenn Sie das 15. Lebensjahr bereits passiert haben). Dieses Phänomen nennen Psychologen Erinnerungshügel (*reminiscence bump*). Und auch dafür haben sie verschiedene Erklärungen.

Manche vertreten die Ansicht, dass wir Ereignisse der Pubertät und Jugend besser abspeichern. Sie wissen sicher noch, mit wem Sie das erste Mal geschlafen haben. Egal ob diese Erinnerung Ihnen nun ein Lächeln auf die Lippen oder ein Schaudern ins Gesicht zaubert – sie ist noch da. Aber wissen Sie noch, wer Ihr zweiter Sexpartner war? Vermutlich fällt Ihnen das erst bei längerem Nachdenken wieder ein. Das ist die Magie des ersten Mals. Solche Premieren erleben wir in der Jugend nun mal ziemlich viele, egal ob es um sexuelle, akademische oder sonstige Erlebnisse geht. Andere Wissenschaftler erklären sich den Erinnerungshügel biologisch. Sie glauben, dass unser Gehirn in dieser Lebensphase leistungsfähiger ist. Wieder andere vermuten, dass sich währenddessen die Identität herausbildet, viele Erlebnisse aus dieser Periode enorm prägend sind und deshalb besser haften bleiben. Kurzum: Noch sind sich Psychologen nicht einig, was genau den Erinnerungshügel verursacht. Fest steht jedoch, dass es keinen wesentlichen Unterschied bei der Einspeicherung freiwilliger oder unfreiwilliger Erinnerungen gibt. Sehr wohl aber bei deren Abruf.

Lange Zeit galt dieses Thema als exotisch, auch weil die Erforschung kompliziert ist. Unfreiwillige Erinnerungen tauchen plötzlich und unvermittelt auf, sie sind also nicht kontrollierbar – für Wissenschaftler ein Graus. Selbst wenn die Probanden vorgeben, unfreiwillige Erinnerungen zu empfinden, können die Forscher nie sicher sein, ob sie die Wahrheit sagen. Außerdem sind Erinnerungen höchst komplex und unterschiedlich. Sie beinhalten, was wir gerochen, geschmeckt, erlebt, gesehen oder gedacht haben. Mal belanglos und banal, mal lebenswichtig und prägend. Sprich: Es ist ziemlich schwierig, ein seriöses Experiment zu konzipieren – aber nicht unmöglich.

Vor allem drei Methoden haben sich inzwischen durchgesetzt: Umfragen in Form von Interviews oder Fragebögen; Tagebuchstudien, in denen die Probanden über mehrere Wochen jede Erinnerung festhalten, sobald sie auftaucht; und Laboruntersuchungen, bei denen die Testpersonen in einem Hirnscan liegen. Dank dieser methodischen Fortschritte ist in den vergangenen 20 Jahren eine Reihe von Studien erschienen. Und seitdem ist zumindest schon mal bekannt, dass unfreiwillige Erinnerungen enorm häufig sind. Etwa 85 Prozent aller Befragten kennen das Phänomen gut, sie erleben es mehrmals pro Woche.

Kein Wunder: Ein Lied im Radio kann ebenso eine Erinnerung auslösen wie der Geruch einer Speise oder der Blick in den Kleiderschrank. Aber warum weckt die Wahrnehmung vermeintlich banaler Töne, Düfte oder Gegenstände Erinnerungen? Da Wissenschaftler manchmal dazu neigen, selbst einfache Dinge kompliziert auszudrücken, haben sie auch dafür ein Fremdwort kreiert. Es lautet: *Enkodierspezifität.*

Mal angenommen, Sie sind auf einer Party eingeladen. Der Reihe nach stellen Sie sich den anderen Gästen vor. Moment!, denken Sie plötzlich – diese Person da drüben kenne ich doch. Aber woher? Sie sind sich ganz sicher, sie schon mal gesehen zu haben, aber Sie kommen einfach nicht drauf. Der Grund: Die Person befindet sich in einem falschen Kontext. Sie kennen sie vielleicht aus der Straßenbahn oder aus dem Zug, vielleicht arbeitet sie beim Supermarkt Ihres Vertrauens oder hat Sie kürzlich auf der Straße nach dem Weg gefragt. Sie haben die Person an Ort A kennengelernt, nun treffen Sie sie an Ort B wieder. Der Ort der Einspeicherung stimmt nicht mit dem Ort des Abrufs überein. Dieser Kontrast sorgt für eine gedankliche Verzögerung – weil die Enkodierspezifität nicht gegeben ist.

Sie ist der psychologische Mechanismus hinter unfreiwilligen Erinnerungen. Wenn wir an einen Ort zurückkehren, taucht gleichzeitig eine Erinnerung auf. Wenn wir ein Lied hören, mit dem wir bestimmte Personen, Emotionen oder Gerüche verbinden, kehren diese zurück. So simpel dieser Zusammenhang, so magisch ist seine Wirkung. Die Enkodierspezifität sorgt dafür, Erinnerungen hervorzurufen – und damit Nostalgie.

Ich nenne Ihnen ein Beispiel. Kurz bevor ich mit diesem Buch begann, bin ich umgezogen. Ich lebe nun wieder in meiner alten Heimat, in der ich aufgewachsen bin. Ich jogge im selben Wald, kaufe beim selben Bäcker und gehe zum selben Friseur. Und häufig tauchen dabei blitzartig Erinnerungen auf. Dann kommt mir plötzlich in den Sinn, wie ich die Strecke einst mit meinem Tennistrainer lief, dass die Backstube noch genauso riecht wie früher oder wie der Friseurladen damals aussah. Ich denke gar nicht bewusst daran, die Erinnerungen tauchen einfach auf. Das zeigt den Zauber der Nostalgie. Sie erfasst uns, ohne dass wir etwas dafür tun müssen. Die Auslöser sind häufig völlig banal. So wie die Mandarine von Dorthe Berntsen.

Nun könnte man einfach sagen: Die Frucht war verantwortlich für die Erinnerung. Aber das wäre zu einfach. Berntsen hatte in ihrem Leben zuvor Dutzende von Mandarinen genascht, aber nicht jedes Mal an ihre Großmutter gedacht. Warum also jetzt? Und wieso löste ausgerechnet die Mandarine eine Erinnerung aus? Weshalb nicht der surrende Computer, der Kaffeebecher, das Mäppchen oder die Lampe? Auch diese Objekte müssten doch in der Vergangenheit schon mal eine Rolle gespielt haben. Warum lockten diese keine Erinnerung hervor?

Gedächtnisforscher bezeichnen solche Auslöser als *cues*. In ihren Studien haben Berntsen und Kollegen herausgefunden, dass bei unfreiwilligen Erinnerungen meistens externe Auslöser ausschlaggebend sind. Häufig löst irgendetwas in unserer Umgebung eine Erinnerung aus, seltener ein Gedanke oder ein Gefühl. Das zeigt, wie zufällig sie sind – denn wir haben ja nicht immer bewusst in der Hand, was uns tagtäglich begegnet. Die Macht des Zufalls eben.

Außerdem muss dieser Auslöser zentral für die Erinnerung sein. Ich zum Beispiel weiß noch genau, wie ich mir als kleiner Junge mal furchtbar in den Finger schnitt. Mein Schulfreund Tim hatte sich zum Mittagessen angekündigt. Nun standen wir bei meiner Oma in der Küche und halfen ihr beim Kochen. Ich wollte Tim zeigen, wie schnell ich Möhren raspeln konnte. Also nahm ich die Gemüsereibe, hielt sie mit der linken Hand fest, jagte mit der rechten Hand eine Möhre über die Klinge – und rutschte ab. Das Ergebnis war eine blutende, klaffende Wunde an meinem rechten Ringfinger. Die Narbe habe ich immer noch. Doch viel faszinierender ist: Jedes Mal, wenn ich heute Gemüse raspele, denke ich an den Unfall zurück. Weil die Raspel in der Erinnerung die zentrale Rolle spielt.

Unser geistiger Zustand ist ebenfalls ein wichtiger Faktor. Unfreiwillige Erinnerungen tauchen häufig dann auf, wenn wir nicht voll konzentriert sind. Wenn wir auf dem Sofa sitzen, am Strand liegen, abwaschen, Musik hören, Kartoffeln schälen, Rasen mähen, spazieren gehen, Auto fahren, tagträumen, sprich: wenn nicht unsere volle Aufmerksamkeit gefordert ist. Irgendetwas im Hintergrund kann also plötzlich in den Vordergrund rücken und eine Erinnerung auslösen. Das erklärt, warum unfreiwillige Erinnerungen uns nicht permanent in den Kopf rutschen. Denn im Alltag sind wir häufig beschäftigt und konzentriert.

Umso dankbarer sollten wir sein, wenn wir mal wieder zufällig in der Zeit zurückreisen, meint auch Dorthe Berntsen: »Wir können uns glücklich schätzen, Erinnerungen an unsere persönliche Vergangenheit zu haben. Wenn sie immer von bewussten Entscheidungen, Plänen und mühevollem Suchen abhingen, würden wir viel mehr in der Gegenwart leben. Aber das wäre für unser Überleben als Individuen und als Gattung schädlich.« Zwar gibt es Menschen, die es für sinnvoll halten, ausschließlich im Hier und Jetzt zu leben – aber von einem evolutionären Standpunkt aus ist das ein Nachteil, wie wir später noch sehen werden. Denn Gedanken an die Vergangenheit erlauben es uns, zu planen, aus Fehlern zu lernen und unser Verhalten anzupassen. »Die Leben, die wir gelebt haben, haben Abdrücke und Spuren in unserer Umgebung hinterlassen«, so Berntsen, »und diese Abdrücke und Spuren lösen später persönliche Erinnerungen aus.« Dennoch bleibt eine Frage: Was passiert währenddessen in unserem Gehirn?

Eine erste Antwort darauf lieferten vor einigen Jahren Roberto Cabeza (Universität von Alberta) und Lars Nyberg (Umeå Universität, Schweden). Für eine Übersichtsarbeit werteten sie 275 unterschiedliche Studien aus. Allen gemein war, dass die Wissenschaftler darin bildgebende Verfahren eingesetzt hatten, um mehr über die verschiedenen Gedächtnisfunktionen herauszufinden. Sie interessierten sich zum Beispiel dafür, welche Hirnareale für Aufmerksamkeit oder Sprache zuständig sind. Aber auch, welche Regionen an episodischen Erinnerungen beteiligt sind. Nun muss man dazu sagen, dass jedes dieser bildgebenden Verfahren Vor- und Nachteile hat: Ein EEG zum Beispiel reagiert schnell, lässt aber kaum Rückschlüsse darauf zu, welche Hirnregion aktiv wurde. Bei einem PET ist es genau umgekehrt. Und auch ein fMRT ist fehleranfällig. Insofern sagt eine einzelne Studie nie allzu viel aus. Aber eine Analyse von knapp 300 ähnlichen Untersuchungen lässt schon mehr Rückschlüsse zu. Deshalb ist die Studie von Cabeza und Nyberg so wertvoll. Darin kamen sie zu dem Ergebnis, dass am Abruf von episodischen Erinnerungen vor allem sieben Regionen im Gehirn beteiligt sind. Ein Hinweis darauf, wie komplex das menschliche Erinnerungsvermögen ist. Am stärksten involviert ist demnach der vordere präfrontale Kortex, aber ebenfalls aktiv sind die Schläfenlappen und die Großhirnrinde.

Fassen wir zusammen: Es gibt im Gehirn keine Region, die ausschließlich für unfreiwillige Erinnerungen zuständig ist. Aber manche sind daran mehr beteiligt als andere. Bevor Erinnerungen langfristig im Gedächtnis bleiben, passieren sie zunächst das limbische System. Hier entscheidet der Hippocampus darüber, welche Informationen wichtig genug sind, um ins Langzeitgedächtnis zu gelangen. Die Amygdala drückt Erlebnissen einen emotionalen Stempel auf. Danach wandern sie in verschiedene Hirnregionen – wobei Erinnerungen eher in der rechten Hälfte lagern, Daten und Fakten eher in der linken. Werden diese Erinnerungen geweckt, egal ob zufällig oder bewusst, beteiligen sich daran vor allem der vordere Schläfenlappen und der Stirnlappen.

Nun sind sich Wissenschaftler immer noch nicht einig, welche Rolle Gerüche und Musik bei Erinnerungen spielen. Manche halten sie für nebensächlich, andere für essenziell. Doch wahr ist: Jeder hat es schon mal erlebt, dass ein Geruch eine Erinnerung weckt oder dass ein Lied eine Person oder Situation in die Gedanken zurückholt. Doch wie funktioniert das?

DUFTE ZEITEN

Gerüche wecken Erinnerungen

Meine Kindheit roch nach Gras, Flieder und Lavendel. Als kleiner Junge verbrachte ich viel Zeit bei meinen Großeltern, da meine Mutter alleinerziehend war und erst abends von der Arbeit heimkam. Im Sommer mähte mein Opa regelmäßig den Rasen. Wahrscheinlich hätte man darauf locker Tennis spielen können, so kurz, oft und sauber schnitt er ihn. Heute erinnert mich der Duft von frisch gemähtem Gras an meinen

Opa. Im Garten meiner Großeltern stand ein großer Fliederbaum. Dessen Blüten schnitt meine Oma im Frühling gerne ab und stellte sie in eine Vase. In ihrem Kleiderschrank lag immer ein kleiner Stoffbeutel, der mit Lavendel gefüllt war. Rieche ich Flieder oder Lavendel, denke ich häufig an den Garten und den Schrank meiner Oma zurück. Ein typischer Fall des *Proust-Phänomens.*

Den Begriff prägten vor einigen Jahren zwei britische Psychologen. Dabei orientierten sie sich vor allem an der berühmten Madeleine-Szene von Marcel Proust. Genau genommen ist der Ausdruck missverständlich. Der Erzähler des Romans dachte ja nicht allein wegen eines Geruchs an seine Tante Léonie und das Dorf Combray zurück – sondern wegen der besonderen Mischung aus dem Geruch der Madeleine und dem Geschmack des Lindenblütentees. Und dennoch: Gerüche besitzen die ungewöhnliche Fähigkeit, Erinnerungen auszulösen – sogar mehr als alle anderen Sinne. Diese Erkenntnis über unser aromatisches Gedächtnis basiert auch auf den Studien einer kanadischen Psychologin.

Als Rachel Herz sieben Jahre alt war, zog ihre Familie nach Montreal. In den ersten Monaten hatte sie zunächst Probleme, neue Freunde zu finden. Sie fühlte sich oft einsam und traurig. Eines schönen Nachmittags klingelte es an der Tür. Ein Vertreter für Haarpflegeprodukte stand davor. Tatsächlich kaufte ihre Mutter dem Mann ein Shampoo und eine Pflegespülung ab. Und dieser Kauf veränderte ihr Leben.

Abends bat sie ihre Mutter darum, das Shampoo ausprobieren zu dürfen. Sie war fasziniert von der bunten Verpackung und neugierig auf den Inhalt. Noch heute weiß Herz genau, wie sie das Shampoo auf ihre Hände träufelte und daraus in ihren Haaren einen Schaumberg formte. Doch am besten erinnert sie sich an den Duft des Shampoos, süßlich, aber mit einem Hauch von Kiefern. »Es schien mir das feinste Aroma der ganzen Welt zu sein«, schrieb Herz Jahre später. Zum ersten Mal seit dem Umzug war sie so richtig glücklich. Ihre Eltern waren von dem Shampoo weniger begeistert und nutzten es kaum, deshalb durfte sie es von Zeit zu Zeit verwenden. Immer wenn sie schlecht gelaunt war, öffnete sie die Flasche und atmete tief ein. Als das Shampoo leer war, bettelte sie ihre Mutter an, neues zu kaufen. Aber der Vertreter tauchte nie wieder auf, und in Geschäften gab es das Produkt nicht. Doch jedes Mal, wenn Rachel Herz heute etwas Ähnliches riecht, denkt sie daran zurück. Eine Episode, die ihren Berufsweg ebnete. Denn Rachel Herz wurde zu einer der renommiertesten Geruchsforscherinnen weltweit.

Als Studentin saß sie in einem Sozialpsychologie-Kurs und stieß auf eine Studie, bei der die Forscher die Stimmung ihrer Probanden manipuliert hatten, und zwar durch zwei Düfte: Mandeln sollten für gute Laune sorgen, Essig für schlechte. Schon damals hatten die Studienleiter vermutet, dass Gerüche eng mit Gefühlen verknüpft sind, und dass es dafür gute biologische und evolutionäre Gründe gibt. Herz beschloss, das Phänomen in ihrer Doktorarbeit zu erforschen. Seit einigen Jahren weiß sie, warum Gerüche Erinnerungen auslösen – und damit auch Nostalgie.

* * *

Die Macht der Gerüche fasziniert die Menschen schon seit der Antike. »Der Mensch riecht Riechbares nicht, ohne ein Gefühl des Unangenehmen oder Lustvollen zu empfinden«, schrieb der griechische Philosoph Aristoteles. »Wie reich ist die Verschiedenheit der Gerüche in der Natur und mit welcher Bestimmtheit sind wir im Stande, die zahlreichen Düfte und Gestänke voneinander zu unterscheiden!«, schwärmte 1895 der niederländische Geruchsforscher Hendrik Zwaardemaker. »Das Wasser aus der Leitung, die Kiesel in der Straße, die Luft unserer Gemächer, ob bewohnt oder unbewohnt, alles hat seinen spezifischen Geruch. Holzarten, Metalle, Kalk, Steine, das Linnen, das Papier, unsere Nahrungsstoffe und Getränke, beinahe nichts gibt es, was nicht riecht.« Der britische Schriftsteller Rudyard Kipling meinte: »Düfte wirken sicherer als Klänge und das Aussehen, um dein Herz tief zu rühren.«

So schön diese Worte klingen – Riechen ist erst mal nur ein chemischer Prozess. Jeden Tag atmen wir etwa 25 000 Mal ein und aus. Wenn wir inhalieren, strömen Millionen Duftmoleküle in die Nase. Am oberen Ende der beiden Nasenhöhlen sitzt die Riechschleimhaut, auch *Riechepithel* genannt. Sie ist nur etwa so groß wie ein Eurostück. Trotzdem besteht sie aus bis zu zehn Millionen Riechsinneszellen. Auf ihrer Oberfläche befinden sich Geruchsempfänger, die *olfaktorischen Rezeptoren. Olfactorius* bedeutet auf Latein riechend. Wenn die Moleküle mit den Rezeptoren in Kontakt geraten, produzieren die Riechsinneszellen Strom in Form elektrischer Signale. Diese wandern über Nervenfasern weiter zum Riechkolben (*bulbus olfactorius*). Er wiederum sendet Informationen an den Hippocampus und das limbische System.

Gebildet werden die Geruchsempfänger von etwa 350 unterschiedlichen Genen. Das entdeckten 1991 die beiden US-Forscher Richard Axel und Linda Buck, 2004 erhielten sie dafür den Medizin-Nobelpreis. Diese Gene erlauben eine schier unglaubliche Vielfalt: Bis zu 10 000 Düfte können Menschen auseinanderhalten, wobei immer unterschiedliche Zellen zusammenarbeiten. Diese Kooperation kann das Verhalten von Lebewesen massiv beeinflussen (siehe Kasten).

Die Neurobiologen Michael Murphy und Gerald Schneider bemerkten bereits in den Siebzigerjahren, dass männliche Hamster fremde Konkurrenten, die ihnen in den Käfig gesetzt wurden, attackierten und totbissen. Auf unbekannte Weibchen reagierten sie, nun ja: anders. Sie bestiegen und penetrierten sie umgehend. Deutlich zurückhaltender waren die Nager jedoch, wenn die Forscher ihren Geruchssinn zerstörten: Dann ließen sie die Männchen am Leben und die Weibchen in Frieden. Offenbar wurde ihr Verhalten durch den Geruchssinn gesteuert. So wie einst bei Napoleon Bonaparte. Er forderte seine Ehefrau

Gerüche beeinflussen das Verhalten

Der niederländische Psychologe Martijn de Lange versprühte 2012 in einem Eisenbahnwaggon Reinigungsmittel mit Zitronenaroma. In den duftenden Abteilen hinterließen die Passagiere wesentlich weniger Abfall. Zu einem ähnlichen Ergebnis kam Katie Liljenquist von der Brigham Young Universität. Ihre Freiwilligen sollten zwölf Dollar mit einer unbekannten Person teilen. Im Schnitt gaben sie mickrige 2,81 Dollar ab – wenn der Raum geruchsneutral war. Hatte Liljenquist das Zimmer vorab jedoch mit Zitrusduft parfümiert, erhöhte sich diese Summe auf 5,33 Dollar. Offenbar assoziieren Menschen den Geruch im Unterbewusstsein mit Reinheit, Sauberkeit und Ehrlichkeit – und das wirkt sich auf das Verhalten aus.

Joséphine mal in einem Brief dazu auf, bis zu ihrem nächsten Treffen in zwei Wochen doch bitte nicht zu baden – Napoleon wollte ihre natürlichen Düfte genießen. Joséphines Körpergeruch hatte sich im Gedächtnis des Feldherrn eingenistet.

Erstmals erwähnt wurde das Phänomen der Geruchserinnerungen Ende des 19. Jahrhunderts vom deutschen Arzt Friedrich Thomas. Er hatte drei Jahrzehnte zuvor in Berlin studiert. Der Weg zur Hochschule führte ihn über die Ebertbrücke in der Stadtmitte. Als Thomas eines Tages die Brücke überquerte, dachte er plötzlich an seine Heimat in Sachsen. Doch weil er es eilig hatte, ging er weiter. Am nächsten Tag spazierte Thomas wieder über die Brücke – und dachte wieder an seine Heimat. Da blieb er stehen. Guckte sich um. Und fand den Anlass seiner Erinnerung. An der Brücke hatte ein Schiff festgemacht, dessen Besitzer mit Braunkohle heizte – genauso wie die Menschen in Thomas' Heimat: »Der Geruch des Rauches dieser Kohle hatte mir das Erinnerungsbild wachgerufen«, schrieb der Arzt in einem Aufsatz 30 Jahre später. Das Erlebnis hatte ihn nachhaltig beeindruckt. Verständlicherweise.

Unser Geruchssinn ist wahrhaft einzigartig. Er wird sogar schon geprägt, bevor wir auf die Welt kommen. Wissenschaftler sind inzwischen davon überzeugt, dass Föten bereits im

Mutterleib Gerüche wahrnehmen. Die US-Biopsychologin Julie Mennella verabreichte 1994 schwangeren Frauen eine Tablette mit Knoblauch. 45 Minuten später untersuchte sie deren Fruchtwasser und entnahm eine Probe. Daran schnüffelte nun eine Reihe von Freiwilligen – und erkannte den Geruch des Knoblauchs wieder. Einige Jahre später teilte der französische Forscher Benoist Schaal 24 werdende Mütter in zwei Gruppen: Die einen nahmen während der Schwangerschaft häufig Anis zu sich, die anderen nicht. Nach der Niederkunft konfrontierte er alle Babys mit dem Duftstoff. Die Anis-Babys fühlten sich zu dem Aroma hingezogen, die anderen wandten sich desinteressiert oder gar angeekelt ab. Andere Studien konnten zeigen: Schon zwei Wochen alte Säuglinge bevorzugen den Geruch der Brust ihrer eigenen Mutter gegenüber dem von anderen stillenden Müttern.

Die Einzigartigkeit des olfaktorischen Systems spiegelt sich in unserer Anatomie wider: Der Geruchssinn ist eng verknüpft mit Erinnerungen und Gefühlen, und zwar wortwörtlich. Denn der Riechkolben liegt zum einen in der Nähe des limbischen Systems. Wie wir bereits gesehen haben, ist jenes vor allem dafür zuständig, Informationen mit Gefühlen zu verknüpfen. Zum anderen hat der Geruchssinn im Gegensatz zu anderen Wahrnehmungen eine Sonderstellung. Wenn wir etwas sehen, fühlen, schmecken oder hören, werden diese Eindrücke zunächst vom Thalamus geprüft. Erst dann wandern sie in die Hirnrinde. Beim Riechen ist das nicht der Fall. Denn der Riechkolben sitzt in der Nähe des Hippocampus, der für Erinnerungen zuständig ist. Die Folge: Gerüche geraten ungefiltert ins limbische System. Sie verbinden sich, bildlich gesprochen, unmittelbar mit Gefühlen und Erinnerungen – und haben deshalb eine bessere Chance, im Gedächtnis zu bleiben.

Das ist evolutionär durchaus sinnvoll: Der Gestank von fauligem Fleisch konnte schon unsere Vorfahren an die letzte Magenverstimmung erinnern und vom Verzehr abhalten. Der

Geruch eines gefährlichen Tieres aktivierte ihre Fluchtreflexe ebenso wie der von plötzlichem Feuer. Auch bei der Suche nach dem richtigen Partner spielt die Nase eine Rolle – wir können jemanden gut riechen oder nicht. Doch lange war die Anatomie unseres Geruchsgedächtnisses völlig unbekannt.

Bereits in den Dreißigerjahren hatte der US-Psychologe Donald Laird vermutet, dass Gerüche bei Erinnerungen eine wichtige Rolle spielen. Für seine Studie hatte er sich mit 250 Personen unterhalten. Etwa 80 Prozent von ihnen konnten zumindest eine Geruchserinnerung nennen. Mehr noch: 76 Prozent der Frauen und fast die Hälfte der Männer behaupteten, dass diese zu den lebhaftesten Erinnerungen überhaupt gehörten. Das hatte Laird zu der These hingerissen, dass Geruchserinnerungen eine fast »lähmende Macht« hätten. Doch erst fünf Jahrzehnte später erfolgte deren erste systematische Erforschung im Labor. 1984 konfrontierte der Gedächtnisforscher David Rubin knapp 150 Freiwillige mit Worten, Fotos oder Gerüchen, die Erinnerungen auslösen sollten. Er appellierte also an verschiedene Sinne. Dabei bemerkte er, dass Düfte den Wörtern oder Bildern durchaus ebenbürtig waren. Doch gleichzeitig stellte Rubin fest: An Gerüche dachten die Teilnehmer im Alltag am seltensten, und sie sprachen auch kaum darüber.

Kein Wunder: Für Gerüche fehlen uns buchstäblich die Worte – im Gegensatz zu anderen Sinneswahrnehmungen. Geschmäcker können wir offiziell in fünf Kategorien einteilen: Schokolade schmeckt »süß«, eine Zitrone »sauer«, Spargel »bitter«, Sardellen »salzig«. Vor einigen Jahren kam noch die Geschmacksrichtung »umami« dazu, die durch Glutamate ausgelöst wird und vor allem in Fleisch, Käse und Sojasauce vorkommt. Ein Anblick kann schön oder traurig sein, schockierend oder überraschend. Töne sind laut, leise, hoch oder tief, schrill oder sanft. Berührungen empfinden wir als angenehm und weich, rau oder hart. Aber ein Duft riecht meist *nach* oder *wie* etwas. Nach Benzin, Rosen oder Zimt, wie eine Banane, eine Orange oder frisch gemähtes Gras.

Diese Besonderheit musste auch Geruchsforscherin Rachel Herz berücksichtigen. Deshalb konfrontierte sie ihre Testpersonen in ihren ersten Untersuchungen zunächst mit verschiedenen Sinneseindrücken. Für eine Studie wählte sie zum Beispiel Popcorn. Entweder hörten die Probanden, wie der Puffmais ploppte, sahen ein entsprechendes Foto oder schnupperten an ihm. Wenn es Ihnen geht wie mir, dann löste bereits der Gedanke an den Geruch von Popcorn eine Regung aus. Bei Herz' Freiwilligen waren von allen Sinneseindrücken die Geruchserinnerungen am emotionalsten. Rochen sie am Popcorn, nannten sie Herz mehr Gefühle und empfanden diese auch als intensiver. Mehr noch: Sie fühlten sich durch das Aroma am stärksten in der Zeit zurückversetzt.

Ein Gefühl, das bei mir vor allem Wick VapoRub hinterlässt. Wenn ich als kleines Kind erkältet war, schmierte mir meine Mutter diese Heilsalbe auf die Brust. Rieche ich die Salbe aus Eukalyptus und Menthol heute, denke ich sofort daran zurück. Damals, als so viel Zukunft zu sein schien und so wenig Vergangenheit. Leider verkehrt sich dieses Verhältnis im Lauf unseres Lebens ins Gegenteil. Doch der Geruch der Salbe ist für immer verknüpft mit der Erinnerung an die mütterliche Fürsorge und die Gewissheit, dass schon alles gut wird. Eine Verknüpfung, die Forscher wie Rachel Herz sogar in unserem Gehirn nachvollziehen können.

Vor einigen Jahren befragte sie eine Handvoll Freiwillige zunächst, ob sie mit einem bestimmten Parfüm positive Erinnerungen verbinden. Hätte sie mich gefragt, hätte ich ihr sofort einen Duft nennen können. 2001 verbrachte ich den Urlaub in Tunesien. Meine damalige Sommerliebe benutzte das Parfüm »Gucci Rush«. 2009 stellte mir mein bester Freund seine neue Freundin vor. Ich reichte ihr die Hand und erkannte sofort ihr Parfüm – Gucci Rush. Seit dem Tunesienurlaub waren acht Jahre vergangen, die Sommerliebe hatte ich längst vergessen. Doch als ich den Geruch des Parfüms wahrnahm, musste ich sofort wieder an sie denken.

Den Probanden von Herz ging es ähnlich. Sie nannten einige positiv konnotierte Düfte, die die Forscherin nun besorgte. Einige Wochen später legte sie den Freiwilligen den Duft mitsamt Flakon vor. Außerdem gab sie ihnen noch zwei neutrale Kontrolldüfte. Dann durften sie in Ruhe daran schnüffeln und die Flasche angucken. Währenddessen zeichnete Herz mit einem fMRT die Hirnbewegungen auf. Dabei bemerkte sie, dass die Probanden auf den Lieblingsduft emotionaler reagierten, weil sie die Erinnerung intensiver empfanden. Diese Intensität konnte Herz in ihren Gehirnen nachvollziehen. Vor allem der Hippocampus und die Amygdala waren währenddessen enorm aktiv. Offenbar reagiert das limbische System also, wenn wir angenehme Gerüche wahrnehmen, die uns nostalgisch stimmen. Und das macht die Wirkung der Geruchserinnerungen so besonders: »Sie sind einzigartig emotional und bewegend«, sagt Herz, »in unseren Köpfen und in unseren Gehirnen.«

Natürlich ist diese Einzigartigkeit bei jedem Menschen unterschiedlich ausgeprägt. Wer auf einem Bauernhof aufwuchs oder mit seinen Eltern auf dem Land Urlaub machte, den wird der Geruch von Kuhmist oder Dünger vermutlich in Nostalgie versetzen – eben weil der Duft mit schönen Erinnerungen verknüpft ist. Typische Stadtkinder werden das Aroma weniger angenehm finden. Wer als Kind schon immer gerne Grießbrei aß, wird beim Wahrnehmen des Geruchs gerne in der Zeit zurückreisen. Wer den Nachtisch damals nicht leiden konnte, wird ihn weiterhin stehen lassen. Jeder Mensch hat andere aromatische Nostalgieauslöser, den Geruch von warmem Sommerregen auf dem Bürgersteig zum Beispiel, frisch gesägtes Holz oder Meeresluft. Ihre Wirkung hängt davon ab, ob sie mit einem positiven oder negativen Erlebnis verknüpft sind. Auch die legendäre Rockband The Beach Boys ließ sich in den Sechzigerjahren vom Proust-Phänomen inspirieren. Die ersten Zeilen ihres Welthits »Good Vibrations« sind eine echte Ode an die Geruchserinnerung: »I hear the sound of a gentle word. On the wind that lifts her perfume through the air.«

Inzwischen sind manche Wissenschaftler sogar davon überzeugt, dass Gerüche das Erinnerungsvermögen stützen – stärker noch als andere Sinneseindrücke. Marieke Toffolo von der Universität Utrecht verteilte 2012 zum Beispiel 80 Studentinnen auf drei Räume. Dort schauten die Probandinnen einen zwölf Minuten langen Film an, der allerdings wenig amüsant war. Genauer gesagt war er ziemlich grausam. Gezeigt wurden verschiedene Filmclips – etwa von Verkehrsunfällen oder eine Dokumentation über den Völkermord in Ruanda. Nichts für schwache Nerven also. Gruppe A saß in einem Raum, der von den Wissenschaftlerinnen dezent mit Cassis-Duft besprüht worden war. Gruppe B saß in einer Kabine, die abwechselnd in vier verschiedenen Farben beleuchtet wurde, Gruppe C lauschte dezenter Hintergrundmusik. Unmittelbar nach dem Video sollten die Teilnehmerinnen angeben, wie sie den Film empfunden hatten. Eine Woche später versammelten sich alle Gruppen erneut im Labor. Wieder wurden sie mit denselben Reizen konfrontiert – Duft, Licht oder Musik. Währenddessen sollten sie sich an das Video erinnern und ihre Gefühle nennen. Ergebnis: Die Duft-Gruppe schilderte ihre Erinnerungen nicht nur detaillierter. Sie empfand den Film auch als nervenaufreibender und unangenehmer als die Musik-Gruppe. Womöglich lösen Gerüche demnach sogar stärkere Erinnerungen aus als Musik, resümierte Toffolo. Mit musikalischen Zeitreisen werden wir uns im nächsten Kapitel beschäftigen.

LIEDER VON DAMALS

Musikalische Zeitreise

Henry Dryer geht es schlecht. Seit mehr als zehn Jahren lebt der 92-jährige Amerikaner nun schon in einem Altenheim. Die meiste Zeit des Tages sitzt er regungslos und zusammengesunken in seinem Rollstuhl, den Kopf auf die Brust gelegt, die Augen halb geschlossen. »Hallo Papa!«, ruft seine Tochter, wenn sie ihn besucht, und ergreift seine Hände. Sie erinnert sich noch gut an ihre Kindheit. Ihr Vater war meistens gut gelaunt. Nur eine Sache machte ihm noch mehr Spaß, als mit ihr herumzualbern: Er liebte Musik – vor allem den amerikanischen Jazz-Sänger Cab Calloway. Wenn er mit seiner Tochter spazieren ging, sang er häufig laut los und fing an zu tanzen. Der Mann, der nun vor ihr kauert, hat mit dem einst vitalen und lebenslustigen Vater nur noch wenig gemeinsam.

»Hallo Papa!« Keine Reaktion. »Papa, wie geht es dir?« Henry brummt leise. »Papa, wie geht es dir?« »Bei mir ist alles in Ordnung«, nuschelt er, fast ein wenig trotzig. »Wer bin ich?«, fragt ihn seine Tochter. Darauf ihr Vater: »Ich weiß es nicht.«

Die Szene stammt aus dem US-Dokumentarfilm ›Alive Inside‹. Dafür begleitete der Regisseur Michael Rossato-Bennett monatelang den Sozialarbeiter Dan Cohen. Der hatte eines Tages darüber sinniert, wie es wohl wäre, seinen Lebensabend in einem Altenheim zu verbringen. Selbst wenn dieser Schritt noch weit weg war, eines stand für ihn jetzt schon fest: Er würde definitiv seine Lieblingsmusik mitnehmen. Die könnte ihn sicher trösten und ihm zumindest ein wenig Freude spenden. Plötzlich kam ihm eine Idee. Er ging zur örtlichen Seniorenresidenz und bat den Chef darum, die Bewohner mit Musik zu beglücken. Wenige Wochen später verteilte Cohen MP3-Player an die Senioren, darauf deren persönliche Lieblingslieder. Die Wirkung war enorm. Auch bei Alzheimer-Patienten wie Henry Dryer.

Die schönsten Momente des Films zeigen die Pflegerinnen dabei, wie sie ihren Patienten Kopfhörer aufsetzen. Alle Senioren leiden unter Gedächtnisschwund, alle wirken zunächst apathisch und weggetreten, einige mehr, andere weniger. Doch sobald sie Musik hören, verändern sich alle. Dryer zum Beispiel reißt seine Augen auf. Rudert mit den Armen, wippt mit dem Kopf und singt mit. Diese Wirkung hält selbst dann noch an, wenn ihm die Schwester die Kopfhörer wieder abnimmt. »Magst du Musik, Henry?« »Ich bin verrückt nach Musik!«, ruft er laut. »Mochtest du Musik, als du noch jung warst?« »Ja, sehr!« »Was war deine Lieblingsmusik?« »Cab Calloway!« »Und was macht Musik mit dir?« »Sie gibt mir das Gefühl von Liebe. Das Gefühl von Romantik.« So redet ein Mann, der kurz zuvor seine eigene Tochter nicht erkannt hat.

Wissenschaftlich begleitet wurde der Dokumentarfilm von dem berühmten Neurologen Oliver Sacks. Der war begeistert von dem Experiment: »Durch die neue Technologie können wir alle Lieder, die uns etwas bedeuten, auf einem Gerät speichern, das etwa so groß ist wie eine Streichholzschachtel. Menschen, die unsere Welt fast schon verlassen haben, kommen durch Musik wieder zurück. Zurück zu ihren Erinnerungen und ihrer Lebensgeschichte.« Der berührende Dokumentarfilm beweist: Auch Musik kann Nostalgie auslösen – selbst bei Menschen, die sich kaum noch an etwas erinnern.

* * *

Musik hat magische Kräfte. Sie kann uns glücklich machen oder nachdenklich stimmen, kann uns zum Lachen bringen oder zu Tränen rühren, kann uns trösten oder aufrichten. Ohne Klänge und Töne wäre unser Leben nicht dasselbe. Egal ob wir uns ablenken oder amüsieren wollen, aufmuntern oder entspannen: Musik ist ein echter Emotionsmultiplikator. Viele Gefühle erleben wir durch sie intensiver. Ebenso komplex ist das, was bei Musik in unserem Gehirn passiert. Für Wissenschaftler ein spannendes Gebiet – vielleicht sogar mehr als je zuvor.

Nie war Musik so omnipräsent wie heute. Sie dudelt in Auto- und Küchenradios, auf Smartphones kann jeder ständig seine Lieblingsmusik hören. Außerdem begleitet sie uns auf zahlreichen Stationen unseres Lebens. Viele Abiturienten wünschen sich zur Abschlussfeier ein spezielles Lied, das sie bei der Zeugnisübergabe begleitet. Liebespaare lauschen romantischen

Stücken, während sie auf dem Sofa kuscheln, oder beschallen ihre Hochzeit mit »ihrem Lied«. Kein Wunder, dass Musik ein wesentlicher Teil von Erinnerungen ist. Bei schönen Anlässen, aber auch bei traurigen. Als mein Opa 1995 starb und ich als 14-Jähriger weinend in der Kapelle saß, spielten zwei Musiker ›Air‹ von Johann Sebastian Bach. Immer wenn ich das Lied heute höre, muss ich an die Beerdigung denken.

Aber wieso verbinden wir bestimmte Lieder mit bestimmten Personen? Warum versetzen uns selbst einzelne Klänge in die Vergangenheit? Sprich: Weshalb macht Musik nostalgisch? Erst in den vergangenen Jahren haben Psychologen, Hirnforscher und Biologen auf diese Fragen erste Antworten gefunden. Sie haben dabei vor allem eine Erkenntnis gewonnen: Unsere Lieblingsmusik und Emotionen sind gewissermaßen anatomisch eng miteinander verbunden.

Zunächst einmal kann sich Musik ohnehin recht leicht im Gedächtnis einnisten. Der Grund liegt in ihrer Komplexität. Wenn wir Musik hören, ist beinahe das gesamte Gehirn beteiligt. Es muss die Melodie verarbeiten und den Rhythmus. Die Tonhöhe, aber auch die Geschwindigkeit – und häufig singen wir mit oder tanzen dazu im Takt. Lieder verfügen also über verschiedene Anker, die in unserem Gedächtnis festmachen können.

Dafür ist es natürlich notwendig, dass wir sie überhaupt wahrnehmen. Für Physiker bestehen Klänge nur aus Schwingungen. Die entstehen, weil Musik den Luftdruck verändert. Diese Schwingungen wandern durch das Ohr zum Trommelfell und weiter zum Hörnerv im Innenohr. Dort warten 3 500 Haarzellen auf ihren Einsatz. Sie verwandeln den Ton in Nervenimpulse. Diese machen sich auf den Weg und erreichen das Hörzentrum, den *auditorischen Kortex*. Der ist ebenfalls Teil der Schläfenlappen und interpretiert die einkommenden Informationen. Allerdings teilt er sich die Aufgaben: Das Hörzentrum in der linken Hirnhälfte verarbeitet tendenziell eher Rhythmen, jenes in der rechten Hälfte vor allem Klänge und Töne.

Von dort wird Musik nun in verschiedene Hirnregionen verteilt. Hier kommt wieder das limbische System ins Spiel. Plump gesagt hilft es uns bei der Frage, ob uns ein Lied gefällt oder nicht. Bereits 1991 fand John Sloboda von der Universität von Keele in Newcastle heraus, dass mehr als 80 Prozent der Befragten beim Musikhören schon mal körperliche Reaktionen empfunden haben. Den einen lief es kalt den Rücken herunter, andere mussten lachen, weinen oder hatten den sprichwörtlichen Kloß im Hals. 1995 wiederum resümierte Jaak Panksepp von der Bowling Green State Universität, dass die meisten Menschen Musik deshalb genießen, weil sie starke Gefühle weckt.

Einen ersten Hinweis, was genau Musik in unserem Gehirn auslöst, lieferten Neuropsychologen um Isabelle Peretz von der Universität von Montreal drei Jahre später. Sie präsentierten der Öffentlichkeit eine 40-jährige Frau. Um ihre Anonymität zu wahren, verlieh Peretz ihr das Pseudonym »I. R.«. Sie war zehn Jahre zuvor operiert worden, denn in ihren Hirnarterien hatten sich Aneurysmen gebildet – Gefäßerweiterungen, die im schlimmsten Fall zu Hirnblutungen führen können. Chirurgen hatten diese Aneurysmen bei einer Operation entfernt. Ein heikler Eingriff, den die Frau aber gut überstanden hatte. In Intelligenztests schnitt sie ebenso gut ab wie in Gedächtnisübungen, auch konnte sie normal sprechen. Doch ganz folgenlos war der Eingriff nicht geblieben: Die Patientin hatte Probleme mit Musik. Sie war nicht mehr dazu in der Lage, Melodien wiederzuerkennen. Sie konnte nicht zwischen Musikstücken unterscheiden. Und sie konnte nicht mehr als einen Ton singen.

Peretz untersuchte in einer Computertomographie das Gehirn der Patientin und fand heraus: In beiden Hirnhälften waren Teile der Schläfenlappen beschädigt, der sogenannte *Gyrus temporalis superior* sowie Teile des *Gyrus frontalis inferior*, dessen Nervenzellen beim Hören eine Rolle spielen. Ein erster Hinweis darauf, dass die Schläfenlappen nicht nur dafür zuständig sind, Erinnerungen zu formen und zu wecken. Sondern auch dafür, Musik wiederzuerkennen.

Diese Vermutung konnten Wissenschaftler inzwischen in Versuchen mit gesunden Menschen bekräftigen. Die kanadischen Neurologen Anne Blood und Robert Zatorre untersuchten 2001 fünf Männer und fünf Frauen zwischen 20 und 30, die seit mindestens acht Jahren ein Instrument spielten. Alle sollten ihre eigene Gänsehautmusik mit ins Labor bringen. Diesen Melodien lauschten sie nun im Wechsel mit neutralen Liedern. Währenddessen überwachten die Forscher ihre Herzfrequenz und Atmung. Außerdem beobachteten sie mittels Positronen-Emissions-Tomographie (PET) das Gehirn. Und siehe da: Bei der Lieblingsmusik waren der Puls höher, die Atmung schneller, und auch das Gehirn reagierte. Bei den Lieblingsliedern waren jene Bereiche des limbischen Systems aktiver, die auch bei angenehmen Gefühlen beteiligt sind: »Die Musik bedient sich neuronaler Belohnungs- und Emotionsmechanismen«, schrieben die Wissenschaftler. Und zwar solcher, die auch bei Essen, Sex oder Drogenkonsum aktiv sind. Deshalb fühlen wir uns so wohl, wenn wir unsere Lieblingslieder hören.

Ein bemerkenswertes Ergebnis. Denn Musik ist ja streng genommen weder für das biologische Überleben noch für die Fortpflanzung notwendig. Eine pharmakologische Substanz ist sie schon gar nicht. Dennoch scheint unser Gehirn auf bestimmte Musik besonders zu reagieren.

Eine der ersten Studien, die sich dem Phänomen musikalischer Nostalgie widmete, publizierte vor einigen Jahren Petr Janata von der Universität von Kalifornien in Davis. Er wollte zunächst herausfinden, welche Gefühle Musik aus der Vergangenheit auslöst. Daher konfrontierte der Wissenschaftler 329 Studenten zwischen 18 und 29 mit Popsongs – und zwar solchen, die in den US-Hitparaden auf den ersten 100 Plätzen standen, als die Teilnehmer zwischen sieben und 19 Jahre alt waren. Immerhin waren das 1515 Lieder. Die Teilnehmer sollten nun angeben, ob ein Lied eine Erinnerung auslöste. Wenig überraschend: 96 Prozent ging das bei mindestens einem

Song so. Außerdem sollten sie bewerten, was sie beim Hören der Stücke gespürt hatten. Dazu reichte Janata ihnen eine Liste mit 34 Gefühlen, sie konnten aber auch eigene Emotionen wählen. Auf Platz eins landete: »glücklich«. Auf Platz zwei: »jugendlich«. Und auf Platz drei: »nostalgisch«. Inzwischen haben mehrere Studien gezeigt: Musik aus unserer Jugend weckt Nostalgie – falls Sie es nicht glauben, werfen Sie einfach einen Blick auf den Kasten. Ich bin mir sicher, dass Sie viele der Lieder wiedererkennen; dass Sie bei dem ein oder anderen mitsummen; dass Sie bei einigen denken: So lange ist das schon her? Und manche der Stücke stimmen Sie vielleicht nostalgisch.

Die erfolgreichsten Singles in Deutschland (Auszug)

Jahr	Interpret	Titel
1977	Julie Covington	Don't Cry For Me Argentina
1978	Vader Abraham	Das Lied der Schlümpfe
1979	Peter Maffay	So bist du
1980	Goombay Dance Band	Sun of Jamaica
1981	Electronica's	Dance Little Bird
1982	OMD	Maid of Orleans
1983	Peter Schilling	Major Tom
1984	Laura Branigan	Self Control
1985	Opus	Live is Life
1986	Falco	Jeanny
1987	Desireless	Voyage Voyage
1988	Milli Vanilli	Girl You Know It's True
1989	David Hasselhoff	Looking for Freedom
1990	Matthias Reim	Verdammt – ich lieb' dich
1991	Scorpions	Wind of Change
1992	Snap!	Rhythm Is a Dancer
1993	Ace Of Base	All That She Wants
1994	Mariah Carey	Without You

Jahr	Interpret	Titel
1995	Vangelis	Conquest of Paradise
1996	Fugees	Killing Me Softly
1997	Sarah Brightman & Andrea Bocelli	Time To Say Goodbye
1998	Céline Dion	My Heart Will Go On
1999	Lou Bega	Mambo No. 5
2000	Anton feat. DJ Ötzi	Anton aus Tirol
2001	No Angels	Daylight In Your Eyes
2002	Las Ketchup	The Ketchup Song
2003	Deutschland sucht den Superstar	We Have A Dream
2004	O-Zone	Dragostea din teï
2005	Schnappi	Schnappi, das kleine Krokodil
2006	Bob Sinclar	Love Generation
2007	DJ Ötzi & Nik P.	Ein Stern (... der deinen Namen trägt)
2008	Timbaland feat. One Republic	Apologize
2009	Lady Gaga	Pokerface
2010	Israel Kamakawiwo'ole	Over The Rainbow
2011	Jennifer Lopez feat. Pitbull	On The Floor
2012	Michel Teló	Ai se eu te pego!

Manchmal reicht dafür schon ein Ton oder Textfetzen. Wer Ende des vergangenen Jahrtausends ins Internet gehen wollte, musste zuvor das nervtötende, rauschende Gepiepe seines Modems ertragen. Der finnische Mobilfunkriese Nokia war noch cool, überall dudelte dessen Klingelton-Klassiker. Angelehnt war er an den »Gran Vals« des spanischen Gitarristen Francisco Tárrega: »Tidüdüdüü, Tidüdüdüü, Tidüdüdüü, Döööö«. Die über 40-Jährigen werden sich daran erinnern, wie die Wählscheiben der Telefone ratterten, die Tasten der Schreibmaschine klackerten und die Nadel des Schallplattenspielers krächzte.

Viele dieser Geräusche sind inzwischen aus dem Alltag verschwunden. Klingeltöne wurden oft vom Vibrationsalarm abgelöst, Wählscheiben von Touchscreens. Doch drei amerikanische Studenten betätigen sich im Internet als akustische Konservatoren: Auf der Website Savethesounds.info eröffneten sie Anfang 2012 ihr »Museum der bedrohten Geräusche«. Darauf befinden sich 30 Fotos technischer Gegenstände, die aus unserem Alltag weitgehend verschwunden sind: ein Telex, ein Nadeldrucker, ein Videorekorder oder ein Diskettenlaufwerk. Beim Klick auf das Foto ertönt ihr phänotypisches Geräusch. Wer sich eine Weile durch die Seite bewegt, kann sich der Nostalgie kaum erwehren.

Was dabei in unserem Gehirn abläuft und warum sich das so gut anfühlt, konnte Petr Janata vor einigen Jahren endlich beantworten. Wieder konfrontierte er Versuchspersonen mit Hits ihrer Jugend. Doch diesmal lauschten sie ihren Lieblingsliedern in einem funktionellen Magnetresonanztomographen (fMRT). Über Knöpfe sollten die Probanden angeben, wie angenehm sie einen Song fanden und ob er Erinnerungen weckte. Währenddessen nahm der fMRT auf, welche Hirnregionen aufleuchteten. Besonders aktiv war der präfrontale Kortex, vor allem dessen mittlerer Teil: »Er verbindet Musik mit Erinnerungen«, sagt Janata. Hören wir unsere Lieblingsstücke, fühlen wir uns nicht nur gut. Gleichzeitig legt die Musik eine Art Schalter um, der dann Erinnerungen auslöst. Laut Janata passiert das in einem Bereich direkt hinter unserer Stirn. Das könnte erklären, warum Henry Dryer sich so sehr an Cab Calloway erfreuen konnte – denn bei Alzheimer-Patienten bleibt genau jener mittlere präfrontale Kortex am längsten intakt. Irgendwie beruhigend.

Es gibt Schöneres, als älter zu werden. Der Körper gehorcht nicht mehr wie früher, auch der Geist lässt nach. Insbesondere dann, wenn Krankheiten wie Alzheimer oder Demenz hinzukommen; wenn Erinnerungen verblassen und das Licht des Lebens verdunkelt. Doch der Film von Rossato-Bennett und die Experimente von Janata und Co. zeigen: Wie schlecht unser Gedächtnis auch sein mag – Musik wird uns immer wieder in die Vergangenheit zurückschicken.

Doch egal wodurch Nostalgie letztendlich ausgelöst wird, ob durch Gesichter und Gespräche, Orte und Objekte, Gerüche oder Töne – diese schönen Erinnerungen sind alles andere als perfekt. Wir können uns noch nicht mal sicher sein, dass sie überhaupt wahr sind. Unser Gedächtnis macht häufig, was es will. Aber das ist auch gut so.

FALSCHER FILM

Erinnerungen können täuschen

Eileen Franklin und Susan Nason waren beste Freundinnen. Sie lebten in Foster City, einer Kleinstadt, 30 Autominuten von San Francisco entfernt. Am 22. September 1969 verschwand Susan plötzlich, fünf Tage vor ihrem neunten Geburtstag. Zwei Monate später fand die Polizei ihre Leiche in einem Waldgebiet acht Kilometer westlich ihrer Heimat. Jemand hatte ihren Schädel mit einem schweren Gegenstand eingeschlagen. Zwanzig Jahre lang blieb der Mord ein Rätsel.

Im Alter von 29 saß Eileen Franklin in ihrem Wohnzimmer. Sie war inzwischen verheiratet, Hausfrau und zweifache Mutter. Ihren Sohn Aaron hielt sie auf dem Schoß, Tochter Jessica spielte mit zwei Freundinnen auf dem Teppich. Eileen sah nach draußen. Die Sonne schien, ein herrlicher kalifornischer Spätwintertag. Sie fragte sich, ob es warm genug sei, die Kinder im Pool schwimmen zu lassen. »Wirklich, Mama?«, fragte Jessica, freudig überrascht. Die Kleine konnte ihr Glück kaum fassen. Das Sonnenlicht betonte Jessicas rotblondes Haar, auf dem Boden zeichnete der Schatten ein filigranes Muster. Als Eileen ihrer Tochter in die Augen blickte, kehrte die Erinnerung zurück.

In Gedanken sah Eileen Franklin ihre Freundin Susan Nason im Wald sitzen. Plötzlich stand ein Mann hinter Susan, einen großen Stein in der Hand. Susan drehte sich um; riss die Hände über den Kopf, um sich zu schützen; blickte zu Eileen, ängstlich und hilflos. Sekunden später zertrümmerte der Stein ihren Kopf. Eileen hielt sich die Ohren zu, um das Geräusch platzender Haut und brechender Knochen nicht zu hören.

Zwei Jahrzehnte hatte Eileen die grausame Erinnerung vergraben, nun war sie anscheinend zurück. Plötzlich wurde ihr bewusst, dass sie den Mord an Susan mit angesehen hatte. Dieser Gedanke war schon schrecklich genug. Doch er war verbunden mit einer weiteren schockierenden Erinnerung.

Am 22. September 1969 hatte Eileens Vater George sie und ihre Schwester Janice zur Schule gebracht, in einem beigen Kleinbus mit einer Matratze im Fond. Während der Fahrt entdeckte Eileen ihre Freundin Susan am Straßenrand und fragte ihren Vater, ob er sie nicht mitnehmen könne. George hielt an, ließ Susan einsteigen, und zu Eileens Überraschung befahl er ihrer Schwester, den Wagen zu verlassen. Als sie schließlich vor der Schule ankamen, ließ er die beiden Viertklässlerinnen nicht aussteigen. Stattdessen sagte er ihnen, dass sie heute schwänzen würden. Er fuhr weiter und hielt nach einer Weile an einem Waldgebiet. Eileen und Susan spielten in den Büschen und Bäumen, dann stiegen sie ins Auto. Sie tollten auf der Matratze herum, und George fing an mitzuspielen. Wenig später wurde aus dem Spaß bitterer Ernst.

Eileen sah, wie ihr Vater auf Susan kletterte. Er hielt ihre Arme fest und zog ihren Rock hoch. Vor lauter Angst kauerte Eileen sich in eine Ecke. Als ihr Vater fertig war, verließen Eileen und Susan das Fahrzeug. Susan weinte. Sie ging zu einem Stein und setzte sich. Eileen stand neben dem Auto und hob ein Blatt vom Boden auf. Als sie hochblickte, sah sie die Sonne durch die Äste und Bäume scheinen, der Schatten zeichnete ein filigranes Muster auf den Boden. Plötzlich stand ihr Vater hinter Susan, einen Stein in der Hand. Er traf den Kopf des

Mädchens, Eileen hielt sich die Ohren zu. Ihr Vater packte sie. Schlug sie zu Boden. Drückte ihr Gesicht in die Blätter. Drohte sie zu töten, wenn sie irgendwem irgendetwas verraten würde. Als sie aufgehört hatte zu schreien, nahm er sie auf den Schoß und sagte ihr, dass es nun vorbei sei und sie alles vergessen solle. Dann nahm er eine Schaufel aus dem Auto und begann ein Loch zu graben. Zu Hause ging Eileen sofort ins Bett.

Zwanzig Jahre später glaubte Eileen sich plötzlich zu erinnern, dass ihr eigener Vater ihre beste Freundin vergewaltigt und getötet hatte.

Zunächst versuchte sie monatelang, die Erinnerung zu ignorieren und zu verdrängen. Vergeblich. Sie offenbarte sich zunächst ihrem Therapeuten, dann ihrem Bruder, ihren drei Schwestern und ihrer Mutter. Im November 1989, zehn Monate nach dem Déjà-vu-Erlebnis, beichtete sie ihrem Ehemann. Der bestand darauf, die Polizei zu rufen. Nach mehreren Gesprächen startete der Bezirksstaatsanwalt eine Untersuchung. Zwei Polizisten wurden mit dem Fall beauftragt.

Ihnen gegenüber wiederholte Eileen die Geschichte am 25. November 1989. Sie erinnerte sich an Farben, Töne, Gefühle und Unterhaltungen. Um sicherzugehen, stellten die Polizisten ihr zahlreiche Detailfragen. Waren am Tatort viele Bäume? Der Wald sei »mäßig dicht« gewesen, drei schmale Bäume hätten in Zickzackform gestanden. Wie hatte die Straße ausgesehen? Ein Feldweg, ungepflastert. Hatte sie der Polizei nicht von einem Ring erzählt? Ja, Susan habe einen getragen, mit einem Stein in der Mitte. Die beiden Polizisten waren überzeugt, dass Eileen Franklin die Wahrheit sagte. Drei Tage später wurde George Franklin verhaftet, wegen des Mordes an Susan Nason. Der einzige Beweis war die Erinnerung seiner Tochter.

* * *

Im Sommer 1990 erhielt die amerikanische Psychologin Elizabeth Loftus einen Anruf. Am anderen Ende der Leitung war

Doug Horngrad, George Franklins Verteidiger. Er bat Loftus darum, in dem Prozess als Sachverständige aufzutreten. Sie galt bereits damals als Expertin in Sachen Erinnerung. Oder besser gesagt: in Sachen Erinnerungsfehler. 1974 hatte sie 100 Probanden Filmaufnahmen eines Autounfalls gezeigt. Dann fragte sie die eine Hälfte: »Wie schnell fuhren die Autos, als sie *ineinanderkrachten*?« Die andere Hälfte fragte sie: »Wie schnell fuhren die Autos, als sie *aufeinandertrafen*?« Schon dieser winzige Unterschied hatte Wirkung gezeigt: Gruppe A schätzte die Geschwindigkeit auf etwa 16 Stundenkilometer, Gruppe B hingegen nur auf 13 km/h. Eine Woche später fragte sie alle Probanden, ob sie bei dem Unfall zerbrochenes Glas gesehen hätten. In Gruppe A bejahten das doppelt so viele wie in Gruppe B – dabei war überhaupt kein Glas zerbrochen.

Loftus vermutete schon damals, dass die Erinnerungen eines Augenzeugen durch spätere Informationen erheblich gestört werden. Das erklärte sie nun der Jury in Franklins Prozess. Sie schilderte, dass Erinnerungen im Laufe der Jahre verblassen, dass sie anfällig werden für Störungen. Sie erzählte davon, wie sie Teilnehmern eines Experiments das Video einer Schießerei gezeigt hatte. Danach hatten sie einen fiktiven Fernsehbericht über das Verbrechen gesehen. Hinterher vermischten viele Probanden Details des Berichts. Sie hielten selbst dann an ihren vermeintlichen Erinnerungen fest, wenn Loftus sie korrigierte. So etwas sei vermutlich auch Eileen Franklin passiert.

In früheren Verfahren hatte sie die Geschworenen damit beeindrucken können. Diesmal nicht. Denn Loftus musste bei dem Prozess einräumen, dass sie nichts Genaueres über die vermeintliche Erinnerung von Eileen Franklin wusste. Am 29. November 1990 zog sich die Jury zu Beratungen zurück, einen Tag später fällte sie ihr Urteil. Die Geschworenen sprachen George Franklin schuldig. Im Januar 1991 erhielt er lebenslange Haft.

Über den Prozess berichteten damals sämtliche amerikanischen Medien. Schon kurz nach der Urteilsverkündung verschwand das Interesse an dem Fall – doch Elizabeth Loftus ließ das Thema nicht mehr los. In einer Vorlesung verriet sie Studenten einige Monate später einen kühnen Plan. Es wäre doch sehr interessant, wenn es gelänge, jemanden von einer Erinnerung an ein Ereignis zu überzeugen, das tatsächlich nie stattgefunden hatte. Als Köder offerierte sie fünf Extrapunkte für die Abschlussnote. James Coan biss an. Zum einen konnte der Student den Bonus gut gebrauchen, zum anderen stellte er sich das Experiment lustig vor. Deshalb entwarf er nach der Vorlesung drei identische Heftchen: für seine Schwester, für seine Mutter und für seinen Bruder Chris.

Auf dem Deckblatt stand, dass er eine frühere Studie wiederholen wolle. Dabei hätten sich die Teilnehmer daran erinnert, wie ein anderer Mensch mal nett zu ihnen gewesen sei. Das war erlogen, die Studie hatte es so nicht gegeben. Die meisten Seiten des Heftchens hatte Coan leer gelassen, bis auf eine kurze Anweisung am oberen Rand. Darauf hatte er drei Situationen aus der Vergangenheit notiert, über die seine drei Verwandten nun schreiben sollten. Eine davon lautete: »Es war 1981 oder 1982. Damals war ich zwölf Jahre alt, Chris fünf. Wir waren alle zusammen im Einkaufszentrum. Doch plötzlich war Chris verschwunden. Nach einer Weile fanden wir ihn. Ein großer, älterer Mann führte ihn durch das Einkaufszentrum. Ich glaube, er trug ein Flanellhemd und hielt den weinenden Chris an der Hand. Dann erklärte er uns, dass er ihn aufgegabelt habe und ihm dabei helfe, seine Eltern wiederzufinden.«

Coan forderte seine Mutter und seine beiden Geschwister dazu auf, eine Woche lang täglich etwas zu dieser Erinnerung aufzuschreiben. Leider stellte sich seine Schwester etwas blöd an. Sie füllte das Büchlein falsch aus, sodass Coan ihre Angaben nicht verwerten konnte. Seine Mutter wiederum erinnerte sich an gar nichts, während sein Bruder noch genau wusste, wie der alte Mann ausgesehen, wo er ihn gefunden und was er zu ihm gesagt hatte. Coan fragte nach, wie klar seine Erinnerung sei, auf einer Skala von eins (sehr unscharf) bis elf (extrem klar).

»Etwa 8«, antwortete Chris. Das Problem war bloß: Coan hatte die Geschichte erfunden.

Chris erfuhr nun, dass eine der drei Anekdoten nicht stimmte – doch es gelang ihm nicht, die falsche zu identifizieren. Als sein Bruder ihm die Lösung verriet, war er verdutzt. »Wirklich? Ich dachte, ich erinnere mich genau, dass ich mich verirrte; dass ich euch suchte und weinte; dass Mama zu mir kam und mich fragte, wo ich gewesen sei. Und dass sie mich aufforderte, nie wieder wegzulaufen.« James Coan beruhigte ihn und versicherte, das komme immer mal wieder vor. »Abgefahren«, sagte Chris, »und ich glaubte mich zu erinnern.« Nein, Chris Coan war nicht besonders fantasievoll. Er war kein Spinner. Er war soeben auf das Phänomen falscher Erinnerungen (*false memories*) hereingefallen.

Elizabeth Loftus und zahlreiche andere Psychologen wissen aus Dutzenden von Experimenten: Beinahe jede zweite Person lässt sich weismachen, sich an Erlebnisse zu erinnern, die in Wahrheit nie stattgefunden haben. Egal ob Jugendliche oder Senioren, egal ob es um erfundene Ereignisse in der Notaufnahme eines Krankenhauses, ein peinliches Erlebnis bei einer Hochzeit oder den Besuch eines Vergnügungsparks geht: Wir vergessen nicht nur viele reale Informationen wieder – sondern lassen uns auch falsche einreden.

Der griechische Philosoph Platon verglich unser Gedächtnis einst mit einer Wachstafel. Zwar sei die »bei dem einen größer, bei dem anderen kleiner, bei dem einen aus reinerem Wachs, bei dem anderen aus schmutzigerem, hier aus härterem, bei anderen wieder aus weicherem«. Er glaubte also, dass manche Menschen sich von Natur aus mehr merken können als andere – aber das Prinzip sei bei allen gleich: »Auf diese Tafel drücken wir ab, was wir im Gedächtnis behalten wollen. Und was sich da abgeprägt hat, dessen erinnern wir uns und das wissen wir, solange das Abbild davon sich auf der Tafel erhält.«

Doch dieses Bild haben Wissenschaftler inzwischen revidiert. »Erinnerungen sitzen nicht an einem bestimmten Ort, geduldig darauf wartend, dass wir sie wieder hervorholen. Sie treiben durch unseren Kopf und ähneln eher Wolken oder Dunst als etwas Greifbarem«, schrieb Elizabeth Loftus vor einigen Jahren. Vor allem deshalb, weil unser Gedächtnis nicht *reproduktiv* arbeitet, sondern *rekonstruktiv*. Es holt die Informationen nicht einfach ins Bewusstsein hervor. Was wir erinnern, ist vielmehr eine verschwommene Mischung aus Informationen, Überzeugungen und Gefühlen. Unser Gedächtnis funktioniert nicht wie eine Festplatte, die Daten und Fakten sorgfältig archiviert. Stattdessen kommt es regelmäßig zu Systemfehlern und Abstürzen.

Der britische Psychologe Frederic Bartlett konnte bereits 1932 zeigen, wie sehr das Vorwissen die Erinnerungen beeinflusst. Er legte britischen Studenten ein indianisches Märchen vor, den ›Krieg der Geister‹:

> Eines Nachts wollten zwei junge Männer aus Egulac runter an den Fluss, um Seehunde zu jagen. Als sie angekommen waren, wurde es neblig und still. Plötzlich hörten sie Kriegsschreie und dachten sich: »Vielleicht findet ein Kriegsfest statt.«
>
> Sie flüchteten zum Ufer und versteckten sich hinter einem Baumstamm. Da näherten sich Kanus, und sie hörten das Geräusch von Paddeln. Ein Kanu kam auf sie zu. Darin saßen fünf Männer: »Was meint ihr? Wir wollen euch mitnehmen, den Fluss hinauffahren und gegen die Leute Krieg führen.«
>
> Einer der jungen Männer sagte: »Ich habe keine Pfeile!« »Pfeile sind im Kanu«, antworteten die Männer.
>
> »Ich komme nicht mit, denn ich könnte sterben. Und meine Verwandten wissen nicht, wo ich bin. Aber du«, sagte er zum anderen jungen Mann, »du kannst mit ihnen gehen.«
>
> Also fuhr einer der jungen Männer mit, während der andere zurück nach Hause ging. Die Krieger fuhren den Fluss hinauf bis zu einer Stadt auf der anderen Seite von Kalama. Die Menschen kamen hinunter zum Wasser und begannen

zu kämpfen. Viele starben. Auf einmal hörte der junge Mann einen Krieger sagen: »Schnell, lass uns nach Hause fahren, dieser Indianer dort ist getroffen worden.« Da dachte der junge Mann: »Oh, diese Krieger sind Geister.« Er fühlte sich nicht schlecht, aber sie sagten ihm, er sei erschossen worden.

Die Kanus fuhren zurück nach Egulac. Der junge Mann ging an Land und in sein Haus, wo er ein Feuer anzündete. Er erzählte allen von seinem Erlebnis: »Hört her, ich habe die Geister in den Kampf begleitet. Viele unserer Kameraden starben, und viele unserer Gegner auch. Sie sagten mir, ich sei getroffen worden, aber ich fühlte mich gut.« Er erzählte alles. Dann verstummte er. Als die Sonne aufging, fiel er zu Boden. Etwas Schwarzes kam aus seinem Mund. Sein Gesicht verzerrte sich, die Menschen sprangen auf und weinten. Er war tot.

Jeder von Bartletts Studenten durfte die Geschichte zwei Mal lesen. Dann testete der Psychologe an verschiedenen Zeitpunkten, wie viel sie noch wussten. Ein Proband schrieb beispielsweise 20 Stunden später von zwei Männern, die »fischen« gehen wollten und denen dann ein »Boot« begegnet sei. Der Student hatte nicht nur beträchtliche Erinnerungslücken, er veränderte den Text auch an entscheidenden Punkten. Wörter, die typisch sind für die Indianerkultur, ersetzte er mit eigenen Ausdrücken. Außerdem verschwanden jene Passagen der Originalgeschichte, die auf übernatürliche Kräfte hindeuteten. Der Student war kein Einzelfall, genauso machten es die restlichen Probanden. Allen unterliefen markante Fehler, vor allem bei besonderen Passagen. Stellen, die ihnen vertraut waren, behielten sie durchaus im Gedächtnis. Aber jene, die sich auf die Indianer-Mythologie bezogen, vergaßen sie – oder benutzten stattdessen Begriffe, die ihnen geläufiger waren.

Daraus entwickelte Bartlett die *Schematheorie*, die heute eine psychologische Ursache für falsche Erinnerungen liefert. Ein Schema ist ein gedankliches Konstrukt, das uns dabei hilft, unser Wissen zu organisieren. Es beeinflusst nicht nur, welche Informationen wir überhaupt wahrnehmen – sondern auch, welche wir einspeichern. Ein Schema filtert Wichtiges von Unwichtigem. Würde unser Gehirn funktionieren wie eine Videokamera, bräuchten wir es nicht. Bilder und Töne würden einwandfrei aufgezeichnet. Doch wir können immer nur einen Bruchteil bemerken – und wählen meist ebenjenen Teil, der in unser Weltbild, unser Schema passt. Und so kommt es zu falschen Erinnerungen.

Sie kennen vermutlich den Filmklassiker ›Casablanca‹ mit Humphrey Bogart und Ingrid Bergman. Wissen Sie noch, welcher Satz der berühmteste des Films war? Vermutlich antworten Sie spontan: »Spiel's noch einmal, Sam.« Wie lautet der bekannteste Spruch aus der Science-Fiction-Serie ›Star Trek‹? Das ist leicht: »Beam me up, Scotty.« Und was sollte Harry, der Assistent des ZDF-Kommissars Derrick immer erledigen? Genau, »schon mal den Wagen holen«. Ich tippe mal, dass Sie mindestens einen dieser Sätze kennen. Wahr ist leider: Keiner dieser Sätze ist jemals gefallen. Drei klassische Beispiele für falsche Erinnerungen.

Wie kann das sein? Wie konnten Sie sich jemals täuschen? Und warum sollten Sie sich an Dinge erinnern, die so nie stattgefunden haben?

Nehmen wir das Beispiel Urlaub. Ihre erste Reise als Frischverliebte sehen Sie bestimmt noch vor Ihrem geistigen Auge. Sie wissen sicher noch, wohin Sie gefahren sind, vielleicht, wie das Hotel hieß und wahrscheinlich, was Sie dort unternommen haben. Aber persönliche Details – wie es Ihnen im Urlaub an einem bestimmten Tag ging, wie Sie sich fühlten, was Sie täglich gemacht haben – wissen Sie nicht mehr so genau. Kein Wunder: Das eine betrifft das Faktengedächtnis, das andere das autobiografische. Teile der Stirn- und Schläfenlappen in der rechten Hirnhälfte sind für den Faktenanteil verantwortlich. Etwa: Der Urlaub war in Spanien. Zum anderen aber sind mit dem Ereignis Emotionen verbunden. Im Optimalfall war der Urlaub schön, im Zweifelsfall nicht. Bei Gefühlen ist besonders das limbische System involviert. Wer sich an ein schönes Erlebnis zurückerinnert, vermischt also gewissermaßen Gefühle und Fakten.

Hinzu kommt: Über schöne Erinnerungen denken wir besonders gerne nach oder wir tauschen uns mit anderen darüber aus. Je öfter wir das tun, desto vertrauter werden sie uns. Doch diese Vertrautheit führt zu einer Fehldeutung: Manchmal bilden wir uns auch einfach ein, etwas erlebt zu haben. »Jedes Mal, wenn wir uns an etwas erinnern und einen Gedächtnisinhalt hervorholen, verändern wir ihn wieder. Durch die Stimmung, in der wir uns gerade befinden, oder durch neue Informationen, die wir damals noch nicht hatten«, sagte Elizabeth Loftus mal in einem Interview. Je häufiger wir uns erinnern, desto höher die Wahrscheinlichkeit, dass die Erinnerungen verwischen. Nachweislich.

Der Neurowissenschaftler Karim Nader von der kanadischen McGill Universität hat sich in den vergangenen Jahren intensiv damit beschäftigt, was beim und nach dem Erinnern passiert. Alles begann mit einer vermeintlich verrückten Frage: Ist es denkbar, dass Erinnern die Erinnerung verändert? Bis dahin dachten Forscher: Hat sich eine Erinnerung einmal im Langzeitgedächtnis eingenistet, ist sie stabil und kann nicht mehr verändert werden. Auch dann nicht, wenn sie wieder hervorgekramt wird. Denn sie ist konsolidiert, also in stabiler Form gespeichert. Und wenn diese Verbindung besteht, bleibt sie für immer erhalten – dachte man zumindest.

Diese Vermutung legte nahe, dass unser Gedächtnis einer weißen Wand ähnelt, die Erinnerungen gleichen der Farbe. Kurz nachdem wir einen Farbtupfer auf die Wand gepinselt haben, ist die Farbe noch feucht, und wir können sie verwischen. Sobald sie getrocknet ist, verändert sie sich nicht mehr. Zumindest nicht, solange das Gehirn gesund ist. Egal, wie häufig wir darauf rumkratzen. Doch Nader überzeugte das nicht. Immerhin hatten Wissenschaftler schon in den Sechzigerjahren beweisen können, dass eine Erinnerung sich abschwächte, wenn man Tieren im Labor einen elektrischen Schock versetzte oder bestimmte Medikamente verabreichte. Nader war der Meinung, dass sich bestimmte Proteine auch dann an einer Synapse bilden, wenn alte Erinnerungen hervorgekramt werden – und nicht nur, wenn sich neue Erinnerungen formen. Doch andere Forscher hatten diese Experimente nicht wiederholen können und die These daher verworfen. Nader fühlte sich herausgefordert. Nach dem ersten Hochschulabschluss an der Universität von Toronto war er 1996 ins Labor des renommierten Neurologen Joseph LeDoux von der New York Universität gewechselt. Dort begann er drei Jahre später mit einem inzwischen legendären Experiment.

Zuerst brachte er vier Ratten bei, dass nach einem hellen Piepen ein leichter Elektroschock folgte. Schon nach wenigen Durchgängen verharrten die Nager, sobald sie den Ton hörten – weil sie sich daran erinnerten, dass auf den Klang der Schock folgte. Dann nahm er eine winzige Spritze und füllte sie mit Anisomycin. Dieser Stoff wurde in der Vergangenheit intensiv in der Krebsforschung eingesetzt, da er in der Lage ist, Zellen abzutöten. Er stoppt die Proteinsynthese der Zelle – die aber auch eine Voraussetzung dafür ist, dass sich neue Erinnerungen formen. 24 Stunden später konfrontierte er die Ratten erneut mit dem Ton. Wieder erstarrten sie, in ängstlicher Erwartung vor dem Elektroschock – also erinnerten sie sich. Unmittelbar danach injizierte er den Ratten nun Anisomycin ins Gehirn. Genauer gesagt: in Teile der Amygdala.

Die Logik war klar: Falls die alten Ansichten richtig waren, würde das nichts ausmachen. Denn wenn Erinnerungen wirklich nur einmal konsolidiert und beim Abruf nicht verändert werden, hätte die Droge keine Wirkung. Aber das Ergebnis war ein anderes. Als Nader den Ratten den Ton erneut vorspielte, erstarrten sie nicht mehr in Ehrfurcht. Offenbar hatten sie das Erinnerte verloren. »Die Reaktivierung versetzt die bereits eingespeicherte Erinnerung in einen labilen Zustand«, schrieb Nader. Mit anderen Worten: Erinnern macht das Erinnerte empfänglich für Veränderungen.

Wissenschaftler bezeichnen diesen Prozess als *Rekonsolidierung*: Wenn wir eine Erinnerung abrufen, wird sie plastisch – und damit sie wieder stabil werden kann, müssen anscheinend neue Proteine hergestellt werden. Wird dieser Vorgang unterbrochen, wird die Erinnerung instabil und kann sich verwandeln, im Extremfall ins Gegenteil. Autobiografische Erinnerungen sind dafür besonders anfällig. Zum einen reden wir oft und gerne über persönliche Erlebnisse – und jede Wiederholung birgt die Gefahr einer Veränderung. Zum anderen sind dabei eben verschiedene Gedächtnissysteme gefordert.

Nun könnte man sich darüber ärgern. Immerhin bezeichnet auch der renommierte Psychologe Daniel Schacter diese Erinnerungslücken als sieben Sünden (siehe Kasten). Doch er weiß: Anders könnte unser Gedächtnis nicht funktionieren. Jeden Tag prasseln viel zu viele Informationen auf uns ein. Die können wir unmöglich alle verarbeiten. Aus evolutionärer Sicht ist diese Anfälligkeit durchaus sinnvoll, denn so bleiben Erinnerungen flexibel. Sie beinhalten einen eingebauten Aktualisierungsmechanismus – und ermöglichen uns, auf veränderte Situationen und neue Umstände zu reagieren.

Naders Versuch kann gewissermaßen biochemisch erklären, warum wir beim Blick zurück gerne die rosarote Brille aufsetzen. Negative Erlebnisse waren im Nachhinein halb so wild, positive dafür doppelt so schön. Über der Vergangenheit liegt ein Schleier, der ihr sanftere Konturen verleiht. Nichts beweist das so eindrucksvoll wie eine Begegnung mit dem Jugendschwarm.

* * *

Ich bin überzeugt: Auch Sie werden sich an einen Jungen oder ein Mädchen erinnern, dem Sie vor oder mitten in der Pubertät Ihr Herz schenkten. Vielleicht müssen Sie eine Weile grübeln,

Die sieben Sünden der Erinnerung

1. Vergänglichkeit. Je länger ein Ereignis zurückliegt, desto schlechter die Erinnerung.
2. Zerstreutheit. Klassiker: Wir vergessen, wo der Hausschlüssel liegt.
3. Blockierung. Manchmal können wir uns partout nicht erinnern: »Wie hieß noch gleich …?«
4. Beeinflussbarkeit. Wir lassen uns von Mitmenschen einreden, etwas erlebt zu haben.
5. Verzerrung. Unsere momentanen Gefühle beeinflussen, wie wir zurückblicken.
6. Beharrlichkeit. Manche Erinnerung bleibt, auch wenn wir sie vergessen wollen.
7. Fehlzuschreibung. Die Sinne können vernebeln und ein Erlebnis vortäuschen, das in Wahrheit nie stattgefunden hat.

aber Ihnen wird sicher jemand einfallen. Haben Sie sich schon mal gefragt, was aus dieser Person geworden ist? Und wie es wäre, sie heute zu treffen? Ich verrate es Ihnen.

Als ich zwölf Jahre alt war, traf ich das Mädchen meiner Träume. Wir gingen auf dieselbe Schule, sie war in der achten Klasse, ich in der siebten. In dem Alter gibt es kaum etwas Lässigeres, als ein älteres Mädchen kennenzulernen. Noch viel lässiger ist es, wenn dieses Mädchen aussieht wie Schneewittchen. Ihr Haar war damals schwarz, lang und glatt, ihre Augen funkelten hellblau, ihre Haut war glatt, ihr Körper zierlich. Auf einer Schönheitsskala von eins bis zehn hätte man ihr sofort eine glatte Elf gegeben, mir eher … ach, lassen wir das.

Was ich sagen will: Ich trug damals eine runde Brille auf der Nase und ein paar Kilos zu viel mit mir herum. Sie sah aus, als hätte sie der liebe Gott geschickt. Kein Wunder, dass ich mich sofort verliebte – und umgehend für die Zukunft plante. Wir würden Kinder haben, so viel stand fest. Für mich zumindest.

Wir telefonierten und wollten ins Kino gehen, einmal besuchte ich sie zu Hause bei ihren Eltern – aber irgendwie wurde nichts draus. Wir verloren uns aus den Augen, denn wenig später wechselte sie die Schule. Ich glaube, sie meinte es damals nicht ernst mit mir. Aber glauben ist ja nicht wissen. Deshalb tippte ich eines Nachmittags ihren Namen bei Google ein.

Seit unserem letzten Treffen waren mehr als 18 Jahre vergangen. Das hatte ich einem Eintrag in meinem Tagebuch entnommen. Am 12. Februar 1994 hatte ich dort in Schreibschrift notiert: »Morgen vor vier Monaten war das tolle ›Date‹ mit ihr.« Jetzt lieferte mir die Suchmaschine 2 490 Ergebnisse in 0,36 Sekunden. Mein Kindheitstraum war inzwischen Schauspielerin.

Wäre es nicht eine schöne Idee, sie noch einmal wiederzutreffen? Würde sie sich an mich erinnern? Oder mich für einen Verrückten halten? Um es vorwegzunehmen: Ja, nein, jein.

Im Internet hatte ich die Seite ihrer Schauspielagentur gefunden, ihren Manager angerufen, mein Anliegen vorgetragen und mich wie ein Stalker gefühlt. »Könnten Sie mir das noch mal in einer E-Mail schreiben?«, fragte er. Gesagt, getan. Wenige Stunden später hatte sie geantwortet: »Hallo Daniel, mein Agent hat mir gerade deine Mail weitergeleitet. Leider kann ich mich nicht mehr an dich erinnern. Auf welcher Schule waren wir denn gemeinsam?«

Autsch.

Zwei Wochen später saß ich in einem Restaurant im Ruhrgebiet. Seltsamerweise war ich nervös – aber warum eigentlich? Ich bin seit mehr als fünf Jahren glücklich vergeben, und sie auch, zumindest laut ihrer Wikipedia-Seite. Kein Grund also, sich Sorgen zu machen. Durchatmen. Und dann erblickte ich sie. Sie guckte in den Laden, sah mich aber nicht und verließ den Raum. Ich ging ihr hinterher und rief ihren Namen. Als sie sich umdrehte und mir die Hand schüttelte, war ich zum ersten Mal überrascht. Ihr Händedruck war fest, ihre Stimme tief. Ich hatte sie zarter, engelsgleicher in Erinnerung.

Die nächsten zwei Stunden plauderten wir über damals. Versuchten die Ereignisse, so unspektakulär sie auch waren, zu rekonstruieren, sprachen über ehemalige Lehrer und Mitschüler und tauschten uns über unser aktuelles Leben aus. Ein ganz normales Gespräch zwischen zwei Erwachsenen. Nicht weniger, nicht mehr.

Keine Frage, sie ist immer noch schön, ihre Haare sind immer noch schwarz und lang, ihre Augen funkeln immer noch blau, ihr Körper ist immer noch zierlich, ihre Haut immer noch glatt. Aber irgendetwas war anders.

Kurz vor dem Abschied standen wir auf der Straße und führten eine Weile Smalltalk, und irgendwann sagte sie: »Ach komm, ich umarme dich jetzt einfach.« Wir drückten uns, kurz und distanziert. Da bemerkte ich, was sich verändert hatte. Mein Jugendschwarm sah immer noch genauso toll aus. Aber der Zauber, den sie damals versprüht hatte, war verschwunden. Manche Dinge wirken nur aus der Entfernung groß. Wenn man sich ihnen nähert, werden sie kleiner.

Dieses Dilemma gilt für alle Erinnerungen, schöne und schlechte. Unser Gedächtnis ist höchst labil. Oder, wie es der niederländische Schriftsteller Cees Nooteboom einmal ausdrückte: »Die Erinnerung ist wie ein Hund, der sich hinlegt, wo er will.« Selbst bei drastischen Erinnerungen besteht immer die Gefahr, dass wir einer gedanklichen Fata Morgana erliegen. Wir bilden uns ein, etwas erlebt zu haben, was so nie stattgefunden hat. So wie Eileen Franklin. Sechs Jahre nach der Verurteilung ihres Vaters kamen erhebliche Zweifel an ihrer Aussage auf. Zwar beteuerte sie, die Wahrheit gesagt zu haben. Doch am 4. Juli 1996 wurde George Franklin aus der Haft entlassen. Bis heute ist nicht restlos geklärt, ob seine Tochter damals bewusst log, um ihm zu schaden – oder sich tatsächlich einbildete, die Wahrheit zu sagen.

Dieser Fall ist sicher ein extremes Beispiel für falsche Erinnerungen. Doch wenn Sie das nächste Mal schönen Momenten hinterhertrauern, machen Sie sich bewusst, dass diese Erinnerungen nicht zwangsläufig stimmen müssen. Es ist durchaus denkbar, dass Ihr Gedächtnis Sie gerade reinlegt.

Gleichwohl ist es immer noch besser, falsche Erinnerungen zu haben als gar keine. Zwar sind sie nie ganz akkurat und präzise. Erst recht nicht, wenn bereits viele Jahre vergangen sind. Dennoch sind sie überlebenswichtig. Wir brauchen die Vergangenheit, um mit der Gegenwart klarzukommen – aber auch für die Zukunft. Ohne Gedanken an gestern gäbe es kein Morgen.

MENSCHLICHES PRIVILEG

Ohne Vergangenheit keine Zukunft

Bis zu seinem 16. Lebensjahr lief alles normal. Der Mann namens K.C. wuchs gemeinsam mit vier jüngeren Geschwistern in einem ruhigen Vorort von Toronto auf. In den Sommerferien wollte er ein wenig Geld verdienen und arbeitete auf der Farm seiner Tante in Montreal. Eines Tages fiel ihm ein Heuballen auf den Kopf. Drei Tage lag er im Krankenhaus, aber er schien den Unfall gut überstanden zu haben. Wenige Jahre später folgte der nächste Schicksalsschlag.

K.C. studierte Betriebswirtschaft, in seiner Freizeit baute er sich einen Strandbuggy. Bei einer Spritztour kollidierte er mit einem größeren Fahrzeug. Er brach sich den Unterkiefer, aber ansonsten schien er den Unfall gut überstanden zu haben. Wenige Jahre später folgte der nächste Schicksalsschlag.

Nach dem Hochschulabschluss hatte er eine Stelle in einer Maschinenbaufabrik gefunden. Dort war er zuständig für Lieferung, Abholung und die Qualitätskontrolle. In seiner Freizeit genoss er das Leben, er ging gerne mit Freunden in Bars, spielte mit ihnen Karten und in einer Band. Doch im Oktober 1981 veränderte sich sein Leben für immer. Auf dem Rückweg von der Arbeit kam er mit seinem Motorrad von der Straße ab, stürzte und verletzte sich schwer. Bei der Ankunft im Krankenhaus war er bewusstlos, seine Pupillen waren vergrößert und starr, sein Körper litt unter Krampfanfällen. Die Ärzte fühlten sich vermutlich überfordert, denn sie ließen ihn bald in ein größeres Krankenhaus bringen. Die dortigen Neurologen erkannten sofort, wie ernst es um K.C. stand. Sie operierten ihn, um eine Hirnblutung zu stoppen. Der Eingriff verlief erfolgreich. Er war zwar noch einige Tage benebelt und reagierte nur auf einfache Kommandos, aber erholte sich recht schnell – dachte man zumindest.

Nach einem Monat kam er in eine Rehaklinik. Seine Betreuer hatten den Eindruck, dass es ihm den Umständen entsprechend gutgehe, er schien lesen zu können und Freunde zu erkennen. Im Juli 1982 durfte er endlich nach Hause. Doch seine Bekannten und Verwandten merkten sehr bald, dass er sich verändert hatte.

Ähnlich wie Henry Molaison einige Jahrzehnte zuvor litt auch K.C. an *anterograder Amnesie*. Er konnte neue Informationen nur noch wenige Minuten im Kopf behalten. Er war weiterhin freundlich und locker, so wie vor der Operation. Er konnte denken, sprechen, lesen, schreiben und gehen. Er konnte immer noch Orgel spielen, Schach und diverse Kartenspiele. Er kannte sein Geburtsdatum, die Adresse des ersten Hauses der Familie, die Namen seiner früheren Schulen und die Farbe seines ehemaligen Autos. Er wusste, dass seine Eltern ein Ferienhaus auf dem Land besaßen, und konnte es auf einer Karte zeigen. So weit, so normal.

Erstaunlicher war etwas anderes: Jedes persönliche Erlebnis, egal wie wichtig und bedeutungsvoll, war aus seinem Gedächtnis gelöscht. Es war beinahe so, als hätte jemand den Stecker gezogen und dadurch sämtliche autobiografischen Erinnerungen gelöscht. Er wusste zwar, dass sein jüngerer Bruder einige Jahre zuvor bei einem tragischen Autounfall ums Leben gekommen war. Aber er erinnerte sich weder daran, wie und wo er davon erfahren noch wie er darauf reagiert hatte. Teile seines Langzeitgedächtnisses funktionierten – aber das episodische

System war völlig zerstört. Und damit jede Erinnerung an persönliche Ereignisse und Erlebnisse.

Die Magie der Erinnerungen ergibt sich aus ihrer ungewöhnlichen Fähigkeit, das Unmögliche möglich zu machen: Die Zeit lässt sich faktisch nicht zurückdrehen, außer in unseren Erinnerungen. Diese Gabe zur »mentalen Zeitreise« sei ausschließlich dem Menschen vorbehalten, sagt Endel Tulving, mittlerweile emeritierter Psychologieprofessor der Universität von Toronto und eine Legende unter den Hirnforschern. Denn im Gegensatz zu anderen Lebewesen verfüge er über *autonoetisches Bewusstsein.* Vereinfacht gesagt: Wenn wir uns erinnern, sind wir uns dessen bewusst. Diese gedankliche Reise in die Vergangenheit fühlt sich anders an als das Erleben der Gegenwart. Diese Erkenntnis geht zurück auf den Patienten K. C. Auch heute ist dessen wahrer Name noch unbekannt. Die Forscher halten seine Identität geheim, um ihn zu schützen.

Ein Kollege von Tulving erfuhr Anfang der Achtzigerjahre von dessen Schicksal. Einer seiner Studenten hatte K. C. in einer Behindertenwerkstatt kennengelernt. In den vergangenen Jahrzehnten unterzog er sich – sowohl er als auch seine Eltern waren einverstanden – einer Reihe umfangreicher Tests. Dabei fanden die Wissenschaftler viele Parallelen zu Henry Molaison. K. C. schlug sich in manchen Tests durchaus passabel, doch auch für ihn existieren persönliche Ereignisse nur in der Gegenwart. Sobald er an etwas anderes denkt, sind sie verschwunden. Doch darüber hinaus trug K. C. dazu bei, den Stellenwert unserer Erinnerungen noch weiter zu erhöhen. Denn durch ihn erkannten die Forscher: Wir brauchen die Gedanken an gestern für die Pläne von morgen.

Schon die alten Griechen vermuteten, dass unser Gedächtnis eine entscheidende Rolle für die Zukunft spielt. In der Mythologie war Mnemosyne nicht nur die Göttin der Erinnerung, sondern auch Mutter der neun Musen, die wiederum für die menschliche Fantasie entscheidend sind. Aber erst 1985 veröffentlichte der schwedische Hirnforscher David Ingvar eine

Studie mit dem Titel ›Gedächtnis für die Zukunft‹. So widersprüchlich das klingen mag: Mit den modernen bildgebenden Verfahren ist es Wissenschaftlern inzwischen gelungen, die anatomische Verbindung zwischen Vergangenheit und Zukunft zu beweisen.

Kurze Gedankengymnastik: Mal angenommen, Sie verbringen den Urlaub am weißen Sandstrand einer tropischen Bucht. Malen Sie sich die Situation so detailgetreu wie möglich aus. Vielleicht stellen Sie sich vor, wie die Sonne vom Himmel brennt und den Sand an Ihren Zehen erhitzt. Die Wellen rauschen, das Wasser schimmert strahlend blau. Eine leichte Brise weht, die Palmen wiegen sich sanft im Wind. Womöglich steht eine Bar am Strand, in der ein Kellner kühle Cocktails serviert. Auf dem Wasser schaukelt ein Fischerboot und Kinder bauen Sandburgen. Auch ohne viel Fantasie wird Ihnen sicher etwas einfallen.

Anders erging es zum Beispiel den Probanden von Demis Hassabis vom Institut für Neurologie am Universitätscollege London. Für eine Studie gewann er 2007 fünf Männer zwischen 24 und 70. Allen gemein war, dass ihr Hippocampus nicht mehr einwandfrei funktionierte. Nicht wegen eines Unfalls, sondern aufgrund komplexer Viruserkrankungen. Trotzdem ging es ihnen einigermaßen gut, auch in IQ-Tests schnitten sie ordentlich ab. Hassabis bat die Männer, sich zukünftige Erlebnisse auszumalen, zum Beispiel den oben beschriebenen Strandurlaub. Doch die Probanden schafften das kaum. »Ich kann nichts sehen, außer einen blauen Himmel«, sagte einer. »Ich kann die Möwen hören … hm … ich kann die Sandkörner zwischen meinen Fingern sehen … hm … ich kann das Horn eines Schiffs hören … hm … das war es.« Hassabis hakte nach: »Sehen Sie es wirklich lebhaft vor sich?« Der Proband antwortete: »Nein, das Einzige, was ich sehe, ist blau.« »Wenn Sie sich umschauen, was sehen Sie?« »Ich kann wirklich nur den blauen Himmel sehen und den weißen Sand.« »Sonst nichts?« »Nein, es ist, als würde ich dahinschweben.« Offenbar sind jene Hirnregionen, die für das episodische Gedächtnis zuständig sind, auch für Zukunftspläne oder allgemeine Fantasien verantwortlich.

Die Studie wurde vom renommierten Fachmagazin ›Science‹ zu den zehn wichtigsten wissenschaftlichen Durchbrüchen 2007 gekürt. Trotzdem ist es leicht, die Methodik zu kritisieren. Immerhin litten die Probanden unter ernsthaften Krankheiten. Außerdem wäre es denkbar, dass für die Gedanken an die Zukunft noch andere Regionen wichtig sind. Dieses Problem war Karl Szpunar von der Harvard Universität bewusst. Deshalb wählte er für seine Untersuchung wenige Monate später eine andere Herangehensweise. Er gewann für sein Experiment 21 Personen, neun Männer und zwölf Frauen zwischen 18 und 32. Im Gegensatz zu Hassabis' Freiwilligen waren alle gesund. Für jeweils zehn Sekunden sollten sie sich entweder ein persönliches Ereignis aus ihrer Vergangenheit oder aus ihrer Zukunft ausmalen. Währenddessen zeichnete Szpunar ihre Hirnbewegungen mit einem fMRT auf. Egal ob sie an gestern oder morgen dachten – jedes Mal waren dieselben Regionen aktiv. Zu einem ähnlichen Ergebnis kam im selben Jahr der Neurologe Daniel Schacter. Er nannte seinen 14 gesunden Probanden bestimmte Reizwörter. 24 aus der Vergangenheit, 24 aus der Zukunft. Mit einem Zeithorizont von einer Woche, einem Jahr oder zwei Jahrzehnten. Sobald ihnen ein Ereignis einfiel, sollten sie einen Knopf drücken und 20 Sekunden intensiv daran denken. Einer malte sich seine Geburtstagsfeier fünf Jahre zuvor aus. Ein anderer imaginierte, dass seine Schwester in fünf Jahren die Hochschule beendet haben werde, und stellte sich den Besuch der Abschlussfeier vor. Die Erlebnisse waren völlig verschieden, ebenso wie die zeitliche Perspektive. Und dennoch: »Alle Hirnregionen, die bei der Rekonstruktion vergangener Momente aktiv waren, waren auch an zukünftigen Ereignissen beteiligt«, schrieb Schacter. Offenbar ist unser Gedächtnis also nicht nur dafür zuständig, uns an gestern zu erinnern. Es erlaubt uns außerdem, für morgen zu planen.

Aus Sicht von Evolutionspsychologen ist das durchaus sinnvoll. Hätten unsere Vorfahren vergessen, wie kalt es im vorigen Winter war, hätten sie keine Vorräte für den nächsten angelegt. Die Erinnerungen sicherten das Überleben, indem sie dafür sorgten, dass die Menschen vorausplanten. Auch heute müssen wir aus Fehlern lernen, um sie künftig zu vermeiden. Die Erinnerung an das Bad im Fettnapf macht uns auf Probleme aufmerksam und führt dazu, dass wir neue und letztlich bessere Wege gehen. »Wer das Gedächtnis verliert, ist geistig tot«, schrieb 2007 der Schweizer Schriftsteller Peter von Matt, »er kann auch keine Zukunft mehr schaffen. Die Erschaffung von Zukunft setzt den Besitz von Vergangenheit voraus.«

Marcel Proust würde das sicher bejahen. Den siebten Teil seines Romans taufte er ›Die wiedergefundene Zeit‹. Die Handlung spielt etwa zwanzig Jahre nach dem ersten Band. Darin trifft der Protagonist Menschen wieder, die ihm schon mal begegnet sind. Und er macht die schmerzliche Erfahrung, dass er viele nicht mehr wiedererkennt. Gleichzeitig sorgen sinnliche Eindrücke – er stolpert über einen Stein, hört einen Löffel in einem Glas scheppern und berührt eine steife Serviette – für unfreiwillige Erinnerungen. Mehr noch: Sie wecken seine Kreativität. Er bemerkt, dass er die Vergangenheit immer mit sich herumträgt und dass es nur zufälliger Signale bedarf, um diese wiederzubeleben. Die Suche nach der verlorenen Zeit war erfolgreich.

Mit seiner Familie hat Proust häufig Urlaub im französischen Illiers gemacht. Die dortige Umgebung inspirierte ihn zum fiktiven Ort Combray, dem er in seinem Romanzyklus ein literarisches Denkmal setzte. 1971 wäre Proust 100 Jahre alt geworden. Zu seinen Ehren benannte sich das Dörfchen damals um: Seitdem lautet der offizielle Name Illiers-Combray. Damit ist sie die einzige Kommune des Landes, die ihren Namen einem Roman verdankt. Auch eine Form der Nostalgie. Und ein Beispiel dafür, dass sich schöne Erinnerungen bestens vermarkten lassen. Das haben inzwischen viele clevere Menschen in Unternehmen verstanden. Zahlreiche Branchen profitieren von unserem Hang zur Nostalgie, die sich in den vergangenen Jahren zu einem echten Wirtschaftsfaktor entwickelt hat. Aber warum kaufen wir so gerne Marken unserer Kindheit? Wieso fallen wir auf Retrowerbung rein? Wie können sich Unternehmen Nostalgie zunutze machen? Was sagt das über uns als Kunden aus – und als Menschen?

DAS GESCHÄFT MIT DER Nostalgie

KAPITEL 4

IDEELLE WERTE

Gegenstände als Erinnerungsträger

Ein kurzes Gedankenexperiment: Bei Ihnen zu Hause brennt es. Sie haben nur wenige Sekunden, um einige Gegenstände vor den Flammen zu retten. Welche würden Sie mitnehmen?

Diese Frage stellte sich im Frühjahr 2011 der Amerikaner Foster Huntington. Damals arbeitete der 22-Jährige als Designer beim Modelabel Ralph Lauren in New York. Der Job brachte gutes Geld, doch schon als Student fotografierte er am liebsten. Eines Abends war Huntington bei Freunden zum Essen eingeladen. Die Gruppe sprach über Internet-Partnerbörsen und tauschte sich darüber aus, welche Fragen sie Chatpartnern dort üblicherweise stellte, um mehr über diese herauszufinden. Plötzlich hatte Huntington eine Idee. Er fragte die Gruppe, was sie im Fall eines Hausbrands wohl retten würden.

Diese Frage hielt er für eine gute Möglichkeit, um persönliche Werte zu diskutieren. Seine Freunde reagierten sofort. Die Fotografin sagte, dass sie ihre Kamera und so viele Negative wie möglich mitnehmen würde; der Musiker wollte seine geliebte Gitarre greifen und eine alte Serviette, auf der er sein erstes Lied notiert hatte; die Beraterin eine Erstausgabe des Romans ›Früchte des Zorns‹ einstecken, den ihr Großvater ihr wenige Monate vor seinem Tod geschenkt hatte. Als Huntington an dem Abend nach Hause spazierte, dachte er noch lange über die Antworten nach. Ihm fiel auf, dass sie nicht nur die Interessen der Menschen widerspiegelten. Sie verrieten auch intime Details über ihr Leben, die sie selten mit anderen teilten. In den folgenden Tagen schrieben die Freunde E-Mails hin und her und ergänzten die Listen ihrer Lieblingsobjekte. Da hatte Huntington wieder eine Idee.

Er überlegte noch mal, was er im Fall der Fälle retten würde. Genau diese Gegenstände suchte er in seiner Wohnung zusammen und legte sie ordentlich nebeneinander. Er nahm seine Kamera, fotografierte die Sammlung und bat seine Freunde darum, es ihm nachzutun. Am 10. Mai 2011 stellte er zehn Fotos auf seine Internetseite. Ein paar Stunden später sendete ihm ein Unbekannter aus dem US-Bundesstaat Massachusetts ein Bild seiner Lieblingsobjekte. Kurz danach folgte ein Foto aus England. Nach vier Wochen hatten ihm Menschen aus der ganzen Welt mehr als 3 000 Bilder geschickt.

Offenbar hatte Huntington viele Internetnutzer zum Nachdenken gebracht. Deshalb traf er eine riskante Entscheidung. Er kündigte seine Stelle bei Ralph Lauren, um sich ganz seinem Fotoprojekt zu widmen. Dann kaufte er einen VW-Bus, Jahrgang 1987, inklusive kleiner Küche und Bett, und reiste quer durch die USA. Fünf Monate lang fuhr er die Westküste und die Rocky Mountains entlang, auf der Suche nach freiwilligen Teilnehmern. Die meisten sagten zu und luden ihn zu sich nach Hause ein, um ihre Lieblingsobjekte ablichten zu lassen. Ein Jahr später wurde Huntingtons Mut zum Risiko belohnt.

Im Juli 2012 erschien in den USA das Resultat seiner außergewöhnlichen Recherche: ›The Burning House‹, ein Buch mit seinen Lieblingsfotos. »Die Einwohner der Industrieländer konsumieren heute mehr als je zuvor«, schrieb er im Vorwort. »Hinter dieser Konsumkultur steckt oft das Bedürfnis, sich über Besitztümer zu definieren.« Sein Buch nähere sich dem Thema aus einem anderen Blickwinkel. »Die Menschen verzichten für die Fotos auf alles, was sie leicht ersetzen können. Stattdessen konzentrieren sie sich auf jene Objekte, die wirklich einzigartig für sie sind.«

* * *

Ob iPhone, Maßanzug oder Bioprodukte: Gegenstände erzählen immer eine Geschichte über ihren Besitzer. Sie zeigen, wie wir uns selbst sehen – oder gerne von anderen gesehen würden: als markenaffiner Technikfan, stilvoller Modefreund oder umweltbewusster Konsument. Unsere Besitztümer machen uns zu der Person, die wir sind oder gerne wären. Auch deshalb sind die Fotos des »Burning House«-Projekts so eindrucksvoll. Jedes Bild ist gleichzeitig eine Art Charakterstudie, in der die Menschen einen Teil ihrer Persönlichkeit offenbaren. Doch an den fotografierten Gegenständen ist noch etwas anderes erstaunlich. Egal ob sie von Europäern, Amerikanern, Asiaten oder Afrikanern stammen, egal ob ihr Besitzer Anfang 20 oder Ende 80 ist: Ihr materieller Wert ist oft ziemlich gering – doch ihr ideeller Wert ist umso höher. Und zwar vor allem aus einem Grund: weil die Menschen mit ihnen besondere Erinnerungen verbinden. Auf fast jedem Foto taucht mindestens ein solcher Gegenstand auf. Laura aus Brisbane präsentierte unter anderem ihren alten Teddy, Ricardo aus Brasilien die Uhr seines Vaters. Und Erika aus New York würde niemals auf ihre Kette verzichten, die sie seit der Kindheit trägt.

Wer sich in das Gedankenexperiment des Hausbrands hineinversetzt, dem wird mindestens ein Gegenstand einfallen, den er aus ähnlichen Gründen retten würde. Das Plüschtier, das uns die Eltern in die Wiege legten. Die Wollsocken, die unsere Oma strickte. Der Füller, den wir zum Abitur geschenkt bekamen. Ein Ring oder eine Kette, den uns ein Verwandter vermachte. Und natürlich der Klassiker: Fotos. Sie alle bergen Erinnerungen, die sich mit Geld nicht bezahlen lassen. Weil sie uns buchstäblich ans Herz gewachsen sind.

Schon der amerikanische Psychologe William James schrieb: »Das Selbst eines Menschen ist die Gesamtsumme dessen, was er sein Eigen nennen kann. Dazu gehören nicht nur sein Körper und seine seelischen Kräfte, sondern auch seine Kleidung, sein Haus, seine Kinder, seine Vorfahren und Freunde, sein Ruf und seine Arbeit, sein Land, seine Yacht und sein Bankkonto. All diese Dinge verleihen dieselben Gefühle. Wenn sie wachsen und gedeihen, fühlt er sich erfolgreich; wenn sie schrumpfen und verschwinden, fühlt er sich niedergeschlagen. Nicht bei jedem Objekt ist das Gefühl ähnlich intensiv – aber alle hinterlassen ein ähnliches Gefühl.«

James wollte mitnichten grenzenlosen Kaufrausch oder Materialismus propagieren. Es ging ihm nicht darum, immer mehr und mehr anzuhäufen oder gar nahezulegen, dass Glück und Zufriedenheit mit der Anzahl der Besitztümer steigen. Inzwischen wissen Psychologen, dass das Gegenteil der Fall ist. Viele Studien konnten in der Vergangenheit zeigen, dass Materialismus zu Ängsten, Misstrauen und Sorgen führt. Vielmehr wollte James schon damals darauf hinweisen, dass unser Selbstwertgefühl und unsere Besitztümer eng miteinander verbunden sind. Wenn diese Verbindung gekappt wird, leiden wir. »Bewusst oder unbewusst, absichtlich oder unabsichtlich, betrachten wir unsere Besitztümer als Teil von uns selbst«, schrieb vor einigen Jahren der amerikanische Marketingprofessor Russell Belk von der kanadischen Business School Schulich in Toronto. Er beschäftigt sich seit Jahrzehnten wissenschaftlich mit der Frage, warum Menschen Dinge besitzen wollen – und hat dabei die These aufgestellt, dass Objekte Teil des »erweiterten Selbst« sind. Was erst mal etwas esoterisch klingt, können Opfer eines Einbruchs gut nachempfinden. Zurück bleibt nicht nur die Angst, dass das wieder passieren könnte; der Frust, wenn teurer Schmuck oder Geld fehlen; die Wut, weil ein Fremder in unseren Schränken und Schubladen gewühlt hat und in unsere Privatsphäre eingedrungen ist. Sondern auch die Enttäuschung darüber, dass der Einbrecher womöglich Dinge mitgenommen hat, die uns wichtig waren. Dinge, deren Wert sich nicht in Euro ausdrücken lässt – und uns nichts bleibt außer der bitteren Erkenntnis, dass wir diesen Verlust nie mehr wettmachen können.

Stellen Sie sich vor, alle Ihre Besitztümer gingen verloren, egal ob bei einem Einbruch, einem Brand oder einer Überschwemmung. Was würden Sie mehr vermissen: Ihren Fernseher oder ein Fotoalbum? 100 Euro oder Ihr altes Kuscheltier? Sicher, die

Mattscheibe und Geld sind finanziell der größere Verlust – doch sie sind ersetzbar. Das Fotoalbum und das Kuscheltier sind es nicht. Eben deshalb, weil ein Teil von uns fehlt, wenn sie nicht mehr da sind. Und zwar vor allem aus einem Grund.

Bereits 1977 befragte ein US-Psychologe mit dem ungewöhnlichen Namen Mihaly Csikszentmihalyi (sprich: Mihai Tschick-Sent-Mi-Hai-i) 315 Amerikaner aus 82 Familien zu ihren persönlichen Besitztümern. Großeltern, Eltern, Kinder. Insgesamt nannten alle Freiwilligen knapp 1700 Objekte, die ihnen wichtig waren – etwa fünf pro Person. Nun ordnete Csikszentmihalyi die Gegenstände nach Kategorien. Dabei stellte er fest, dass Möbel, Bilder und Fotos am häufigsten vorkamen. Außerdem wollte er von den Befragten wissen, warum genau sie ihnen wichtig waren. Die häufigste Erklärung lautete: Weil sie mit den Gegenständen Erinnerungen an Erlebnisse oder andere Menschen verbanden.

Vielleicht kennen Sie das: Etwa zwei Mal im Jahr versuche ich, meine Garderobe auszumisten. Jedes Mal treffe ich dabei auf Klamotten, bei denen ich denke: Huch, dass ich die noch habe! Einige Kleidungsstücke gehören eigentlich in die Altkleidersammlung, trotzdem behalte ich sie. Den Anzug, den ich beim Abitur getragen habe; die ehemals strahlend weiße Sporthose, in der ich als Jugendlicher Tennis spielte und die nun langsam vergilbt; die frühere Lieblingsjeans, die mir jetzt nicht mehr passt. Alle liegen vermeintlich nutzlos im Schrank herum und verschwenden unnötig Platz. Rational wäre es, sie auszusortieren. Emotional entscheide ich mich immer wieder dagegen. Ich vermute zwar stark, dass sie kein modisches Comeback erleben werden. Ich werde zudem nie wieder so wenig wiegen wie in der Pubertät. Ich besitze diese Gegenstände nicht als Ersatz für fehlende Wärme oder Liebe. Vielmehr bilden sie eine Brücke zu meiner Vergangenheit. Sie stimmen mich nostalgisch.

Diese Fähigkeit haben viele unserer Besitztümer, die Motive dahinter sind völlig unterschiedlich. Diplome und Zeugnisse sind schriftlicher Beweis vergangener Leistungen. Briefe und Tagebücher dokumentieren, was wir gestern dachten, fühlten, sagten und erlebten. Erbstücke wie Besteck, Porzellan, Möbel oder Schmuck verbinden uns mit unseren Vorfahren. Fotoalben erzählen Geschichten von damals. Gewisse Gegenstände wecken persönliche Erinnerungen: Flugtickets in den Traumurlaub; die Muschel, die wir von dort mitbrachten; der Ring, den uns die erste große Liebe schenkte; Eintrittskarten zu einem Auftritt unseres Lieblingskünstlers. »Das Souvenir holt die Vergangenheit in die Gegenwart und macht sie sinnlich erfahrbar«, schrieb der Frankfurter Psychologe Tilmann Habermas vor einigen Jahren. Und hier finden wir die Therapie des Basler Mediziners Johannes Hofer aus dem 17. Jahrhundert wieder.

Er hatte ja dafür plädiert, Nostalgiker unbedingt wieder nach Hause zu schicken. Genau das geschieht bei Erinnerungsobjekten, zumindest gedanklich. Sie erlauben uns die mentale Rückkehr. Selbst vermeintlich banale Gegenstände erfahren durch die Erinnerung eine immense Aufwertung – auch weil sie uns Sicherheit vermitteln. Der britische Psychoanalytiker Donald Winnicott prägte in den Fünfzigerjahren den Begriff des Übergangsobjekts: Teddybären oder Kuscheldecken bieten Kleinkindern Sicherheit und helfen dabei, die Trennung von der Mutter zu verkraften. Dieses Bedürfnis nach Sicherheit haben selbst Erwachsene, wiewohl sie dafür nicht mehr unbedingt auf Plüschtiere setzen. Das erklärt, warum sie so gerne Gegenstände sammeln, wie die Marktforschung Ipsos vor einigen Jahren herausfand (siehe Kasten).

Netter Nebeneffekt: Solche Sammlerstücke können unser Ansehen fördern. Alte Möbel, Gemälde berühmter Maler, Statuen oder Autogramme von Prominenten verleihen Prestige, Erbstücke symbolisieren Tradition. »Unsere Besitztümer versinnbildlichen die Vergangenheit und sagen uns, wer wir sind, woher wir kommen und vielleicht auch, wohin wir gehen«, meint Russell Belk. »Ohne diese Objekte wären unsere Erinnerungen so vergänglich wie Blumen. Aber durch Schatz-

Was sammeln Sie gerne?

1.	Fotos von der Familie, Freunden, Kollegen	89%
2.	Alte Schallplatten, Tonbänder, Filme, Videos	67%
3.	Ansichtskarten und Urlaubsmitbringsel	56%
4.	Erbstücke, auch wenn ich sie nicht brauche	51%
5.	Liebesbriefe, Briefe von Familie und Freunden	49%
6.	Näh-, Bastelmaterialien: Knöpfe, Nägel, Stoffe	46%
7.	Dinge von den Kindern: erste Locke, Zähne	38%
8.	Kleidung, die nicht mehr passt, unmodisch ist	31%
9.	Zeitschriften, Zeitungen, ausgerissene Artikel	31%
10.	Briefmarken, Modelleisenbahn	21%

kammern voller Andenken und Erinnerungen können diese Blumen immer und immer wieder blühen.« Hinter dieser fantasievollen Formulierung verbirgt sich ein weiterer Effekt der Nostalgie. Sie prägt unsere Gedanken und Gespräche, aber auch unsere Konsumentscheidungen. Mein Schwiegervater etwa ist noch heute begeisterter Modelleisenbahner. Die Miniaturzüge faszinierten ihn schon als kleinen Jungen, doch damals konnte er sie sich nicht leisten. Menschen umgeben sich eben gerne mit Dingen, die Teil ihrer Vergangenheit sind. Sie erlauben es, ins Gestern und Vorgestern abzutauchen – und das fühlt sich gut an. »Nostalgische Objekte symbolisieren einen Mythos von Heimat, Ursprung und Authentizität«, schrieb Tilmann Habermas, »eine in sich geschlossene Welt, getrennt von und besser als die gegenwärtige, aus der sie die träumende Flucht erlauben.« Für diese Flucht geben wir im Alltag Geld aus – und zwar liebend gern.

LEBENSLANGE TREUE

Nostalgie prägt Kaufentscheidungen

Im Sommer 1987 bekam der amerikanische Marketingprofessor Morris Holbrook Besuch von seinem Freund und Kollegen Robert Schindler. Der arbeitete damals an der Universität von Chicago und wollte Verwandte in New Jersey besuchen. Auf dem Hinweg legte er bei Holbrook in New York einen Zwischenstopp ein. Die beiden teilten nicht nur das Interesse an Konsumforschung, sondern auch die Leidenschaft für scharfe Speisen und Cocktails. Also gingen sie abends zu Holbrooks Lieblingsmexikaner in Manhattan, der berühmt war für seine köstlichen Margaritas. Nach dem Essen schlürften sie einen Cocktail und sprachen dabei über die Lieblingsmusik ihrer Jugend. Ihnen fiel auf, dass sie unterschiedliche Vorlieben hatten. Schindler, Jahrgang 1949, liebte die Beatles, die Rolling Stones und Simon & Garfunkel. Holbrook, Jahrgang 1943, verehrte immer noch Jazzmusiker wie Benny Goodman, Billie Holiday und Nat »King« Cole. Zwar waren Holbrook und Schindler nur wenige Jahre auseinander. Trotzdem war ihr Musikgeschmack völlig verschieden. Aber warum?

Einige Margaritas später hatten sie eine Vermutung. Könnte es vielleicht sein, dass es im Leben jedes Menschen eine Phase gibt, in der er seine Vorlieben für gewisse Produkte entwickelt, egal in welchem Bereich? Und dass er diesen Geschmäckern ein Leben lang treu bleibt? Dass also ein Altersunterschied von wenigen Jahren reicht, um unterschiedliche Präferenzen zu entwickeln? Gegen Ende des Abends beschlossen sie, diese Vermutung wissenschaftlich zu testen.

In den darauffolgenden Wochen kramten Holbrook und Schindler in den Musikarchiven. Dort holten sie 28 Lieder hervor, die in den vergangenen fünf Jahrzehnten in der amerikanischen Hitparade gestanden hatten – angefangen bei ›Smoke Rings‹ der A-cappella-Gruppe Mills Brothers (1932) über ›The

House of the Rising Sun‹ von den Animals (1964) bis zu Peter Gabriels ›Sledgehammer‹ (1986). Diese Stücke spielten sie nun 108 Personen vor. Um eine möglichst bunte Mischung zu befragen, rekrutierten sie Männer und Frauen aus unterschiedlichen Generationen und Schichten. Die Probanden waren zwischen 16 und 86 Jahre alt. Die einen stammten aus dem örtlichen Rugbyklub, die anderen waren Teil einer Kirchengemeinde, wieder andere Mitglieder einer Schulpflegschaft.

Jedem Lied lauschten die Freiwilligen nun 30 Sekunden lang. Im Anschluss sollten sie ankreuzen, wie ihnen jedes Stück gefallen hatte, von eins (überhaupt nicht) bis zehn (sehr gut). Bei der Auswertung konzentrierten sich Holbrook und Schindler darauf, wie alt jeder Proband war, als die Titel in den Charts standen – und ob es einen Zusammenhang zur vergebenen Punktzahl gab. »Die Daten zeigten eine klare Tendenz«, schrieb Holbrook in einer anschließenden Studie. Und diese Tendenz hatte die Form eines kleinen Hügels: Lieder, die weit vor der Geburt der Teilnehmer in den Charts waren, bekamen wenig Punkte. Mit steigenden Lebensjahren vergaben die Teilnehmer mehr Punkte, doch irgendwann erreichte der Hügel seinen Gipfel: »Unsere Befragten bevorzugten Musik aus ihrer Jugend – und beim Veröffentlichungstermin ihrer Lieblingslieder waren sie etwa 23,5 Jahre alt.« Danach sank die Punktzahl wieder.

Diese Studie legte erstmals empirisch nahe, dass sich Geschmäcker in unserer Jugend bilden. Und mehr noch: dass wir diesen Vorlieben ein Leben lang treu bleiben. Immerhin waren die Teilnehmer im Schnitt 54 Jahre alt, knapp 60 Prozent waren älter als 50. Doch egal, ob sie männlich oder weiblich waren, religiös oder atheistisch, Akademiker oder Schulabbrecher: Alle gaben Liedern aus ihrer Jugend die meisten Punkte.

Ohne es damals zu ahnen, hatten Holbrook und Schindler das Prinzip des *Evergreens* entdeckt. Jene Musikstücke, die Jahrzehnte nach ihrer Veröffentlichung immer und immer wieder im Radio laufen, ganz gleich ob Rock-, Pop-, Schlager- oder

Jazzlieder; die weiterhin eine hartnäckige Schar von alten Fans haben und neue finden; die noch immer von anderen Künstlern für Coverversionen benutzt werden. Lieder, die bleiben, obwohl sich die Zeiten ändern. Der typische Welthit. Zwei davon schrieb einst ein deutscher Studienabbrecher.

* * *

Kurz vor Weihnachten 2012, ein kalter Wintertag in Berlin. Im Zentrum der Hauptstadt schieben und drängeln sich Fußgänger, Busse und Bahnen sind voller Touristen, auf den Straßen fahren die Autos Schritttempo. Doch in einer Villengegend am Stadtrand ist von Lärm, Stress und Hektik nichts zu spüren. Auf den vereisten Bürgersteigen ist kaum jemand zu sehen, auf den Straßen kaum ein Auto zu hören. An vielen Häusern hängen Überwachungskameras, Schilder warnen vor bissigen Hunden. Nach einem kurzen Fußmarsch von einer S-Bahn-Haltestelle stehe ich vor einem Haus ohne Kamera. Ich drücke die Klingel, kurz darauf ertönt ein tiefes Hundebellen. »Hast du Angst vor Hunden?«, ruft eine Stimme. Nein. »Ron-jaa!« Ein Mischling trottet herbei, so groß wie ein Wachhund, so sanft wie ein Schoßhund. Ich gehe die Einfahrt hinauf, und plötzlich steht Ronjas Herrchen in der Tür: »Hi, ich bin Marian.«

Marian hieß früher mal Hartwig Schierbaum, entschied sich in den Achtzigerjahren aber für einen Künstlernamen – weil er damals den Gedanken reizvoll fand, sich einen neuen Namen zu geben. Er fragte sich, wie wohl der typische Klischee-Schlagersänger heißen würde, und beim Grübeln kam er auf »Marian Gold«. Wenn er das erzählt, freut er sich immer noch wie ein kleines Kind. Wer sich eine Weile mit ihm unterhält, bekommt schnell das Gefühl, dass er das Leben ziemlich entspannt angeht – aber warum auch nicht? Er hat in den Achtzigerjahren zwei Welthits geschrieben, von deren Einnahmen er noch heute gut leben kann. Marian Gold ist Gründungsmitglied und Sänger der deutschen Popgruppe Alphaville.

In Artikeln über die Gruppe steht meist, dass sie ihre größten Erfolge in den Achtzigerjahren feierte. Doch das stimmt nicht ganz. Denn der vielleicht größte Erfolg der Gruppe ist, dass sie eben noch heute Erfolg hat – und das hat auch eine ganze Menge mit Nostalgie zu tun.

Alles begann damit, dass Marian Gold nach Berlin ging, als er noch Hartwig Schierbaum hieß. An der Hochschule der Künste studierte er Malerei, doch nach drei Semestern brach er das Studium 1977 ab. Sein größter Traum war es immer gewesen, Musik zu machen. Und diesen Traum wollte er umsetzen. Zwar konnte er ebenso wie seine Bekannten Bernd Gössling (Künstlername: Bernhard Lloyd) und Frank Mertens kein Instrument spielen. Doch damals war der Synthie Pop in Mode. Der setzte wesentlich auf elektronische Instrumente, weniger auf die musischen Fähigkeiten der Beteiligten. 1984 kam der erste Alphaville-Welthit ›Big in Japan‹ auf den Markt. Wenig später folgte ein weiterer Megaseller. Gäbe es ein Land namens Nostalgie, dann wäre dieses Lied dessen Nationalhymne: ›Forever Young‹.

Auch zu diesem Lied hat Marian Gold ein ziemlich entspanntes Verhältnis. »Ich fand den Text zunächst furchtbar und kitschig, aber Bernd fand ihn toll«, erzählt er bei einem Becher Kaffee am Küchentisch. Inzwischen ist er durchaus dankbar. »Wann schreibt man in seinem Leben schon mal einen Welthit?«

Glaubt man Musikwissenschaftlern, müssen Hits vor allem aus einem einfachen Text sowie einer ebenfalls einfachen und deshalb eingängigen Melodie bestehen. Kriterien, die ›Forever Young‹ erfüllt. Das Lied besteht aus vier Akkorden, der Text stimmt automatisch nachdenklich und nostalgisch. In der zweiten Strophe heißt es etwa:

> »Manche sind wie Wasser, manche wie Feuer. Manche sind Melodie und manche Rhythmus. Irgendwann sind alle vergangen. Warum bleiben sie nicht jung?
>
> Es tut weh, grundlos alt zu werden. Ich will nicht ver-

recken wie ein klappriges Pferd. Die Jugend ist ein strahlender Diamant. Und Diamanten sind ewig.

So viele Abenteuer, die unerfüllt blieben. So viele Lieder, die wir zu spielen vergaßen. So viele Träume, die plötzlich vor uns stehen. Wir werden sie verwirklichen. ›Für immer jung möchte ich sein, für immer jung!‹ ›Möchtest du wirklich ewig leben, für immer und ewig …?‹«

Als Hartwig Schierbaum alias Marian Gold diese Zeilen schrieb, war er noch keine 30 Jahre alt. Wie kam er auf den Text?

Dazu muss man wissen, dass sich das Trio Anfang der Achtzigerjahre zunächst »Forever Young« nannte. Erst einige Jahre später wählte es den Namen »Alphaville«, nach dem gleichnamigen Film des französischen Regisseurs Jean-Luc Godard. Offenbar war die Nostalgie schon immer wesentlicher Teil der Band-DNA. »›Forever Young‹ ist ja als Begriff schon mal nostalgisch«, sagt Gold alias Schierbaum. »Aber natürlich handelt es sich um einen Wunschtraum. Der Hoffnungsstrahl der ewigen Jugend, des ewigen Lebens – auch wenn das eine Illusion bleibt. Als ich das Lied geschrieben habe, ging es mir genau um diese Illusion.« Und davon ließen sich seit der Veröffentlichung viele Menschen inspirieren. Fans der Band, die noch heute in die Konzerte gehen – aber auch andere Künstler.

Gold schätzt, dass allein die Alphaville-Version von ›Forever Young‹ etwa sechs Millionen Singles verkauft hat. Rechnet man alle Coverversionen dazu, tippt er auf 25 Millionen Exemplare. Von dem Lied gibt es nämlich mittlerweile knapp 50 Neuauflagen in sämtlichen Musikrichtungen, von Pop und Hardrock über Techno und Reggae. 2009 veröffentlichte der deutsche Rapper Bushido seine Coverversion, zusammen mit dem Schlagersänger Karel Gott. Der sang im Refrain: »Für immer jung, ein Leben lang für immer jung. Du musst dich an die schöne Zeit erinnern, denn nichts ist für immer.« 2011 erhielt Alphaville eine Auszeichnung von der Broadcast Music Incorporated, dem US-Pendant der deutschen Musikverwertungsgesellschaft Gema. Der amerikanische Superstar Jay-Z hatte das Lied gecovert, die Version gehörte in jenem Jahr zu den am häufigsten im US-Radio und -Fernsehen gespielten Titeln. Insgesamt war er 2011 mehr als drei Millionen Mal zu hören. Und jedes Mal verdiente Gold als Urheber mit.

Natürlich könnte er sich längst zur Ruhe setzen, aber das kommt für ihn nicht in Frage. Er hat inzwischen andere Musiker für Alphaville verpflichtet, die Band spielt gelegentlich auf Nostalgie-Veranstaltungen wie der »Nokia Night of the Proms«, 2010 erschien das sechste Album der Band. Doch man kann davon ausgehen, dass die meisten Fans vor allem den Nostalgie-Hit ›Forever Young‹ hören wollen. Gold weiß das. Bei jedem Konzert spielt er das Lied immer erst als Zugabe.

Wer sich Live-Auftritte der Band im Internet anschaut, sieht Feuerzeuge, die durch die Luft geschwenkt werden, und Paare, die sich beseelt in den Armen liegen. Man meint, sie bei der gedanklichen Zeitreise ertappen zu können; wie sie darüber sinnieren, dass sie das Lied früher schon gehört haben – und weiterhin gerne hören. Der immerwährende Erfolg von ›Forever Young‹ ist der vielleicht beste Beweis dafür, dass Menschen auch heute noch gerne Dinge von früher konsumieren. Was die beiden befreundeten Wissenschaftler Morris Holbrook und Robert Schindler schon Ende der Achtzigerjahre in ihrer Untersuchung nahegelegt hatten.

* * *

Gleichwohl war ihre Studie nicht unproblematisch. Erstens bezog sie sich lediglich auf einen Teilbereich der Konsumwelt, nämlich Musik. Zweitens lauschten die Probanden den Liedern grüppchenweise, eventuell ließen sie sich also von anderen Teilnehmern beeinflussen. Drittens beachteten Holbrook und Schindler nicht die individuellen Lebensumstände. Wer auf eine Hochschule ging, hatte andere Voraussetzungen als ein Schulabbrecher; wer in einem Studentenwohnheim lebte, machte andere Erfahrungen als jemand, der lange zu Hause wohnte; die Geschmäcker von Männern und Frauen sind vielleicht verschieden. Die Studie war also leicht angreifbar. War sie repräsentativ? Ließ sie sich wiederholen? Galt sie auch für andere Konsumbereiche? Diesen Fragen widmeten sich die beiden Forscher in den folgenden Jahren. Um die Antwort vorwegzunehmen: Das Resultat war immer ähnlich. Egal ob für Filme, Schauspieler oder Werbeanzeigen: Jenen aus ihrer Jugend gaben die Befragten immer die meisten Punkte. Die Vorliebe für Produkte bildet sich also in der Jugend – und bleibt ein Leben lang bestehen. Aber wieso?

Holbrook glaubt, dass die Antwort viel mit den Erkenntnissen eines österreichischen Tierforschers zu tun hat. Der legendäre Zoologe Konrad Lorenz beobachtete in den Dreißigerjahren unter anderem Gänse und Enten in ihrer natürlichen Umgebung. Dabei erkannte er bei den Tieren gewisse Verhaltensmuster, die ihr Überleben sicherten. So seien die Jungtiere beispielsweise von Natur aus darauf ausgerichtet, immer in der Nähe der Mutter zu bleiben. Lorenz bezeichnete diesen Vorgang als *Prägung*. Doch das eigentlich Faszinierende war: Wenn Lorenz den Küken die Mutter wegnahm und sich selbst als Muttertier ausgab, wurden die Kleinen auf ihn geprägt – und watschelten ihm treudoof hinterher. Diese Prägung, glaubt Holbrook inzwischen, lässt sich auf Menschen und ihre Vorlieben übertragen. Es gebe eine kritische Periode, in der sie dazu bereit seien, gewisse Verhaltensweisen anzunehmen. Demnach öffnet sich in der Jugend ein Zeitfenster, in dem Menschen ihre Präferenzen bilden. Wer in dieser Phase mit bestimmten Produkten in Berührung komme und gute Erfahrungen mit ihnen mache, der bleibe ihnen ein Leben lang treu.

Aus ihren Studien entwickelten Morris Holbrook und Robert Schindler eine weitere Definition von Nostalgie. Darunter verstehen sie »eine Vorliebe für Objekte, die verbreitet waren, als man selbst noch jünger war«. Damit beriefen sie sich explizit auf den Soziologen Fred Davis und dessen Buch ›Yearning for Yesterday‹. Der hatte ja nahegelegt, dass Nostalgie vor allem dazu diene, gewisse Lebensphasen zu überbrücken. Allerdings interpretierten Holbrook und Schindler Nostalgie wesentlich umfassender und positiver. Sie beinhalte mehr als die schmerzliche, bittersüße oder sentimentale Erkenntnis, dass sich die Zeit nicht zurückdrehen lässt. Ihnen zufolge handelt es sich bei Nostalgie um die Vorliebe für alle Gegenstände der Vergangenheit. Außerdem können diese Objekte aus unterschiedlichen Bereichen kommen – Produkte und Dienstleistungen, aber auch kulturelle Güter wie Musik und Filme.

»Nostalgie ist ein Phänomen, das in der Kindheit und Jugend beginnt und ein Leben lang anhält«, meint Holbrook. Mal haben wir uns am Kiosk Lakritzschnecken oder Lollis gekauft, mal haben unsere Eltern oder Großeltern uns Spielzeug von Lego oder Playmobil geschenkt, das uns noch heute sympathisch ist. Egal wie wir mit den Produkten konfrontiert wurden: Wenn sie damals positive Gefühle wie Glück und Zufriedenheit, Sicherheit, Wärme oder Geborgenheit auslösten, dann bleibt diese Verbindung bestehen. Die Folge: Wir kaufen und konsumieren noch heute am liebsten das, was wir als Kinder und Jugendliche schon gekauft und konsumiert haben. Umfragen zeigen immer wieder: Erwachsene haben besonders großes Vertrauen in jene Marken, die sie schon lange nutzen – oder von Eltern und Großeltern kennen. Wer als Kind in Papis Passat-Kombi saß, wird sich darin auch heute noch sicher fühlen. Wer als Schüler Kaba-Kakao trank, greift weiter zu dem Getränk. Oma träufelte Maggi in die Suppe, Mama verabreichte im Krankheitsfall Brandt-Zwieback. Deshalb fungieren Marken als nostalgische Erinnerungsträger an Erlebnisse und Personen. Hinzu kommt: Wir kaufen sie nicht nur für uns selbst, sondern empfehlen sie weiter. Und das macht Nostalgie zu einem wichtigen Wirtschaftsfaktor.

Nun gab es schon immer Menschen, die sich nach der guten alten Zeit sehnten. Die Bibel widmet sich diesem Gefühl zum

Beispiel im Psalm 137. 586 vor Christus hatten die Babylonier unter ihrem Herrscher Nebukadnezar II. Jerusalem erobert und weitgehend zerstört. Die Juden mussten ihre heilige Stadt und die Turmburg Zion daraufhin verlassen und ins babylonische Exil gehen. Dort vermissten sie ihre Heimat: »An den Strömen von Babel, da saßen wir und weinten, wenn wir an Zion dachten.« Falls Ihre Bibelkenntnisse zu wünschen übrig lassen, werden Ihnen diese Zeilen auf Englisch bekannt vorkommen, wenn auch in einem anderen Zusammenhang. »By the rivers of Babylon, there we sat down. Yeah we wept, when we remembered Zion.« Die ersten vier Verse des Psalms wurden in den vergangenen Jahrzehnten gerne von der Popmusik aufgegriffen. ›Rivers of Babylon‹ stammte ursprünglich von den Melodians, 1978 coverte das Lied die deutsche Discogruppe Boney M. – eines der erfolgreichsten Stücke der Musikgeschichte. Und ein Indiz dafür, dass sich mit Nostalgie prima Geld verdienen lässt. Kein Wunder, dass sie in der heutigen Konsumlandschaft allgegenwärtig ist und instrumentalisiert wird. Viele Unternehmen haben verstanden, dass Kunden gerne in Erinnerungen schwelgen. Ein Bedürfnis, das sich bestens vermarkten lässt.

Ein schönes Beispiel lieferte im Sommer 2011 ein Städtchen in Baden-Württemberg. Die Verwaltung von Schwäbisch Gmünd suchte damals einen Namen für einen neuen Straßentunnel. Die Stadtoberen wollten vermutlich besonders modern sein. Deshalb appellierten sie an die Bürger, im Internet über einen Namen abzustimmen. Offenbar unterschätzten sie die Originalität der Einwohner. Bei Facebook riefen ein paar Spaßvögel dazu auf, für den »Bud-Spencer-Tunnel« zu stimmen – mehr als 100 000 Nutzer kamen dem Aufruf nach, der Vorschlag siegte mit weitem Abstand.

Vielleicht kein Wunder. An beinahe jedem Feiertag zeigen Privatsender zuverlässig einen Film mit den italienischen Kult-Schauspielern Bud Spencer oder Terence Hill oder am besten mit beiden. Darunter Klassiker wie ›Vier Fäuste für ein Halleluja‹, ›Zwei Himmelhunde auf dem Weg zur Hölle‹ oder ›Das

Krokodil und sein Nilpferd‹. Zwar lehnte der Gemeinderat die Idee ab, doch als Entschädigung taufte er das städtische Freibad »Bud-Spencer-Bad«. Immerhin hatte der einstige Weltklasseschwimmer hier 1951 an einem Wettkampf teilgenommen. Die Filmlegende ließ es sich nicht nehmen, einige Monate später persönlich zur feierlichen Zeremonie zu erscheinen. Es war bereits seine zweite Stippvisite in Deutschland innerhalb weniger Monate.

Im Frühjahr desselben Jahres hatte Spencer eine Werbetour für seine Autobiografie ›Mein Leben, meine Filme‹ absolviert. Der 82-Jährige saß in der Talkshow ›3 nach 9‹ und schrieb Autogramme für Tausende von Fans in Berlin, Hamburg und Bremen. Eine anstrengende, aber erfolgreiche Reise. Das Buch landete in Deutschland sofort auf Platz eins der ›Spiegel‹-Bestsellerliste und hielt sich mehr als zehn Monate am Stück in den Top 50. Ein schönes Beispiel dafür, wie stark Nostalgie Konsumentscheidungen prägt, denn zu den Autogrammjägern und Käufern gehörten auch viele junge Erwachsene, die mit dem Schauspieler aufgewachsen waren. »Das Geschäft mit der Sehnsucht« titelte ›Der Spiegel‹ am 29. Januar 1973 und berichtete darin von einem interessanten Trend. »Die Kulturstimmung von heute heißt Nostalgie und ist von gestern: Mode und Musik, Film und Literatur beleben wieder oder machen neu, was zwischen den zwanziger und fünfziger Jahren beliebt war, und die Industrie verdient an dieser Sehnsucht nach Vergangenem. Doch die sentimentale Rücksicht ist zugleich Rückzug aus der Gegenwart.« Und das gilt heute mehr als je zuvor.

Davon ist zum Beispiel der Schweizer Kulturwissenschaftler Walter Leimgruber überzeugt. Verantwortlich sei vor allem der Fortschrittsglaube der Nachkriegsjahrzehnte. »Je schneller sich die Umwelt wandelt, umso größer ist das Bedürfnis der Menschen nach Fixpunkten«, sagte Leimgruber einmal. Und Karin Frick, Ökonomin am Gottlieb-Duttweiler-Institut, ergänzte: »Wir leben in einer alternden Gesellschaft, da bekommen Erinnerungen und Nostalgie mehr Gewicht. Junge Menschen blicken eher nach vorn, haben Träume und begeistern sich für den Fortschritt. Im Alter nimmt hingegen die Veränderungsbereitschaft ab. Und diese Bequemlichkeit äußert sich ebenfalls darin, dass eher Vertrautes konsumiert wird.« Dieser Konsum hat sogar beinahe therapeutischen Wert. Das hatte der Psychotherapeut Harvey Kaplan ja bereits in den Achtzigerjahren vermutet. Der eine Patient hatte sich durch sein Jugendidol ›Superman‹ besser gefühlt, der andere hellte seine Stimmung durch den Leinwandstar Errol Flynn auf. Doch diese heilende Wirkung hinterlässt Nostalgie längst nicht nur bei psychisch angeknacksten Personen, sondern auch bei gesunden. Je schlechter es uns geht, desto eher greifen wir auf Produkte zurück, mit denen wir schöne Erinnerungen verbinden. Denn dadurch geht es uns besser.

ELEKTRISCHES GEFÜHL

Kindheitsprodukte trösten

Die Basilikata, gelegen zwischen Apulien, Kalabrien und Kampanien, gehört zu den schönsten Regionen Italiens. Die Landschaft ist so unberührt wie abwechslungsreich. Im Innern wuchern Bergwälder an Hügelketten, weiter südlich führen Steilküsten und Sandstrände zum glasklaren Wasser des Ionischen Meers. Die Schönheit der Gegend wussten schon die Griechen zu schätzen, die im achten Jahrhundert vor Christus die Küste besiedelten. Davon zeugen noch heute zahlreiche archäologische Fundstätten, Ruinen, Burgen, Kastelle und Tempel. Doch weder die ruhmreiche Geschichte noch die idyllische Natur konnten verhindern, dass die Region stets eine der ärmsten des ganzen Landes war.

Junge, lebenshungrige und ehrgeizige Menschen zogen meistens in den reicheren Norden. In der Basilikata gibt es kaum größere Arbeitgeber, Urlauber fahren lieber in andere Gegenden. Nur Matera, Hauptstadt der gleichnamigen Provinz, besuchen sie gerne, vor allem die dortigen »Sassi« – Höhlenwohnungen, die seit mehr als 10 000 Jahren in den steilen Felshängen liegen und inzwischen Museen und Restaurants beheimaten. 1993 erklärte die UNESCO diese ungewöhnlichen Bauten zum Weltkulturerbe. Fährt man von Matera Richtung Süden, gelangt man nach circa 40 Minuten an einen kleinen Hügel. Auf dessen Spitze liegt das Dörfchen Bernalda. Und von hier machte sich einst ein Einheimischer auf eine große Reise.

Agostin Coppola war talentiert, aber erfolglos. Sein Vater hatte Olivenbäume gezüchtet, war aber bereits im Alter von 44 Jahren an einer Lungenentzündung gestorben. Zurückgelassen hatte er eine Frau und vier Söhne, alle lebten gemeinsam in einem Zimmer. Agostin hatte bei einem örtlichen Handwerker eine Lehre zum Maschinisten gemacht. Aber offenbar spürte er, dass seine Zukunft woanders lag. 1904 wanderte er gemeinsam mit seinen drei Brüdern nach Amerika aus.

Dort heiratete er und bekam sieben Söhne. Er war bekannt dafür, ein guter Geschichtenerzähler zu sein, und seine Kinder lauschten ihm gerne. Am liebsten sprach er von seiner Heimat, die er immer nur »Bernalda bella« nannte. Ständig aß die Familie in Amerika die regionalen Köstlichkeiten, darunter die seltenen Zwiebeln Lampascioni oder die pikante Wurst Salsiccia. So erfuhren auch seine Enkel von dem kleinen italienischen Bergdorf, einer von ihnen hieß Francis Ford Coppola.

1962 hatte der heute legendäre Regisseur beruflich in Dubrovnik zu tun. Von dort nahm er eine Fähre über die Adria und besuchte die Heimat seines Großvaters. In der Mitte des Dorfes stieß er auf den Palazzo Margherita. Diese prächtige Villa hatte 1892 eine reiche Familie erbauen lassen. Doch inzwischen war sie umgezogen und nutzte den Palast nur noch selten. Zurück in Amerika, erzählte Coppola seinen Verwandten von »Bernalda bella«. Er kehrte alle paar Jahre dorthin zurück, seine Kinder und Enkel taten es ihm nach. Sie reisten zu ihren Wurzeln. Vor einigen Jahren entschied sich der Regisseur dann dazu, ein Stück dieser Wurzeln zurückzukaufen. 2004 erwarb er den Palazzo Margherita – genau 100 Jahre, nachdem sich sein Opa von hier aus auf den Weg gemacht hatte.

In den darauffolgenden Jahren ließ er die Villa sanieren und von einem französischen Innenarchitekten in ein Hotel mit neun Suiten verwandeln. Dazu muss man wissen, dass Coppola bereits seit den Neunzigerjahren Hotelier ist. Damals eröffnete er in Belize sein erstes Luxushotel, es folgten Häuser in Buenos Aires und Guatemala. Doch kein Projekt ist so sehr von Nostalgie geprägt wie jenes in Bernalda. 2011 heiratete hier Coppolas Tochter Sofia, die ebenfalls eine berühmte Regisseurin ist. Im Jahr darauf, wenige Monate nach der Eröffnung des Hotels, nahm er seinen Onkel Anton, damals 95, und dessen Frau Almerinda, 87, mit nach Bernalda. »Ich dachte, es wäre ein unvergessliches Ereignis, ihnen die Heimat von Antons Vater und den Palast zu zeigen«, schrieb Coppola später. Sie besuchten das Geburtshaus, saßen im Garten des Hotels oder in der Bar Cinecittà, in der sich die Einwohner immer gerne mit den Gästen unterhalten. Und plötzlich dachte Francis Ford Coppola an eine Geschichte, die ihm sein 98-jähriger Onkel Mikey vor der Reise erzählt hatte.

Agostin Coppola war ein ziemlicher Weiberheld. Eine seiner zahlreichen Affären war ein Dienstmädchen namens Palmetta, die bei einer reichen Familie in Bernalda arbeitete. Agostin besuchte seine Liebschaft vorzugsweise abends. Aber natürlich konnte er nicht einfach an der Tür klingeln, sondern musste sich etwas anderes überlegen. Zum Glück lag Palmettas Kammer in der Nähe eines großen Dachfensters, am Ende einer kleinen Treppe. Also kletterte Agostin immer über das Dach zu ihr. Und jetzt, mehr als ein Jahrhundert später, fiel Francis Ford Coppola etwas Bemerkenswertes auf. Im Palazzo Margherita gibt es in Suite Nummer 5 eine schmale Treppe, die in ein kleines Bedienstetenzimmer führt – in der Nähe des Dachs.

Da sagte Anton zu ihm: »Ich verstehe jetzt, warum der Palazzo Margherita so ein sentimentales Projekt für dich ist. Denn er ist ein Ausdruck der Liebe zu unserer Familie.« Man könnte auch sagen: Coppola kaufte das Gebäude vor allem aus Nostalgie.

* * *

Schon Morris Holbrook und Robert Schindler hatten vermutet: Nostalgie bezieht sich längst nicht immer auf eine Periode unserer eigenen Kindheit und Jugend. Die 2009 verstorbene Marketingprofessorin Barbara Stern von der amerikanischen Rutgers Universität unterschied einst zwischen zwei Arten. Unter historischer Nostalgie verstand sie die Vorliebe für eine Zeit vor der eigenen Geburt. Bei persönlicher Nostalgie glorifizieren wir die selbst erlebte Vergangenheit. Im Falle von Coppolas Hotelkauf handelte es sich um eine Mischung. Einerseits lernte er »Bernalda bella« als Kind nur aus den Erzählungen seines Großvaters kennen, andererseits war das Dörfchen Teil seiner Familiengeschichte. Auch wenn nur wenige Menschen Geld genug haben, um jahrhundertealte Immobilien in der Heimatstadt ihrer Großeltern zu kaufen – der Effekt betrifft jeden. Aus verschiedenen Gründen.

Nostalgie ist so mächtig, weil wir gerne auf Bewährtes und Bekanntes zurückgreifen; weil wir dadurch Komplexität reduzieren, Unsicherheit verringern, die gedankliche Anstrengung vermindern und das Risiko einer Enttäuschung senken. Die Gegenwart ist schon fordernd genug. Bekannte Marken und Produkte bieten da Sicherheit, Beständigkeit und Orientierung – erst recht, wenn sie mit Emotionen und schönen Erinnerungen verbunden sind. Jeder von uns holt sich gerne einen Teil seiner Vergangenheit zurück, egal ob er sie nun persönlich erlebt hat oder nicht. Auch deshalb, weil Nostalgiekäufe therapeutisch wirken. Sogar messbar.

Katherine Loveland, Assistenzprofessorin an der kanadischen Wirtschaftsuniversität HEC Montréal, setzte vor einigen Jahren Hunderte von Freiwilligen in mehreren Experimenten vor einen Computer. Dort sollten sie an einem Spiel namens Cyberball teilnehmen. Das hatte einst ein Team amerikanischer Sozialpsychologen entwickelt. Die Regeln klingen simpel: Die Probanden sollen sich virtuell einen Ball zuwerfen – mit anderen, real existierenden Personen. So wie früher auf dem Schulhof, jetzt eben vor einem Computer. Der Clou ist allerdings: Die Mitspieler gibt es in Wirklichkeit gar nicht. Die Wissenschaftler haben das Spiel nämlich vorab manipuliert, und zwar auf zwei verschiedene Arten. Bei der einen Gruppe wird der virtuelle Spielball in jedem Durchgang relativ gerecht aufgeteilt. Jeder kommt mal dran, alle sind zufrieden, keiner fühlt sich benachteiligt.

Doch die Mitglieder der zweiten Gruppe bekommen den Ball nur höchst selten zugeworfen. Sie müssen tatenlos zusehen, wie die anderen sich den Ball hin- und herpassen – und fühlen sich ausgeschlossen. Schon die Entwickler des Spiels konnten in zahlreichen Studien zeigen, dass diese subtile Manipulation die vermeintlichen Außenseiter beeinflusst. Je seltener sie den Ball bekommen, desto eher fühlen sie sich hinterher niedergeschlagen, machtlos und einsam. Genau dieselbe Reaktion zeigten Lovelands Probanden. Doch das war längst nicht alles.

In der zweiten Runde zeigte die Wissenschaftlerin ihnen verschiedene Produkte, jeweils zwei verschiedene aus einer Warengruppe. Die einen waren nostalgische Produkte, die nicht nur in der Vergangenheit beliebt waren, sondern es heute immer noch sind. Die anderen gab es erst seit Kurzem. Nun sollten sich alle Freiwilligen auf eine Lieblingsmarke festlegen. Mal konnten sie zwischen Duschgel von Nivea oder Dove wählen, mal zwischen Suppe von Knorr oder Unox, mal zwischen einem VW Käfer oder einem Smart. Dabei bemerkte Loveland: Die vorherige Manipulation im Computerspiel beeinflusste die Entscheidung erheblich. Die Probanden aus der Außenseitergruppe wählten jeweils mit großer Mehrheit das Nostalgieprodukt – meist doppelt so häufig wie jene aus der anderen Gruppe. Lovelands Fazit war eindeutig: Je stärker das Bedürfnis nach Zugehörigkeit, desto häufiger neigten die Teilnehmer zu nostalgischen Produkten – egal ob es sich um Autos, Filme, Fernsehsendungen oder Kekse handelte.

Nun ging es hierbei lediglich um eine fiktive Entscheidung. Doch in weiteren Experimenten durften sich die Probanden tatsächlich zwischen dem Keks einer Nostalgiemarke und einer modernen Marke entscheiden. Die Außenseitergruppe wählte signifikant häufiger den Nostalgiekeks. Am Schluss fragte Loveland alle nach ihrem seelischen Zustand. Und siehe da: Wer den Nostalgiekeks geknabbert hatte, verspürte nun wesentlich weniger Bedürfnis nach Zugehörigkeit. Offenbar hatte das Plätzchen die seelischen Schmerzen gelindert und die Laune gehoben.

Schon der legendäre Sozialpsychologe Abraham Maslow war davon überzeugt, dass der Mensch einige zentrale Wünsche hat. Am wichtigsten sind elementare physiologische Bedürfnisse wie atmen, essen und schlafen. Sind sie erfüllt, streben wir nach Sicherheit. Ist auch das erreicht, begehren wir Anschluss. Wir sind nicht dafür gemacht, unser Leben alleine zu verbringen. Als soziale Wesen wollen wir geschätzt und gemocht werden. Lovelands Studie legt nahe: Dieses Bedürfnis nach Zugehörigkeit lässt sich durch den Konsum nostalgischer Produkte stillen.

Wir haben ja bereits gesehen, dass es bei nostalgischen Erinnerungen häufig um Erlebnisse mit anderen Menschen geht. Menschen, die uns einst nahestanden oder heute noch wichtig sind. Wenn wir auf nostalgische Produkte zurückgreifen, bauen wir uns eine gedankliche Brücke zu diesen Erinnerungen. Und je stärker wir uns ausgeschlossen oder abgelehnt fühlen, desto größer ist dieses Verlangen.

Das bestätigt auch Ulrich Orth, Marketingprofessor an der Christian-Albrechts-Universität zu Kiel: »Konsumenten ›kaufen‹ sich positive Gefühle. Deshalb prägen schöne Erinnerungen die Konsumentscheidungen.« Auch Orth hat in verschiedenen Studien getestet, wie Freiwillige auf eine Stimmungsmanipulation reagieren. Für eine Untersuchung ließ er zum Beispiel zunächst fünf Produktmanager Fotos von 42 verschiedenen Marken zusammenstellen. So wollte er eine objektive Auswahl garantieren. Die Praktiker bestimmten verschiedene nostalgische Produkte wie zum Beispiel Creme21, die Kosmetikmarke aus den Siebzigerjahren – und moderne Marken, die eher keine Nostalgie verursachen.

Im Labor spielte Orth den Probanden nun unterschiedliche Musik vor. Eine Gruppe hörte ein trauriges Stück, die andere ein fröhliches. Das beeinflusste die Stimmung massiv, eine Person weinte bei der traurigen Musik sogar. Unmittelbar danach bekamen die Teilnehmer je eine Marke gezeigt, entweder die nostalgische oder die moderne. Jetzt wollte Orth wissen, ob sie die Produkte kaufen würden. Ergebnis: Die nostalgischen Marken verbesserten die Stimmung der traurigen Probanden – und genau diese wollten sie zudem häufiger erwerben. Die modernen Produkte hellten die Laune hingegen nicht auf, und die Freiwilligen wollten sie auch nicht kaufen.

Für Ulrich Orth ist die Stimmung Ursache und Folge zugleich. Demnach greifen Konsumenten vor allem bei schlechter Laune zu nostalgischen Produkten – und dieser Kauf verbessert die Laune. Dieser Mechanismus sei geschlechtsunabhängig, sagt Orth, Männer reagierten genauso wie Frauen. Denn diese Prozesse laufen meist unbewusst ab. Traurige Musik hinterlässt beinahe automatisch Melancholie, Schwermut oder Trübsinn. Wer sich ausgeschlossen fühlt, will wieder dazugehören. Und der Kauf eines Produkts, mit dem schöne Erinnerungen verbunden sind, lindert diese Gefühle. Von diesem Mechanismus profitiert seit mehr als zwanzig Jahren eine deutsche Zeitschrift.

* * *

Im April 2011 trafen sich im Berliner Luxushotel Adlon zahlreiche ostdeutsche Prominente, darunter Exboxer Henry Maske und Exeiskunstlaufstar Katarina Witt. Anlass war die offizielle Verabschiedung eines Chefredakteurs, der nach zwei Jahrzehnten an der Spitze in Ruhestand ging. Der damalige Ministerpräsident von Brandenburg, Matthias Platzeck, war ebenfalls Gast der Veranstaltung. »Er hat auch ein Stück Heimat gegeben«, sagte er dort über den scheidenden Journalisten, »und das ist in der sich immer schneller drehenden Welt eine wichtige Aufgabe.« Platzeck hätte auch sagen können: Er hat seinen Kunden ein Stück Nostalgie gegeben.

Kurz vor der Wiedervereinigung hatten die Manager des Münchner Burda-Verlags eine Idee. Das Ende der DDR war bereits abzusehen, publizistisch war der Osten für westdeutsche Verlage unbekanntes Terrain. Also konzipierte man eine Zeitschrift extra für diese Region. Sechs Wochen vor der Wiedervereinigung, am 23. August 1990, erschien die erste Ausgabe, zum Einführungspreis von 50 Pfennig. Für die ersten Jahre war sie durchaus programmatisch, denn zumindest auf dem Cover richtete sie sich vor allem an den Hormonhaushalt der Kundschaft: »Sex – Die neuen Praktiken. Freiheit auch im Bett«. Ein Jahr später berichtete die Zeitschrift über intime Details aus den Schlafzimmern: »Sexleben – Ost-Frauen brechen alle Tabus«. Die Redaktion fischte anfangs gerne im erotischen Teich, allerdings mit mäßigem Erfolg. 1991 übernahm der gebürtige Bayer Jochen Wolff die Redaktion der ›SuperIllu‹ und blieb dort zwanzig Jahre. Für die schnelllebige Medienbranche eine außergewöhnliche Zeit. Dass er seine Stelle so lange behielt, hat auch damit zu tun, dass er die Zeitschrift kurz nach seinem Amtsantritt neu ausrichtete. Und dabei machte er sich eine Unterart der Nostalgie zunutze, die später in erfolgreichen Spielfilmen wie ›Sonnenallee‹, ›Kleinruppin forever‹ oder ›Good Bye, Lenin!‹ erfolgreich vermarktet wurde: die Ostalgie.

Ein erstes Aha-Erlebnis hatte Wolff wenige Wochen nach seinem Dienstantritt. Da stand im Heft ein vermeintlich harmloser Satz: »Sie wuchs in einem tristen Plattenbau auf.« Daraufhin erhielt Wolff Dutzende empörter Leserbriefe. »Die Menschen im Osten liebten ihre Plattenbauten und empfanden sie nicht als trist. Im Gegenteil, wer in einem Plattenbau wohnte, genoss sogar ein gewisses soziales Prestige, der hatte eine Heizung und ein Bad. Und wenn einer aus dem Westen das abwertet, sind sie gekränkt«, sagte Wolff mal dem ›SZ Magazin‹. Spätestens da lernte er, auf die Befindlichkeiten seiner Leser zu achten. Er setzte auf den Titelblättern vermehrt auf Oststars und rief 1995 gemeinsam mit den Ost-Sendern MDR und RBB die »Goldene Henne« ins Leben, den »ostdeutschen Medienpreis«. Eine Reminiszenz an die 1991 verstorbene Entertainerin Helga Hahnemann, Spitzname »Henne«. Jedes Jahr dürfen die Leser der ›SuperIllu‹ die Preisträger mitbestimmen, unter den Siegern der vergangenen Jahre sind Stefanie Hertel, Schlagersängerin aus Oelsnitz; Jens Weißflog, Exskispringer aus Oberwiesenthal, oder Eduard Geyer, Exfußballtrainer aus Dresden. Unter allen Einsendungen verloste die Redaktion 2012 ein Jahresabo der Schokoladenfabrik Halloren aus Halle an der Saale und Reisesets der Sektkellerei Rotkäppchen aus Freyburg.

Natürlich kann man das lustig finden oder kurios. Vor allem in westdeutschen Medien wird die Zeitschrift immer noch gerne belächelt. Die ›Süddeutsche Zeitung‹ nannte sie »Psychotherapeut der Ostdeutschen«, die linksalternative ›tageszeitung‹ bezeichnete sie als »Burdas Zentralorgan für das von Marketingfritzen zusammengeschusterte Ostgefühl«. Offenbar ist Erfolg ohne Abneigung nicht denkbar. Geschadet haben Häme und Spott der Zeitschrift jedoch nicht, ganz im Gegenteil. Im ersten Quartal 2013 verkaufte sie nach Angaben der »Informationsgemeinschaft zur Feststellung der Verbreitung von Werbeträgern« jede Woche knapp 347 000 Exemplare. Etwa drei Millionen Leser hat sie, im Osten sogar mehr als die westdeutschen Nachrichtenmagazine ›Spiegel‹, ›Focus‹ und ›Stern‹ zusammen. Dort ist sie weiterhin die meistgekaufte Zeitschrift, was nicht nur an ihrem günstigen Preis von 1,70 Euro pro Ausgabe liegt. Sondern vor allem an ihren treuen Stammlesern, denen sie jede Woche ein Stück Heimat liefert.

Für diese besondere Art der Nostalgie ist inzwischen Robert Schneider zuständig. Im April 2011 war er vorerst auf dem Höhepunkt einer schnellen und steilen Karriere angelangt. Einen Tag nach seinem Abitur 1994 in Leipzig bewarb er sich bei der dortigen ›Bild‹-Redaktion um ein Praktikum. Wer ihn kennenlernt, kann sich ziemlich gut vorstellen, warum er den Platz bekam. Ihn umgibt diese ganz spezielle Aura, die viele Führungskräfte haben und die sich vor allem aus Selbstbewusstsein, Lässigkeit und Ironie speist, gemischt mit einer Prise sympathischer Arroganz. Das typische Alphamännchen.

Nach dem Wehrdienst ging Schneider 1997 nach Köln und absolvierte bei ›Stadt-Anzeiger‹ und ›Express‹ sein Volontariat. Danach folgten Stationen bei den Boulevardzeitungen ›BZ‹ und ›Bild‹. Von August 2008 bis März 2011 war er stellvertretender Chefredakteur der ›Bild am Sonntag‹, im April 2011 wurde er Chefredakteur der ›SuperIllu‹ – wenige Wochen nach seinem 35. Geburtstag.

Schneider weiß, dass junge Führungskräfte kritisch beäugt werden. Erst recht, wenn ihr Vorgänger zwei Jahrzehnte lang erfolgreich arbeitete. Umso vorsichtiger versucht er den Spagat zwischen Tradition und Innovation. Er hat das Heft leicht erneuert, es gibt mehr Reportagen und eine andere Schriftart. Im Juli 2012 brachte die Redaktion eine eigene App auf den Markt, einen interaktiven Reiseführer für die Ostsee. Doch Wolffs besonderes Rezept will er beibehalten. Außen Stars und Sternchen, innen eine Mischung aus Nachrichten- und Unterhaltungsmagazin. Oder, wie Schneider selbst sagt: »Eine Mischung aus ›Stern‹ und ›Bunte‹ für Ostdeutschland.« 2012 durfte der Moderator Ingo Dubinski von seinem Babyglück berichten, Schlagerstar Olaf Berger erzählte von seiner Krebserkrankung. Mehrmals auf dem Cover waren in dem Jahr nur wenige, darunter Bundespräsident Joachim Gauck und Inka Bause, einst DDR-Kinderstar, heute RTL-Moderatorin. Um die kulinarischen Belange der Leser kümmert sich der Verlag im Internet. In einem Shop gibt es allerhand DDR-Reliquien, darunter für 29,99 Euro auch ein »exklusives Lebensmittel-Ostpaket«. Darin: Tomatenketchup von Werder, Wurzener Erdnussflips und Fruchtgummis in Ampelmännchen-Form.

Die Häme, die seinem Vorgänger Jochen Wolff entgegenschlug, geht Robert Schneider ziemlich am Allerwertesten vorbei. Natürlich sagt er das so nicht, aber man sieht es ihm an, wenn man ihn drauf anspricht. »Das Credo meines Vorgängers war immer, die Lebensleistung der Menschen aus der ehemaligen DDR anzuerkennen, und so denken wir weiterhin. Die Bayern behaupten ja gerne, dass es bei ihnen eine Art Mia-san-mia-Gefühl gibt. Ich bin davon überzeugt, dass es dieses Gefühl auch in Ostdeutschland gibt. Ähnliche Erlebnisse oder Erinnerungen sind ein verbindendes Element für Millionen Ostdeutsche.«

Er erlebt seinen Posten bei der ›SuperIllu‹ als eine Art Geschichtsreise, auf der er seine Heimat aufarbeiten, wiederentdecken und neu kennenlernen kann. Da wird bisweilen auch der coole Chefredakteur nostalgisch. Im Weihnachtsheft 2012 druckte er Bilder des verschneiten Erzgebirges. »Wenn ich Bilder von dort sehe, fühle ich mich an meine Kindheit erinnert«, schrieb Schneider. »Unsere Stube war im Advent reich geschmückt – mit Engeln, Räuchermännchen, Pyramiden, Schwibbögen und Selbstgebasteltem. Mein Großvater und ich liebten das Handwerk mit der Laubsäge.« Hach, schön.

Sicher, im Westen ist die Zeitschrift kaum präsent. Auch die Medienkrise ist an ihr nicht vorbeigegangen, ihre Auflage sinkt seit Jahren. Die Leserschaft ist im Schnitt knapp 54 Jahre alt, 41 Prozent sind 60 und älter. Schneider ist trotzdem zuversichtlich, dass er die ›SuperIllu‹ gesund ins nächste Jahrzehnt führen kann. Als Beweis lässt er eine Mitarbeiterin einen Artikel im Archiv suchen und in sein Büro bringen.

Auf drei Seiten berichtete der Redakteur Gerald Praschl im August 2012 über die beiden Ostdeutschen Beatrice Lembke und Sandro di Sprich. Die waren in den Achtzigerjahren Klassenkameraden in Dörmitz an der Elbe. Jetzt lebt Sandro als Fotograf in Niedersachsen, Beatrice blieb in der Heimat und wurde Hausfrau. Eines Tages vernetzten sie sich bei Facebook, die Nachrichten begannen mit »Weißt du noch …?« Sandro schickte Beatrice alte Fotos, etwa von Spielsachen. Und irgendwann dachten sie sich, dass es doch bestimmt Gleichgesinnte gebe. Im Juli 2011 gründeten sie eine Facebook-Gruppe namens »DDR Kinder«. Im August 2012 hatte die Gruppe 100 000 Mitglieder. Im September 2013 waren es mehr als 240 000.

Dort laden die Nutzer Fotos alter Produkte hoch oder verlinken Videos früherer Musikstars wie den Puhdys. Niemand will die DDR glorifizieren oder gar zurückhaben. Aber alle genießen es, in Erinnerungen zu schwelgen, über Spreewaldgurken und Königsberger Klopse zu sprechen und sich ins Gestern zu klicken. »Das macht uns noch lange nicht zu verkappten Kommunisten, die die Mauer wiederhaben wollen«, schrieb eine Nutzerin namens »Steffi E.«. Aber es erklärt, warum viele Ostdeutsche ein Magazin lesen, bei dessen Lektüre sie sich an früher erinnern können.

Immerhin verloren die Menschen durch die Wiedervereinigung zunächst ihre Heimat. Natürlich war dort längst nicht alles schön, ganz im Gegenteil. Dennoch wirken Prominente und Produkte, die sie mit dieser verlorenen Heimat verbinden, wie ein Anker. Ein weiterer Beleg dafür, wie vorausschauend Fred Davis' Schlussfolgerungen in ›Yearning for Yesterday‹ waren. Darin hatte der Soziologe ja nahegelegt, dass das Bedürfnis nach Nostalgie vor allem bei einschneidenden Erlebnissen steigt. Erlebnisse, die das stabile Leben ins Wanken bringen. Genau davon profitiert die ›SuperIllu‹. Sie stillt das Bedürfnis nach Wärme, Sicherheit und Kontinuität. Ein Bedürfnis, das auch Unternehmen aus anderen Branchen ausnutzen.

HEILE WELT

Retrowerbung weckt Gefühle

Das Jahr 1989 war an weltpolitischen Ereignissen nicht gerade arm. In den USA wurde George Bush senior Präsident, im Iran rief Ajatollah Chomeini zur Tötung des Schriftstellers Salman Rushdie auf, in Peking kam es zum Massaker auf dem Platz des Himmlischen Friedens, in Berlin fiel die Mauer. Doch das Jahr veränderte auch das Leben zweier Menschen, die davon noch heute profitieren.

Man kann nicht behaupten, dass Egon Wellenbrink bis dahin ein langweiliges Leben hatte. Nach der Schulzeit in den Fünfzigern arbeitete er in den Sechzigern als DJ, in den Siebzigern spielte er in diversen Bands, davon vier Jahre lang für den Schlagerstar Roy Black. Gleichzeitig führte er in München einen Schallplattenladen. Anfang der Achtziger wurde er Redakteur bei Radio Bremen. Wellenbrink war hinter den Kulissen immer gut für einen Kalauer, auch in den Konferenzen. Deshalb schubsten ihn die Kollegen eines Tages als Wetterfrosch vor die Kamera. Als »Egon Wetterbring« machte er dort gerne Scherze, egal ob die Sonne schien, ob es regnete oder schneite. Die Zuschauer des Senders mochten seine lockere Art, Wellenbrink erlangte eine gewisse regionale Berühmtheit. Deshalb wurde eines Tages ein Unternehmen aus Ostwestfalen auf ihn aufmerksam, das gerade eine neue Werbefigur suchte. 1989 wurde Egon Wellenbrink der »Melitta-Mann«.

Im selben Jahr plante der Schweizer Nahrungsmittelkonzern Nestlé die Werbekampagne für ein neues Produkt – Nescafé Cappuccino. Die Deutschen hatten sich angewöhnt, ihren Kaffee in Maschinen zuzubereiten, in Kännchen zu füllen und aus Tassen zu trinken. Doch in anderen Ländern funktionierte das Konzept für lösliches Kaffeepulver mit Milch schon gut, in Deutschland waren erste Testverkostungen ebenfalls erfolgreich. Als Zielgruppe hatten die Marketingexperten des Konzerns vor allem jüngere Konsumenten ausgemacht. Ihnen wollten sie in den Werbespots das typisch italienische Lebensgefühl vermitteln – oder zumindest das, was die Deutschen dafür halten. Nun musste Nestlé nur noch einen passenden Darsteller finden. Die Wahl fiel auf den römischen Schauspieler Bruno Maccallini – mittlerweile besser bekannt unter seinem Alias »Angelo« und dessen Standardspruch: »Isch 'abe gar kein Auto.«

Beide Werbespots prägten den Erfolg der Produkte wie auch das Leben der Protagonisten. Wellenbrinks Vertrag mit Melitta lief zehn Jahre lang. 1994 kaufte er sich eine Finca auf Mallorca und wanderte aus; Maccallini schrieb später Bücher, gemeinsam mit seiner Lebensgefährtin Jutta Speidel. Im Ullstein-Verlag veröffentlichten sie unter anderem den Bericht einer Fahrradtour von München nach Meran. Bei der Suche nach einem geeigneten Titel ließen sie sich von Maccallinis Vergangenheit inspirieren: ›Wir haben gar kein Auto‹.

Die echten Namen der beiden Werbefiguren kennen wenige, die Werbespots fast jeder. Und diese Bekanntheit nutzte vor einigen Jahren eine deutsche Molkerei für ein Déjà-vu-Erlebnis. 2008 reaktivierte die Unternehmensgruppe Theo Müller die beiden Kultdarsteller. Im TV-Spot für Müllermilch Coffee trafen sich Wellenbrink und Maccallini an einem Regal im Supermarkt. Sie erblickten sich, guckten sich überrascht an und fragten dann unisono: »Sind Sie nicht der Typ aus der Kaffeewerbung?«

Das Filmchen zeigt, wie ein Unternehmen die Bekanntheit anderer Werbefiguren nutzen kann. Es sagt zudem viel darüber aus, welche Rolle Nostalgie inzwischen in der Werbung spielt. Hier finden wir die Erkenntnisse von Fred Davis wieder. Er hatte ja behauptet, dass Menschen vor allem in Zeiten des Wandels und der Unsicherheit nostalgisch werden. Diese Neigung machen sich mittlerweile sowohl Marketingabteilungen von Unternehmen als auch kreative Köpfe in Werbeagenturen zunutze, die sich von Nostalgie inspirieren lassen. Das Schöne ist: Der Fantasie sind dabei kaum Grenzen gesetzt.

Eine Möglichkeit besteht darin, einen alten Werbespruch wieder hervorzukramen. So geschehen zum Beispiel beim US-Nahrungsmittelkonzern Mars. Den gleichnamigen Schokoriegel gibt es in Deutschland seit 1961. Bereits in den Siebzigerjahren warb das Unternehmen mit dem Spruch »Mars macht mobil«. Danach änderten die Werber den Slogan ständig, von »Und es geht weiter« über »Das hat was« bis zu »Nimm Mars, gib Gas«. 2010 kreierte der Konzern schließlich einen neuen Werbespot – und kehrte zum alten Klassiker zurück.

Als der Versicherungsriese Allianz 2012 eine neue Kampagne startete, buchte er den früheren Formel-1-Fahrer Christian Danner. Der berichtete im Fernsehspot von seinen Kindheitserinnerungen und erzählte, dass sein Vater einst als Unfallforscher im »Allianz Zentrum für Technik« gearbeitet hatte. Am Schluss des ohnehin schon nostalgischen Spots feierte ein weiterer Werbeklassiker seine Rückkehr: »Hoffentlich Allianz versichert«. Der Grund für das Comeback nach fast zehn Jahren: Die Versicherung hatte in Marktforschungen herausgefunden, dass der 2003 abgelöste Slogan den Konsumenten fest im Gedächtnis geblieben war.

Ähnliches musste die Führungsspitze der Commerzbank feststellen, als sie knapp 100 000 Kunden befragte. Im Zuge der Finanzkrise hatte das Institut gelitten und war sogar teilverstaatlicht worden, das Vertrauen der Verbraucher in Geldinstitute war erschüttert. Anlass für Commerzbank-Chef Martin Blessing, in die Retrokiste zu greifen. Im November 2012 verkündete er die Rückkehr zum Slogan »Commerzbank. Die Bank an Ihrer Seite«. Der alte Spruch hatte in Kundenbefragungen am besten abgeschnitten.

Ein Trend, der längst nicht nur in Deutschland zu beobachten ist. 2008 legte McDonald's einen Spot neu auf. Zum 40. Jahrestag des Big Mac animierte die Fast-Food-Kette die Kunden dazu, einen Werbetext von 1974 neu zu vertonen. Coca-Cola holte für seine Light-Variante Diet Coke einen Spruch von 1982 wieder hervor. Der US-Nahrungsmittelhersteller General Mills verkaufte Frühstücksprodukte in nostalgischen Verpackungen. All diese Beispiele beweisen: Das sogenannte Retromarketing ist seit einigen Jahren wieder en vogue.

Nun könnte man diese Entwicklung leicht auf mangelnde Kreativität zurückführen, nach dem Motto: Wenn uns nichts Neues einfällt, nehmen wir etwas Altes. Oder auf sinkende Werbebudgets in Zeiten knapper Kassen. Im Sinne von: Bevor wir einer Agentur Millionen Euro oder Dollar für eine neue Kampagne zahlen – ohne zu wissen, ob die beim Verbraucher überhaupt ankommt –, greifen wir lieber auf Funktionierendes zurück. Diese Argumente sind sicher berechtigt. Doch sie sind nur ein Teil der Wahrheit.

Keine Frage, Unternehmen stehen vor riesigen Herausforderungen. Die Werbebudgets sinken, Konsumenten können zwischen Dutzenden von Produkten wählen. Außerdem lässt sich kaum jemand gerne von Werbebotschaften berieseln, egal in welchem Medium. Fernsehzuschauer schalten bei Werbeblöcken um, Zeitungsleser überblättern die Anzeigen, Internetnutzer klicken die Banner weg. Es ist schwieriger geworden, die Aufmerksamkeit der Kunden zu gewinnen. Gute Werbung wird immer wichtiger. Werbung, die die Kunden nicht nur emotional berührt, sondern im Optimalfall zum Kauf anregt. Gleichzeitig muss sie in den gesellschaftlichen Rahmen passen. Umso verständlicher ist es, dass Unternehmen in Zeiten von Krisen, egal ob die nun finanzieller, politischer, ökonomischer oder sozialer Natur sind, den Menschen vor allem Schutz und Sicherheit vermitteln wollen. Und in dieser Gemengelage können sie sich mithilfe von Nostalgie bestens von Konkurrenten absetzen.

Einerseits haben die Jüngeren heute das Gefühl, dass früher vieles besser war – selbst wenn sie das nur aus Erzählungen zu wissen glauben oder es nur bedingt stimmt. Doch Fakt ist eben: Die meisten Angestellten blieben ein Leben lang beim selben Arbeitgeber, die Arbeitslosenquote war niedriger, das Benzin billiger, die Globalisierung weit weg, die Euro-Krise ebenfalls.

Die Älteren können das umso besser nachvollziehen, denn sie haben diese Zeiten noch persönlich erlebt. Mit anderen Worten: Retrowerbung ist ein mächtiges Instrument, um verschiedene Generationen zu erreichen.

Frank Dopheide sieht das genauso. Er leitete von 2003 bis 2010 die Geschäfte der Werbeagentur Grey Worldwide, bevor er sich 2011 selbstständig machte. Dopheide erklärt sich den Nostalgietrend der Branche mit dem hohen emotionalen Wiedererkennungswert. »Viele Unternehmen unterschätzen, dass der Erstkontakt zum Kunden entscheidend ist. In diesem ersten Moment setzt sich der Eindruck einer Marke mit allen Sinnen und Emotionen für immer und ewig fest«, sagt Dopheide. Ein klassisches Beispiel ist für ihn Coca-Cola. In vielen Geschmackstests schneidet Pepsi besser ab. Aber kein Kind fragt: »Mama, darf ich 'ne Pepsi?« Alle fragen: »Darf ich 'ne Cola?«

Dopheide ging das damals genauso. Meistens verneinten seine Eltern den Wunsch, nur zu besonderen Anlässen durfte er Coca-Cola trinken. Diesen Moment kennen wahrscheinlich alle Kinder. Ein Moment, in dem sie sich gut fühlen und pures Glück empfinden, weil sie für einen kurzen Augenblick dazugehören. Dieses Gefühl bleibt für immer mit Coca-Cola verankert – oder eben mit anderen Marken der Jugend. »Die kaufkräftigen Kunden, die heute zwischen 30 und 50 Jahre alt sind, haben viele Produkte und Slogans in ihrer Jugend kennengelernt«, so Dopheide. »Damals verliebten wir uns zum ersten Mal, machten den Führerschein, rauchten die erste Zigarette und zogen von zu Hause aus. Genau deshalb ist Retrowerbung gut, eben weil sie sich diese Emotionalität zunutze macht. Und es wäre verrückt, wenn Unternehmen diesen Vorteil nicht nutzten.«

Auch aus finanziellen Gründen. Heute ist es enorm teuer, ein Gefühl neu mit einer Marke zu verknüpfen. Wann immer Unternehmen eine solche Verbindung nutzen können, sollten sie diese beibehalten oder wieder hervorholen. Ein komplett neuer Auftritt kostet viel Geld. Werbeexperte Dopheide schätzt, dass ein Unternehmen etwa 100 Millionen Euro braucht, um mit einer Kampagne ganz Deutschland zu erreichen. Und viel Glück. Denn man kann nie wissen, ob die Botschaft sich wirklich festsetzt, die Köpfe der Konsumenten sind voll. Retrowerbung appelliert also nicht nur an starke Gefühle, sondern schont auch den Geldbeutel. Gelingt es ihr, Nostalgie auszulösen, wirkt sich das positiv auf das Produkt aus.

Zu dieser Erkenntnis gelangten zum Beispiel vor einigen Jahren Silke Bambauer-Sachse (Universität Fribourg) und Heribert Gierl (Universität Augsburg). In zwei Studien konfrontierten sie knapp 1000 Teilnehmer, darunter Studenten, Angestellte und Rentner, mit Anzeigen für verschiedene Produkte: Pudding, Kekse, Schokolade, Reinigungsmittel oder Gesichtscreme. Allerdings zeigten sie ihnen zwei verschiedene Anzeigen, eine alte und eine moderne. Nun befragten sie alle Probanden nach ihrer Einstellung zu Werbung und dem Produkt, ob sie es kaufen wollten und welche Bilder die Anzeige in ihrem Kopf auslöste. Dabei schnitt die nostalgische Werbung in allen drei Kategorien am besten ab. Sie rief positivere Gefühle und intensivere Bilder hervor als die moderne Kampagne. »Und das beeinflusst nicht nur die Einstellung der Konsumenten gegenüber einer Marke und einem Produkt«, schrieben die Wissenschaftler, »sondern auch die Kaufabsicht.«

Dafür verantwortlich ist offenbar unser »psychologisches Immunsystem« (siehe Abschnitt *Ich mach mir die Welt*). Wie Daniel Gilbert einst zeigen konnte, färbt es Erinnerungen schön. Wenn diese verklärte Vergangenheit nun durch Werbung gewissermaßen künstlich geweckt wird, dann sorgt das ebenfalls für positive Gefühle. Diese Gefühle übertragen wir auf das beworbene Produkt – und kaufen es umso lieber. Kaum jemand hat das so gut verstanden wie Godo Röben.

* * *

Der Mann mit dem ungewöhnlichen Vornamen stammt aus Brake an der Unterweser, einem kleinen Ort bei Oldenburg. Nach seinem BWL-Abschluss bewarb er sich 1995 bei etwa zehn Mittelständlern aus der Region. Seine Kommilitonen fanden das ziemlich kurios, sie wollten lieber bei Großkonzernen Karriere machen. Doch Röben reizte der Einstieg bei einem Familienunternehmen. Deshalb schickte er seine Bewerbung als Junior-Produktmanager auch an einen regionalen Metzgerbetrieb. Wenig später wurde er zum Bewerbungsgespräch geladen. Doch dort musste Röben überrascht feststellen, dass das Unternehmen noch nicht mal eine Marketingabteilung hatte.

Andere Bewerber wären jetzt verunsichert gewesen oder ins Stottern geraten. Röben ist weder für das eine noch das andere prädestiniert, deshalb blieb er gelassen. Mit Erfolg. Der Firmenchef stellte den jungen Absolventen tatsächlich ein – als Marketingchef.

Am Telefon grüßt Röben heute gerne mit einem gut gelaunten »Moin!«. Doch so fröhlich war die Lage bei seinem Dienstantritt nicht. Damals hieß das Unternehmen noch Carl Müller und betrieb in Norddeutschland 30 Metzgereien. Inzwischen hat es seinen Namen geändert: Die Rügenwalder Mühle setzte 2012 etwa 174 Millionen Euro um. Und das kam so.

1834 eröffnete der Fleischermeister Carl Müller eine Metzgerei im pommerschen Rügenwalde, dem heutigen Darłowo, das mittlerweile zu Polen gehört. Er verkaufte Produkte nach eigener Rezeptur. 1903 erfand sein Enkel Carl Müller III. eine streichfähige Rohwurst. Diese aßen die Menschen am liebsten nachmittags zu einer Tasse Tee – und deshalb nannte er sie »Teewurst«. Schon bald stellte jeder Metzger im Ort seine eigene Sorte her, Müller wollte sein Original von den Imitaten absetzen. Aber wie?

Auf den Würsten seines Konkurrenten Carl Schiffmann prangte ein Schiff. »Wir heißen Müller, also kommt bei uns eine Mühle drauf«, sagte eines Tages seine Frau Alwine. Die malte sie dann gleich selbst – mit Würsten als Flügel. Inzwischen hat das Unternehmen diese Mühle in der Nähe des Firmensitzes in Niedersachsen sogar nachgebaut.

Dorthin musste die Familie nach dem Zweiten Weltkrieg fliehen. Und hier lernte Ruth Müller, die Urenkelin des Gründers und Tochter des damaligen Firmenchefs, wenig später Kurt Rauffus kennen. Der war eigentlich ausgebildeter Uhrmacher, gewann aber offenbar das Vertrauen des Chefs. 1952 heirateten die beiden, im selben Jahr trat Rauffus in das Unternehmen ein. Zwölf Jahre später übernahm er die Firma, seit 1980 ist sein Sohn Christian Geschäftsführer. Dieser stellte 1996 Godo Röben ein.

Damals schimmerte den beiden, dass das Geschäftsmodell des traditionsreichen Familienbetriebs überholt war. In den Neunzigerjahren wirkten Wurstprodukte inmitten von BSE-Skandalen und steigendem Gesundheitsbewusstsein etwas unmodern. Dass der Betrieb damals etwa 400 unterschiedliche Produkte im Sortiment hatte, machte es nicht gerade besser. Deshalb kürzten Rauffus und Röben das Sortiment radikal zusammen. Von nun an konzentrierten sie sich auf die Rügenwalder Teewurst. Zwei Jahre später kam die Pommersche Leberwurst dazu. Diesen Strategiewechsel wollte die Unternehmensleitung bekannt machen, am besten im Fernsehen. Und dabei bediente sich Röben erstmals der Nostalgie. 1996 orderte ein Reiter mit blauen Augen und blonder Mähne in einer Metzgerei das ganze Sortiment für seine Meute. Die sang bei seiner Ankunft im Chor: »Würzig grob, herzhaft fein, wir hau'n rein!« Zwei Jahre später hieß es: »Das Schönste an der Heuernte bei Oma Frederike war, wenn es endlich hieß: Feierabend!«

Wenn Röben heute davon erzählt, muss er fast ein bisschen grinsen. »All diese Schritte basierten im Grunde nur auf Bauchentscheidungen, die sich hinterher als richtig herausstellten.« Doch darauf wollte er sich nicht ewig verlassen. Auch sein Selbstbewusstsein kennt Grenzen. Deshalb beauftragte er vor einigen Jahren ein Marktforschungsunternehmen mit einer umfangreichen Studie. Röben wollte vor allem wissen, welche Werte und Emotionen die Verbraucher mit der Rügenwalder Mühle verbinden. Dabei kam heraus, dass sie als gesellig, traditionell und natürlich wahrgenommen wird; dass die Produkte das Gefühl vermitteln, ein Stück der guten alten Zeit zurückzubekommen; dass sie Geborgenheit und Heimat transportieren. An diese Gefühle wollte Röben in einem Werbespot für eine neue Kreation appellieren – eine Wurst mit dem Produktnamen Mühlen Mett. Der Name klingt weder sonderlich romantisch noch nostalgisch. Umso beachtlicher ist der Spot, der schließlich im Fernsehen lief.

Ein Sonnenuntergang am See. Zwei Jungen sitzen in Badehose auf einem Steg und lassen die Füße ins Wasser baumeln. Sie lächeln. Eine tiefe Männerstimme aus dem Hintergrund brummt betont langsam: »Die Rügenwalder Mühle erinnert mich immer an den herrlichsten Genuss aus meiner Jugendzeit.« Die Kamera schwenkt um zu einer Frau, die in einem Garten Zwiebeln schneidet und mit Mett vermischt. »Mutters selbst gemachtes Mühlen Mett. Und dazu frisch gebackenes Brot«, brummt die Stimme wieder. Schwenk hinüber zum Vater, der einen frisch gebackenen Laib Brot aus dem Ofen holt. Die Jungen laufen ins Bild. »Frisches Mühlen Mett auf warmem Brot«, brummt die Stimme. »Den Geschmack hab ich nie vergessen.« Am Schluss sitzen die beiden Jungen wieder auf dem Steg am See, Füße im Wasser, Wurstbrote im Mund.

Röben erinnert sich noch gut an den Dreh des Werbespots. Allein die Entwicklung kostete etwa 400 000 Euro. »Zwei Drehtage für 30 Sekunden Film«, sagt Röben. Aber der logistische und finanzielle Aufwand lohnte sich. Nach nur einem Jahr war Rügenwalder Marktführer in diesem Segment und gab diese Position seitdem nicht mehr ab. Jedes Jahr verkauft das Unternehmen vom Mühlen Mett mehr als zehn Millionen Packungen. »Im Nachhinein war es genau richtig, bei der Markteinführung auf Kindheitserinnerungen zu setzen – denn wir wollten zum Auftakt vor allem die Emotionen der Verbraucher wecken«, so Röben.

Eine Strategie, die 2010 der Käsehersteller Edelweiss aus Kempten ebenfalls verfolgte. »Ja, das war der Geschmack meiner Kindheit«, erzählte in einem Spot der Protagonist Marcel, »frische Kräuter, kalt gerührt, die kleinen Förmchen … jetzt ist er wieder da … in Bresso Traditionelle.« Auch der Autohersteller Honda setzte 2007 auf die Macht der Nostalgie. Für einen Werbespot engagierte er Lee Majors, in den Achtzigerjahren Hauptdarsteller der Erfolgsserie ›Ein Colt für alle Fälle‹. Darin verkörperte er einen waghalsigen Stuntman namens Colt Seavers. Inzwischen war Majors fast 70 Jahre alt, daher ließ er es ruhiger angehen. Anstatt frühere Stunts zu wiederholen, fuhr er lieber gemächlich nach Hause. Im Hintergrund ertönte eine neue Version des damaligen Titelliedes ›The Unknown Stuntman‹.

Zugegeben, Godo Röben hat die Werbung der Rügenwalder Mühle in den vergangenen Jahren verändert. Vor allem deshalb, weil sich die Prioritäten der Verbraucher verschoben haben. Sie achten besonders auf die Qualität des Fleischs, auf Inhaltsstoffe und Nahrungsmittelwerte. Darauf fokussierte sich das Unternehmen in seinen Spots und verpflichtete mit dem Fernsehmoderator Jörg Pilawa einen Prominenten. Ganz verschwand das Motiv der Nostalgie trotzdem nicht. In einem Film ruderte Pilawa mit einem Boot über den See und erzählte, dass er die Wurst schon als Kind gerne gegessen habe. Damit verband das Unternehmen die rationalen Argumente mit den emotionalen, sagt Röben: »Wir erreichen sowohl jene Konsumenten, die vor allem auf die Qualität der Produkte achten, als auch jene, denen das nicht so wichtig ist – und die sich vor allem von schönen Erinnerungen leiten lassen.«

* * *

Müssen Marketingexperten also einfach nur im Archiv kramen und eine frühere Werbung herausholen? Lediglich alte Protagonisten reaktivieren? Und fertig ist die Erfolgskampagne? Nein, so einfach ist es nicht. Retrowerbung ist eine Chance. Doch jede Chance beinhaltet das Risiko des Scheiterns. Die größte Gefahr besteht darin, ein kommunikatives Eigentor zu schießen. Dann nämlich, wenn die Konsumenten ein Produkt oder eine Marke als veraltet, überholt und angestaubt einschätzen – und vom Kauf oder Konsum absehen.

Gute Retrowerbung sollte daher vor allem drei Kriterien erfüllen, sagt Marketingexperte Altaf Merchant von der Universität von Washington in Tacoma. Erstens müsse sie bei den Verbrauchern persönliche Erinnerungen an die Vergangenheit wecken. Zweitens solle sie Gefühle heraufbeschwören, die die Kunden zur Handlung bewegen. Und drittens sollten diese Erinnerungen und Gefühle dazu führen, dass sie sich der beworbenen Marke näher fühlen. Wie man das richtig macht, zeigte vor einigen Jahren der Getränkekonzern Pepsi. 2009 brachte das Unternehmen Retrodosen auf den Markt, deren Design an die Siebziger- und Achtzigerjahre angelehnt war. Die Aktion sollte eigentlich nur ein zeitlich begrenzter Werbegag sein, was der Konzern nicht verschwieg. »Es geht darum, die Vergangenheit herbeizusehnen, eine einfachere Zeit – auch wenn dem nicht immer so war«, sagte Marketingleiter Frank Cooper damals der ›New York Times‹. Die Aktion war erfolgreich, die Dosen kamen gut an. Vor allem bei jüngeren Konsumenten. Das ist an sich schon kurios genug. Denn jene Generation kaufte in den Achtzigern mit an Sicherheit grenzender Wahrscheinlichkeit keine Pepsi-Produkte, weil sie entweder zu klein oder noch gar nicht auf der Welt war. Trotzdem erhielt das Unternehmen Hunderte euphorischer E-Mails, in sozialen Netzwerken diskutierten die Nutzer begeistert über die Dosen. Der Konzern reagierte umgehend und startete bei Facebook einen Wettbewerb. Er bat die Nutzer darum, eigene Fotos einzusenden, auf denen sie Produkte ihrer Kindheit mit Pepsi-Dosen kombinierten. Innerhalb weniger Monate hatte die Seite knapp 150 000 Fans.

Shiv Singh, bei Pepsi zuständig für die Digitalstrategie, zeigte sich im Gespräch mit dem Branchendienst ›Marketing Daily‹ wenig überrascht über den Erfolg der PR-Aktion: »Menschen um die 20 finden Retro einfach cool, weil es ihrem Bedürfnis entspricht, ein einfacheres, saubereres und authentischeres Leben zu führen. Viele von ihnen nutzen Dienste wie Facebook, Instagram oder Twitter, um sich eine eigene Identität zu verpassen. Und Nostalgie ist eine gute Methode, um sich von anderen abzuheben.« Die Aktion erreichte allerdings noch mehr: Sie kurbelte auch den Verkauf der anderen Produkte an und brachte dem Konzern neue Kunden. Deshalb entschied sich Pepsi 2011, die Dosen permanent ins Sortiment zu übernehmen.

Ein schönes Beispiel dafür, wie effektiv Nostalgie bei Marketing- und PR-Maßnahmen sein kann. Sie sorgte bei den Kunden für gute Gefühle und Loyalität, und dem Unternehmen brachte sie Geld ein. Inzwischen mehren sich die Hinweise darauf, dass Nostalgie sich auf unsere Ausgabefreudigkeit auswirkt. Francesca Gino hatte ja zeigen können, dass schöne Erinnerungen beeinflussen, wie großzügig wir anderen Menschen gegenüber sind. Und dieser Mechanismus funktioniert auch im Konsumbereich.

AUS ALT WIRD NEU

Bekannte Marken kehren zurück

Unkel und Berlin haben in etwa so viel gemeinsam wie Sonne und Regen. In dem rheinland-pfälzischen Städtchen leben gut 5 000 Menschen, in der deutschen Hauptstadt etwa 3,3 Millionen. Unkels einziger Bahnhof wurde 1870 erbaut und hat drei Gleise, der Berliner Hauptbahnhof bietet seit der Neueröffnung 2006 Platz für 14 Gleise. Idyllische Kleinstadt hier, raue Metropole dort – die Städte passen einfach nicht zusammen.

Dennoch machte Unkels bekannteste Firma, deren Wurzeln mehr als 200 Jahre zurückreichen, 1998 einen Abstecher nach Berlin. Wenn der heutige Chef dieser Firma darauf angesprochen wird, lächelt er erleichtert. Denn dieser riskante Ausflug ist längst beendet. Aber der Reihe nach.

1805 gründete der Pfarrer Johann-Heinrich Lauffs in der Nähe von Unkel ein Weingut. Die Stadt liegt an den südlichen Ausläufern des Siebengebirges, dessen steile Hügel auf der rechten Rheinseite prädestiniert sind für den Anbau von Reben. Etwa 90 Jahre später nutzte Lauffs Enkel Alexander ein Verfahren, das kurz zuvor der französische Chemiker Louis Pasteur entwickelt hatte: Pasteurisieren erlaubte es, frischen Traubensaft länger haltbar zu machen. Nun mussten die Früchte nicht mehr in Fässern zu Wein verarbeitet werden, sondern konnten als alkoholfreier Trank verkauft werden – die Geburtsstunde der Saftmarke Roter Rabenhorster. So heißt eines der Produkte der Firma Haus Rabenhorst, die heute ihren Sitz gegenüber dem Unkeler Bahnhof hat. Doch der bekannteste Saft des Traditionsunternehmens geht zurück auf eine Idee der Brüder Walter und Günther Lauffs, die Ururenkel des Firmengründers.

Der Legende nach bemerkten die Brüder nach dem Zweiten Weltkrieg, dass viele Kinder enorm blass waren, ein Zeichen schlechter Ernährung. Die Lauffs wollten dazu beitragen, die Gesundheit der Kinder zu stärken. Deshalb mischten sie Traubensaft mit anderen Früchten, streuten noch etwas Eisen hinein und schütteten Honig dazu. Fertig war ein Getränk, dessen Name und Logo auf seinen Zweck hinweisen sollte: Rotbäckchen. Auf den Flaschen prangte schon damals ein kleines, blondes Mädchen mit leuchtend roten Wangen. Wenn man so will, dann hat die Kleine in den vergangenen sechs Jahrzehnten eine recht abenteuerliche Reise zurückgelegt und währenddessen häufiger blass ausgesehen. Manchmal schien es, als ob sie sterben müsse. Doch inzwischen hat sich das Mädchen von allen Krankheiten erholt, und ihre Gesichtsfarbe ist gesünder denn je.

Geschäftsführer von Haus Rabenhorst und damit auch von Rotbäckchen ist seit 2008 Klaus-Jürgen Philipp. Seit seinem Abschluss als Diplom-Betriebswirt arbeitete er fast ausschließlich in der Nahrungsmittelbranche, meistens im Marketing. Philipp war bei Jacobs Suchard, Hochland und Bahlsen, zuletzt leitete er das Geschäft beim Getränkehersteller Gehring-Bunte. Er weiß, wie man Marken vertreibt – und vor allem: wie nicht.

Wer verzweifelt ist, verhält sich häufig seltsam. Demnach waren die Verantwortlichen von Rotbäckchen 1998 ziemlich verzweifelt. Auf der Suche nach neuen Kunden hielten sie es für eine gute Idee, auf der Berliner Techno-Veranstaltung Love-Parade einen Wagen zu sponsern. Auf einem Banner prangte das Konterfei des Mädchens, inklusive des Hinweises, »erster Energydrink der Nation« zu sein. Man muss kein Marketingguru sein, um die Werbeaktion abenteuerlich zu finden. Genau genommen brachte sie die Firma in Schwierigkeiten. Den Werbeexperten Frank Dopheide wundert das nicht: »Rotbäckchen transportiert das Gefühl, behütet zu sein. Das ist der Wert der Marke. Bildlich ausgedrückt: Draußen ist es kalt, das Kind muss zur Schule und findet alles doof. Da schenkt Mama ihm ein Glas Rotbäckchen ein – und alles ist gut. Die Love-Parade ist das genaue Gegenteil dieses Bildes. Dort ist es laut, dort ist Remmidemmi. Das Rotbäckchen zur Love-Parade zu schicken, ist also unglaubwürdig, weil sich die Bilder beißen – und Unglaubwürdigkeit ist immer tödlich.« Genau dieser Gefahr setzte sich Rotbäckchen mit der Aktion aus. Auch in den darauffolgenden Jahren blieb die Lage bedrohlich.

Jahrzehntelang hatte Rabenhorst einen Exklusivvertrag mit deutschen Reformhäusern. Eine lukrative Allianz, solange die Geschäfte gut liefen. Doch irgendwann musste Philipps Vorgänger feststellen, dass die Reformhäuser zunehmend Probleme hatten. Schon seltsam: Eigentlich passt deren Konzept zum Zeitgeist. Obst und Gemüse stammen aus ökologischer Landwirtschaft, Kosmetika werden nicht an Tieren getestet. Uneigentlich verschliefen die Reformhäuser den Anschluss und ließen sich von Wettbewerbern überrennen. Drogeriemärkte wie dm oder Rossmann und Bio-Supermärkte wie Alnatura oder Basic verkaufen ähnliche Produkte, häufig günstiger, oft in modernerem Ambiente. Kein Wunder, dass vor allem jüngere Kunden die Reformhäuser mieden und lieber zur Konkurrenz gingen. Für eine Marke wie Rotbäckchen war das fatal, denn deren Zielgruppe sind vor allem junge Frauen mit Kindern.

Anders formuliert: Jahrzehntelang hatte Rotbäckchen im Boot der Reformhäuser gesessen, doch jetzt häuften sich dessen Lecks. Deshalb schwante der Firmenleitung der Saftmarke, dass sie das Boot verlassen musste. 2006 löste sie den Vertrag mit den Reformhäusern. Ein erster Schritt, um die Marke wieder aufzupäppeln. Dieser Herausforderung stellte sich Klaus-Jürgen Philipp, als er seinen Posten antrat. Er musste Rotbäckchen fit für die Zukunft machen, ohne die Vergangenheit zu vergessen. Dass ihm dieser Spagat gelang, hat eine Menge mit Nostalgie zu tun. Und mit der Erkenntnis, dass Tradition Fluch und Segen zugleich ist.

* * *

Nostalgie ist in der Konsumlandschaft allgegenwärtig. In allen Branchen, in allen Ländern. Bei Großunternehmen und Selbstständigen, auf den Straßen und im Internet. Scheinbar längst vergessene Marken kommen zurück, ganze Geschäftsmodelle basieren auf der Macht schöner Erinnerungen. Die Amerikaner Debbie und Mark Maley verkaufen unter nostalgiccandy.com alte Süßigkeiten, darunter PEZ-Bonbons mit den typischen Plastikboxen in Form eines Feuerzeugs. Computerfans können auf der Website retrogamer.com in Erinnerungen schwelgen und Kultspiele wie »Pac Man« oder »Sonic the Hedgehog« nachspielen. Die neuseeländische Tourismusindustrie profitiert seit Anfang des neuen Jahrtausends von der

Filmtrilogie ›Der Herr der Ringe‹, der auf dem gleichnamigen Roman des Schriftstellers J. R. R. Tolkien aus den Fünfzigerjahren basiert. Und in Schanghai eröffnete 2010 ein Einkaufszentrum für Retrowaren, das Zhonghua Laozihao Shangcheng. Frei übersetzt heißt das so viel wie »Einkaufszentrum für traditionsreiche chinesische Marken«. Auf vier Etagen präsentieren mehr als 100 Unternehmen ihre Waren, darunter Kosmetika, Uhren, Kleidung oder Fahrräder. Fast alle Marken existieren seit über einem Jahrhundert. Mit dabei sind auch Produkte von Xiefuchun. Die erste Kosmetikfirma des Landes entstand 1830 im ostchinesischen Yangzhou. Sie wurde vor allem für drei Produkte berühmt: Puder, Haaröl und Seife. Zu den Nutzern gehörten schon die Mitglieder der Qing-Dynastie, die bis 1912 im Kaiserreich China herrschte.

Auch in Deutschland profitieren zahlreiche Branchen von Nostalgie. Im April 2012 verkündete zum Beispiel der deutsche Verlag Egmont Ehapa, das Kinder- und Jugendheft ›Yps‹ wiederzubeleben. Seinen Kultstatus verdankte es vor allem den Spielzeugen auf dem Cover. Diese Gimmicks durften bei der Neuauflage im Oktober 2012 nicht fehlen: Als Schmankerl gab es für die Käufer die beliebten Urzeitkrebse. Immerhin 5,90 Euro kostete das Heft, doch der hohe Preis konnte die Fans nicht abschrecken: Die 120 000 Exemplare waren innerhalb weniger Tage ausverkauft. Daraufhin änderte der Verlag seine Pläne. Ursprünglich wollte er das Heft nur zwei Mal im Jahr herausbringen. Doch aufgrund des Erfolgs erhöhte er die Erscheinungsweise auf vier Ausgaben.

Das produzierende Gewerbe nutzt die Macht schöner Erinnerungen gleichfalls. Die 1952 gegründete Getränkemarke Bluna kam ebenso wieder zurück wie Afri-Cola aus dem Jahr 1931 oder Sinalco, die sogar schon 1907 erstmals verkauft wurde. Die Menschen tanzen auf Achtzigerjahrepartys und tragen Flip-Flops, Eltern kaufen Elefanten-Schuhe, Kinder schütten Ahoj-Brause ins Wasserglas. Wie diese Retrowelle zustande kommt und welche Marken auf ihr schwimmen können – das sind Fragen, mit denen sich der Marketingprofessor Stephen Brown von der nordirischen Universität von Ulster beschäftigt. Er ist vom Stellenwert der Nostalgie im Konsumbereich überzeugt, in einer Studie schrieb er vor einigen Jahren sogar mal von der »Retromarketing-Revolution«. Die sei zum einen schlicht eine Nebenwirkung des demografischen Wandels, meint Brown. Wenn der Anteil älterer Menschen steigt, erinnern sich mehr Menschen an die Produkte ihrer Jugend. Dies betrifft vor allem die geburtenstarke und kaufkräftige Generation der Babyboomer. Sie kamen etwa zwischen 1946 und 1964 auf die Welt. Eine Periode, die geprägt war von guten Nachrichten, inklusive Wirtschaftswunder, Wachstum und Vollbeschäftigung. Deshalb sieht Brown sie als prädestiniert für den sentimentalen Blick in den Rückspiegel. Sie sehnten sich nach den vermeintlich einfacheren und besseren Zeiten, inklusive der damaligen Produkte. Früher gab es eben noch keine Billig- und Massenware, keine »Geiz-ist-geil«-Mentalität. Deshalb haftet Gegenständen, Farben und Formen der Vergangenheit der Ruf an, besonders authentisch und hochwertig zu sein. Die Retrorevolution speist sich also aus einer Kombination von demographischen, ökonomischen, sozialen und psychologischen Faktoren, gemischt mit der Lust an der Illusion. »Die Vergangenheit besucht man gerne, aber leben möchte man dort nicht. Retro verbindet also das Beste der Vergangenheit mit dem Besten der Gegenwart und schnürt es in ein reizvolles Marketingpaket«, schrieb Brown.

Der amerikanische Marketingprofessor Philip Kotler widmete sich in einem Handbuch ebenfalls der Nostalgie: »Revivals und Retroprodukte verkörpern genau die Sehnsucht nach den Zeiten, in denen vermeintlich alles noch etwas ruhiger zuging.« Dafür verantwortlich sei auch »die immer komplexere Technologisierung der Umwelt«. Digitalfernsehen hier, Internet da, Handys dort. Die Masse an Daten, Fakten, Informationen und Eindrücken überflutet die Sinne – und beeinflusst Werte und Wünsche: »An die Stelle von kurzlebigem Vergnügen ohne tiefere Bedeutung tritt die Suche nach Orientierung, Glaubwürdigkeit und Tradition«, schrieb Kotler. Die Moderne hinterlässt ein emotionales Loch, das die Nostalgieprodukte prima füllen. Denn sie verkörpern jene Ideale und Eigenschaften, die heute scheinbar verlorengehen – Authentizität, Sicherheit, Vertrauen und Wärme.

Doch die Nostalgiewelle der Jetztzeit unterscheidet sich von früheren. Zwar tauchen die Produkte bisweilen in der Gestalt des Alten auf. Doch wer genau hinblickt, erkennt Neues. Sie fungieren als nostalgische Erinnerungsträger, schrieb Kotler, »obwohl sich unter der Retro-Designoberfläche meist modernste Technik verbirgt«. Einen besonders originellen Beleg für Kotlers These präsentierte im Juni 2011 ein Sänger, der gemeinhin als Mode-Ikone gilt. Lenny Kravitz spazierte telefonierend durch den New Yorker Stadtteil Soho. Dabei nutzte er einen alten Telefonhörer, der via Kabel mit seinem iPhone verbunden war.

Der sichtbarste Beweis jedoch fährt jeden Tag auf den Straßen herum. Kein Produkt macht den Einfluss der Nostalgie im Konsumbereich so sichtbar wie ein Auto – und zeigt dabei gleichzeitig, wie subtil die Macht der Erinnerungen bisweilen funktioniert.

Egal ob der Mini von BMW, der New Beetle von Volkswagen, der Mustang von Ford, der Chrysler PT oder der Mercedes-Sportwagen SLS AMG: Viele erfolgreiche Neuwagen erinnern an Vorgänger aus vergangenen Jahrzehnten. Moderne Autos im Nostalgiedesign kommen bei den Kunden gut an. Das zeigt der Erfolg des Fiat 500. Die Erstversion brachte der italienische Autobauer bereits 1957 heraus, genau 50 Jahre später präsentierte er die Neuauflage. Das Design lehnt sich bewusst an das Modell der Sechzigerjahre an, mit den charakteristischen runden Scheinwerfern, dem steil abfallenden Heck und einem verchromten Armaturenbrett. Unter der antiquierten Haube aber steckt moderne Technik, der Wagen verfügt über alle neuen Finessen, inklusive MP3-Player, Bluetooth- und USB-Anschlüssen. Paolo Tumminelli, seit Kindertagen Autofan und seit 2002 Professor am Designinstitut der FH Köln, ist überzeugt: »Im Grunde waren viele erfolgreiche Autos der vergangenen Jahre Remakes.« Der Kunde kaufe sich entweder ein Stück Nostalgie oder suche nach Alternativen zum einheitlichen Design anderer Neufahrzeuge, meint der gebürtige Italiener. Designtrends spiegelten schon immer gesellschaftliche Strömungen wider. In den Achtzigerjahren habe es zum Beispiel eine Wende zum Konservativen gegeben. In den USA gewann der Republikaner Ronald Reagan die Präsidentschaftswahl, in Großbritannien wurde Margaret Thatcher von der Konservativen Partei Premierministerin, in Deutschland der CDU-Politiker Helmut Kohl Bundeskanzler. Offenbar sehnten sich die Menschen nach den turbulenten Siebzigern mit Ölkrise, Hippiekultur und Terrorjahren nach Stabilität und Ordnung. Die Autodesigner nahmen diese Sehnsucht in ihre Modelle auf. Die bürgerliche Stufenheck-Limousine, solide und stabil, kam zurück; die Oldtimer-Bewegung entstand; und 1989 stellte Mazda das erste echte Retroauto vor, den emotionalen, weichen MX-5. Er wurde zum meistverkauften Roadster der Welt. Nicht obwohl, sondern weil er dem Lotus Elan aus den Sechzigerjahren verblüffend ähnelte. Aber warum kommt Retrodesign bei den Kunden so gut an? Laut Tumminelli trifft es schlichtweg den Geschmack der meisten Menschen. Dafür verantwortlich sei der sogenannte Anthropomorphismus. Vereinfacht gesagt neigen wir dazu, Gegenständen menschliche Eigenschaften zuzusprechen. So fällt es leichter, eine emotionale Beziehung aufzubauen. Außerdem gilt: Vor allem bei Fahrzeugen mögen Menschen lieber runde als eckige Formen, lieber gewölbte Flächen als scharfe Kanten. »Als Idealisierung der goldenen Fünfzigerjahre macht sich Retrodesign die menschliche Sehnsucht nach weichen Formen zunutze«, sagt Tumminelli. Das betrifft auch ihn selbst – er fährt seit 30 Jahren seinen geliebten Fiat Panda.

Das heißt aber noch lange nicht, dass Retrodesign immer kommerziell erfolgreich wäre, wie der New Beetle von Volkswagen zeigt. Zum einen war es bei dessen Markteinführung möglich, sich für relativ wenig Geld einen guten VW Käfer zu kaufen. Nostalgische Kunden konnten also das Original erwerben. Zum anderen war der Käfer in der Bundesrepublik im wahrsten Sinne des Wortes ein echter Volks-Wagen und längst nicht so exotisch wie ein Mini oder ein Fiat 500. Außerdem konkurrierte der New Beetle parallel mit dem Golf. Den bevorzugten viele Kunden im Zweifelsfall, weil er zwar ähnlich viel kostete, aber qualitativ hochwertiger war. Deshalb floppte der neue Käfer in Deutschland, während er in den USA äußerst erfolgreich war. Nostalgie ist also längst kein Allheilmittel. Es ist nicht damit getan, etwas zum Leben zu erwecken und darauf zu hoffen, dass die Kunden den alten Wein in neuen Schläuchen liebend gerne schlucken. Der Charme und das positive Image alter Produkte bedingen häufig den Erfolg. Garantieren können sie ihn nicht.

Es ist ein schmaler Grat: Ein Unternehmen, ein Produkt oder eine Marke muss vertrauenswürdig, glaubhaft und sympathisch sein, ohne aus der Zeit gefallen zu wirken. Deshalb muss der Griff in die Nostalgiekiste gut geplant werden – und am Anfang solcher Pläne gilt es, die Wünsche und Vorstellungen der Kunden zu analysieren. Wie bekannt ist der Name noch? Was verbinden die Menschen mit ihm? Und was nicht? Genau diese Fragen wollte Rotbäckchen-Chef Klaus-Jürgen Philipp nach seinem Dienstantritt 2008 beantworten. Für die Suche nach den richtigen Antworten holte er sich Experten zur Seite.

* * *

Philipp engagierte das Marktforschungsinstitut Rheingold aus Köln. In Einzelinterviews und Gruppendiskussionen fanden die Forscher unter anderem heraus, dass er die Seele des Produkts wieder stärker herausarbeiten müsse; dass eine Mutter, die Rotbäckchen kauft, einen Hinweis auf einen konkreten Nutzen erwartet. Deshalb schaffte er die neuen Sorten Apfel-Birne und Multivitaminsaft ab. Stattdessen führte er »Knochenstark«, »Immunstark« und »Lernstark« ein. Natürlich kann man über diese sperrigen Namen schmunzeln, aber genau sie passen zur Marke: »Sie transportiert keine Produktbotschaft, sondern verkörpert einen Wert«, sagt Philipp. »Niemand greift zu Rotbäckchen, weil er sich einen diätetischen Mehrfruchtsaft kaufen will – sondern weil er sich gewissermaßen Fürsorge und mütterliche Liebe erkauft. Da passt so etwas Profanes wie Apfel-Birne nicht.«

Außerdem änderte die Firma ihr Etikett. Zuvor stand dort in großen Lettern »Rabenhorst«, der Name »Rotbäckchen« tauchte nur klein am unteren Ende auf. Das Problem ist allerdings: Die Zielgruppen der beiden Marken sind völlig unterschiedlich. Der treue Käufer von Rotbäckchen will seine Marke auf dem Etikett wiedererkennen. Deshalb prangt der Name des Safts heute in großen Buchstaben oben auf dem Etikett. Der Hinweis auf den Mutterkonzern verschwand.

Die größte Herausforderung stand allerdings noch aus. Philipp musste nach der Kündigung des Vertrags mit den Reformhäusern andere Vertriebswege finden, auch in Drogeriemärkten und im Lebensmitteleinzelhandel sollte der Saft stehen. Im Normalfall laufen solche Verhandlungen immer gleich ab. Eine Firma stellt dem Einkäufer ihr Programm vor, verhandelt und einigt sich irgendwann. Aber mit Rotbäckchen sei das anders, sagt Philipp, bei seinen Gesprächen könne er von Nostalgie profitieren. Wenn er Einkäufern eine Flasche vorlegt, erzählen viele sofort eine persönliche Erinnerung an den Saft. Dazu passt eine seiner Lieblingsgeschichten. Die Mutter eines Unternehmenschefs lag im Krankenhaus. Ihre Zimmernachbarin erhielt Besuch, der ihr Rotbäckchen schenkte. Wenig später kam ihr Sohn. Sofort fragte sie ihn, ob sein Unternehmen den Saft verkaufe. Er verneinte. Und sie erwiderte: »Dann ändere das.«

Nur eines war Philipp von vornherein klar: Das Mädchen mit dem Kopftuch war unantastbar. Er weiß gar nicht mehr, wie oft ihm geraten wurde, es abzuschaffen. Es sei zu altbacken und unmodern: »Aber es ist eben elementarer Bestandteil von Rotbäckchen«, sagt Philipp, »und daher wird es auch nicht geändert.«

Die Erfolge geben ihm Recht. Während die Umsätze von anderen Saftherstellern sanken, stieg der Rotbäckchen-Absatz von 2006 bis 2012 um 900 Prozent – und der Umsatz kletterte sogar um 911 Prozent. Noch 2006 trug Rotbäckchen gerade mal vier Prozent zum Umsatz von Rabenhorst bei. Inzwischen ist es rund ein Viertel.

Pünktlich zum 60-jährigen Saftjubiläum erhielt Philipp die öffentliche Anerkennung für seine Arbeit. Seit 2001 vergeben die Fachzeitschrift ›Absatzwirtschaft‹ und der Deutsche Marketing-Verband den Marken-Award für besondere Leistungen. Im März 2012 nahm Philipp in Düsseldorf den Preis bei einer feierlichen Gala entgegen. Die Firma habe gezeigt, wie sich Tradition in Werte für Marken und Kunden verwandeln lasse, erklärte die Jury. Diese Tradition ist für Philipp Fluch und Segen zugleich. »Sie verlockt dazu, sich auf dem Erfolg auszuruhen oder falsche Entscheidungen zu treffen.« Wer umgekehrt partout mit der Zeit gehen will, vernachlässige dabei mitunter den Markenkern und schade dem Produkt letztlich.

Es geht also darum, Tradition und Innovation geschickt miteinander zu verknüpfen – und damit ein Alleinstellungsmerkmal zu bieten. Dann kann der Griff in die Retrokiste durchaus funktionieren, auch finanziell. »Wenn sich Altes und Neues vermischen, findet der Konsument anschlussfähige Güter, für die er viel Geld auf den Tisch legt«, sagte mal der Berliner Kulturwissenschaftler Thomas Düllo.

Niemand weiß das besser als Thomas Hoof. Der einstige Grünen-Politiker gründete 1989 Manufactum, einen Versandhandel für nostalgische Produkte. Innerhalb von 15 Jahren wuchs das Unternehmen auf 300 Mitarbeiter, Ende 2007 verkaufte Hoof es an die Otto-Gruppe. Das Geschäftsmodell ist geblieben. »Es gibt sie noch, die guten Dinge«, lautet der offizielle Slogan. Wahrheitsgemäß müsste man ergänzen: »… und vor allem: die teuren Dinge«. Manufactum verkauft unter anderem Kupferkessel für 180 Euro oder gusseiserne Öfen für 5130 Euro; Schreibmaschinen von Olympia (mit den Tasten @ und €) für 590 Euro, mechanische Wanduhren für 5400 Euro, Schallplattenspieler für 350 Euro oder eine Aluminiumbadewanne mit Holzofen für 3500 Euro. Offenbar wärmt Nostalgie nicht nur die Herzen, sondern öffnet auch die Portemonnaies. Das hatte Francesca Gino nachgewiesen (vgl. Abschnitt *Erinnerungen machen großzügig*), zu dieser Erkenntnis gelangte aber 2012 auch die Psychologin Jannine Lasaleta von der Universität von Minnesota. In fünf Experimenten teilte sie knapp 500 Personen in zwei Gruppen. Die eine wurde bewusst auf Nostalgie gepolt. Sie sah zum Beispiel eine nostalgische Werbung, die sie dazu aufforderte, an besondere Erlebnisse mit anderen Menschen zu denken. Andere sollten über eine Begebenheit schreiben, in der sie Nostalgie empfunden hatten. Die zweite Gruppe hingegen sollte an die Zukunft oder an banale Ereignisse denken. Danach erhielten beide Gruppen dieselbe Aufgabe. Mal sollten sie angeben, welche Summe sie für verschiedene Produkte ausgeben wollten, darunter Autos, Flachbildfernseher, Pullover oder Schlüsselanhänger. Mal sollten sie entscheiden, wie viel Geld sie mit einem Fremden teilen würden.

Und siehe da: In jedem Experiment war die Nostalgiegruppe wesentlich spendabler. Die einen hatten eine höhere Zahlungsbereitschaft, die anderen wollten mehr Geld mit Unbekannten teilen. Offenbar veränderte Nostalgie das Verhältnis zu Geld.

Lasaleta erklärt sich die Ergebnisse mit der *Theorie universeller menschlicher Werte*. Die entwickelte in den Neunzigerjahren der Sozialpsychologe Shalom Schwartz. Er war der Ansicht, dass jeder Mensch über gewisse Werte verfügt, die ihm wichtig sind, darunter Selbstbestimmung, Sicherheit, Leistung, Macht oder Vergnügen. Doch das Dilemma ist, dass sich manche dieser Werte widersprechen: Wer vor allem das Leben genießen will, wird nicht unbedingt Karriere machen. Wer berufliche Sicherheit anstrebt, kann sich nicht selbstständig machen. Wer nach Macht giert, kann nicht immer auf jeden Rücksicht nehmen – und umgekehrt.

Lasaleta glaubt: Wer sich nostalgisch fühlt, empfindet sein Leben als bedeutsamer. Und in diesem Zustand sind uns egoistische Motive wie Reichtum und Wohlstand unwichtiger. Nostalgie verringert also die Bedeutung von Geld und macht uns spendabler. Dann sind wir nicht nur dazu bereit, für andere Menschen mehr Geld auszugeben, sondern für Produkte ebenfalls. Nostalgie ist demnach ein wahrhaft kostbares Gefühl. Was Werbetexter in Agenturen und Marketingexperten in Unternehmen zu nutzen wissen, um Produkte und Marken anzupreisen. Auch viele Musiker lassen sich davon inspirieren.

»A long, long time ago I can still remember how that music used to make me smile«, sang 1971 der amerikanische Sänger Don McLean in ›American Pie‹. 2000 legte Madonna das Lied neu und erfolgreich auf. In ›Westerland‹ gedachten Die Ärzte des Eilands Sylt: »Manchmal schließe ich die Augen, stell' mir vor, ich sitz' am Meer. Dann denk' ich an diese Insel, und mein Herz, das wird so schwer. Diese eine Liebe wird nie zu Ende gehen. Wann werd' ich sie wiedersehen?« 2009 besang die Kölner Band Brings die »Superjeile Zick«. Der Refrain lautet auf Hochdeutsch: »Nein, was war das doch früher eine supergeile Zeit, mit Tränen in den Augen schaue ich manchmal zurück.« Und 2012 widmeten sich Die Toten Hosen dem »alten Fieber«, das nie vorübergeht: »Wo sind diese Tage, an denen wir glaubten, wir hätten nichts zu verlieren? Wir machen alte Kisten auf, holen unsere Geschichten raus. Ein großer, staubiger Haufen Altpapier. Wir hören Musik von früher, schauen uns verblasste Fotos an, erinnern uns, was mal gewesen war. Und immer wieder sind es dieselben Lieder, die sich anfühlen, als würde die Zeit stillstehen.«

Ach ja, schön waren sie – die guten alten Zeiten.

* * *

2012 kürte der Langenscheidt-Verlag das Akronym Yolo zum Jugendwort des Jahres, ein Kürzel für »You only live once«, Du lebst nur einmal. Natürlich steckt dahinter eine Binsenweisheit, außerdem kann sie niemand im Alltag ständig und überall berücksichtigen. Viel zu häufig sind wir gestresst und gefangen im Hier und Jetzt. Und so merken wir erst im Nachhinein, wie schön es damals war. Dann erinnern wir uns zurück und stellen fest, dass die Gedanken an Erlebnisse zumindest ein kurzes Lächeln ins Gesicht zaubern.

Ich bin davon überzeugt: Nostalgie kann uns dabei helfen, gestärkt in die Zukunft zu gehen. Dann nämlich, wenn wir die Erinnerungen an die Vergangenheit nutzen, um geistige Kraft für die Gegenwart zu tanken. So wie Gil Pender, die Hauptfigur in Woody Allens Film ›Midnight in Paris‹.

Pender ist mit seiner Verlobten Inez und deren Eltern nach Paris gereist. Sie will vor allem einkaufen und essen, er will sich inspirieren lassen für seinen großen Traum, einen Roman zu schreiben. Eines Abends spaziert Pender allein durch die Stadt. Plötzlich hält vor ihm ein Auto aus den Zwanzigerjahren. Die Tür öffnet sich, die Insassen laden Pender ein mitzukommen. Der Wagen hält vor einem Restaurant, und dort begegnet er seinen literarischen Vorbildern Scott Fitzgerald und Ernest Hemingway. Pender ist in der Zeit zurückgereist – ins Paris der Zwanzigerjahre. Am nächsten Morgen erzählt er seiner Verlobten von dem Erlebnis, doch natürlich hält die ihn für verrückt. Am kommenden Abend holt ihn der Wagen an derselben Stelle ab.

In den darauffolgenden Tagen lernt er die legendäre Schriftstellerin und Verlegerin Gertrude Stein kennen, die ihm anbietet, sein Romanmanuskript zu lesen, und ihm schließlich Talent bescheinigt. Er trifft eine schöne, verführerische Französin namens Adriana und verliebt sich in sie. Eines Abends sind die beiden wieder in der Vergangenheit. Plötzlich hält neben ihnen eine Kutsche und nimmt sie mit in die Belle Époque, also die Zeit zwischen dem 19. und 20. Jahrhundert. Sie sitzen im berühmten Moulin Rouge und treffen die Maler Henri de Toulouse-Lautrec, Paul Gauguin und Edgar Degas. Adriana ist so begeistert, dass sie Pender zum Bleiben überreden will. Sie gesteht ihm, dass sie gerne in jener Zeit leben würde. Die drei Maler wiederum erzählen, dass auch sie eine andere Epoche bevorzugen würden, nämlich die Renaissance. Plötzlich wird Pendler etwas klar: Menschen sehnen sich immer nach der Vergangenheit. Es geht darum, die Gegenwart zu akzeptieren und seine Träume zu verwirklichen. Am nächsten Tag fasst er den Mut, seiner Verlobten Lebewohl zu sagen. Erst die Reise in die Vergangenheit verlieh ihm die Kraft dazu. Die Nostalgie öffnete ihm buchstäblich die Augen.

Natürlich gilt der alte Spruch von Paracelsus: »Allein die Menge macht das Gift«, schrieb der Schweizer Arzt im 15. Jahrhundert. Die Vergangenheit sollte unser Leben niemals dominieren. Wir müssen uns bewusst sein, dass sie nicht wiederkommt; müssen für die Herausforderungen der Gegenwart gewappnet sein; müssen erkennen, dass die Zukunft Chancen bereithält. Das Schwelgen in Erinnerung darf nie einziges Ziel unserer Existenz sein. Wer sich nicht mehr traut, aus dem gedanklichen Fenster zu gucken, der wird zwar nicht nass. Er verpasst aber auch den Sonnenschein. Doch richtig dosiert, ist die Nostalgie eine einzigartige Chance.

Sie ist in unserem Leben allgegenwärtig; prägt unsere Gedanken und Gespräche; beeinflusst Entscheidungen ebenso wie Taten. Wir sollten sie nicht ablehnen oder gar verteufeln, sondern dankbar sein. Solange wir auf der Welt sind, *erleben* wir. Höhen und Tiefen, Begegnungen und Orte. Natürlich ist nicht jeder Tag gleich intensiv, nicht jeder Mensch meint es gut mit uns, nicht jeder Ort verzaubert uns. Aber jeder neue Tag, jede Begegnung, jedes Erlebnis kann Teil unserer Erinnerungen werden. Und nicht zuletzt ist die Fähigkeit, sich an die Vergangenheit zu erinnern, in doppelter Hinsicht erfreulich: Für schöne Erinnerungen können wir dankbar sein, unschöne können uns trösten – denn wir haben diese Zeiten überstanden. Es liegt an uns, das Beste aus der Vergangenheit zu machen. Niemand hat das jemals so treffend formuliert wie der kolumbianische Literaturnobelpreisträger Gabriel García Márquez: »Weine nicht, weil es vorbei ist. Sondern lächle, weil du es erlebt hast.«

DANKESCHÖN

Mein größter Dank gilt meiner Frau Isabel, ohne deren Liebe dieses Buch nicht dasselbe wäre. Außerdem danke ich Roland Tichy, der mir für dieses Buch ein Sabbatical ermöglicht hat.

Christopher Schwarz und Sebastian Matthes – ohne euch wäre ich niemals auf die Idee gekommen, dieses Buch zu schreiben.

Meiner Agentin Bettina Querfurth und meiner Lektorin Katharina Festner danke ich für ständige Aufmunterung, Geduld und Unterstützung.

Jochen Mai, Christian Schlesiger und Oliver Hardt: Ihr nahmt euch die Zeit, das Manuskript gegenzulesen und auf Fehler zu überprüfen. Danke für viele gute Anregungen.

Ebenso verbunden bin ich zahlreichen Experten und Wissenschaftlern, die meine Fragen geduldig beantworteten. Als da wären: Derek Anderson, Christopher Ball, Silke Bambauer-Sachse, Krystine Batcho, Russell Belk, Dorthe Berntsen, Simon Bunke, Susanna Burghartz, Malcolm Chase, Filippo Cordaro, Frank Dopheide, Marian Gold, Jeff Greenberg, Hanns Hatt, Erica Hepper, Morris Holbrook, Petr Janata, Jannine Lasaleta, Joachim Latacz, Elizabeth Loftus, Britta Lüerßen, Hans Joachim Markowitsch, Susan Matt, James McGaugh, Karim Nader, Rafael Núñez, Ulrich Orth, Klaus-Jürgen Philipp, Godo Röben, Robert Schindler, Robert Schneider, Manfred Timm, Paolo Tumminelli und Tim Wildschut.

LITERATUR

Vorwort

»Wer eine einzige Erinnerung besitzt …«: Søren Kierkegaard. Stadien auf des Lebens Weg. Eugen Diedrichs Verlag 1958

Der demografische Wandel: Pressemitteilung des Bundesinstituts für Bau-, Stadt- und Raumforschung vom 19. 11. 2012, http://idw-online.de/pages/de/news507609

»Ich verbinde viele Erinnerungen mit ihm.«: http://de.statista.com/statistik/daten/studie/217850/umfrage/identifikation-von-fussballfans-mit-ihrem-lieblingsverein/

Kapitel 1: Die Geschichte der Nostalgie

Hofers Patienten – Eine Doktorarbeit in Basel

1688 war Basel: Historisches Lexikon der Schweiz, http://www.hls-dhs-dss.ch/textes/d/D7478.php

Der Schriftsteller Karl Gottlob Küttner: Susanna Burghartz (2000). Das Ançien Régime. In: Basel – Geschichte einer städtischen Gesellschaft, hg. von Georg Kreis und Beat von Wartburg, Seite 115–147

Mittlerweile waren dort 18 Professoren: Andreas Staehlin. Geschichte der Universität Basel 1632–1818. Helbing und Lichtenhahn 1957

… *in seiner Dissertation 1688:* Carolyn Kiser Anspach (1934). Medical Dissertation on Nostalgia. In: Bulletin of the Institute of the History of Medicine, Nummer 2, Seite 376–391

… *bis zu zwei Millionen Schweizer:* Historisches Lexikon der Schweiz. http://www.hls-dhs-dss.ch/textes/d/D8608.php

… »der Medizin ein bekanntes Übel«: Fritz Ernst. Vom Heimweh. Fretz & Wasmuth 1949

Scheuchzers Wanderungen – Die dünne Luft

... war schon als Kind: Michael Kempe (2005). Johann Jakob Scheuchzer. In: Neue Deutsche Biographie 22, Seite 711–712

»Er war für seine Zeit ...«: Markus Lutz. Nekrolog denkwürdiger Schweizer aus dem achtzehnten Jahrhundert. Sauerländer 1812

1712 beschäftigte Scheuchzer sich: Johann Jakob Scheuchzer. Naturgeschichte des Schweizerlandes. Zürich 1716

... Schätzungen ziemlich daneben: Franz Xaver Hoeherl. Johann Jacob Scheuchzer. T. Ackermann 1901

Auenbruggers Obduktionen – Spuren im Brustkorb

Sein Vater führte damals: Wien: Geschichte einer Stadt. Bd. 2: Die frühneuzeitliche Residenz, hg. von Peter Csendes und Ferdinand Opll, Böhlau 2003

Der Titel der Schrift: John Forbes (1936). On Percussion of the Chest: A Translation of Auenbrugger's Original Treatise. In: Bulletin of the Institute of the History of Medicine, Nummer 4, Seite 373–403

Auf einem Ölbild: Vittorio Putti (1940). The Portrait of Leopold Auenbrugger. In: Bulletin of the History of Medicine, Nummer 8, Seite 417

Erst als seine Arbeit: James Smith (1962). The Inventum Novum of Joseph Leopold Auenbrugger. In: Bulletin of the New York Academy of Medicine, Band 38, Nummer 10, Seite 691–701

Larreys Diagnose – Lebensmüde Soldaten

Dabei hatte Louis Stobler: Dominique J. Larrey. J. D. Larrey's Medizinisch-Chirurgische Abhandlungen. Hartknoch 1824

... gerade von Dominique J. Larrey: Marianna Karamanou et al. (2011). Baron Dominique-Jean Larrey. In: Chirurgia, Band 106, Nummer 1, Seite 7–10

Als dieser Mann: Philip Haythornthwaite. Napoleon's Commanders Bd. 2. Osprey Publishing 2002

... der verdienstvollste Mann: http://www.roi-president.com/bio/bio-fait-testament+de+napoleon+ier+1821.html

»Keine Epoche war so reich …«: Pierre-François Percy. Nostalgie. In: Dictionnaire des Sciences Médicales, Panckoucke 1819, Seite 265–281

Es ist viel darüber spekuliert worden: Johannes Willms. Größenwahn kommt vor dem Fall. In: Süddeutsche Zeitung vom 23. 6. 2012; Volker Ullrich. Der Tod der Grande Armée. In: Die Zeit vom 31. 5. 2012

Dort betteten sich die Patienten: Achilles Rose. Napoleon's Campaign in Russia Anno 1812. Tredition 2011

Schon 1708 hatte: Theodor Zwinger. Ranz des Vaches. Dissertation 1708

»Wenn ich nicht irre …«: Goethes Gespräche. Herausgegeben von Woldemar Freiherr von Biedermann, Band 1–10, Leipzig 1889–1896. Mit Joseph Sebastian Grüner und Graf Auersperg. 6. September 1823 http://www.zeno.org/Literatur/M/Goethe,+Johann+Wolfgang/Gespr%C3%A4che/%5BZu+den+Gespr%C3%A4chen%5D/1823

Castlemans Tagebuch – Nostalgie als nationale Gefahr

… in sein Tagebuch: Alfred Lewis Castleman. The Army of the Potomac, Strickland & Co. 1863

»Sie hat genauso viele unserer Soldaten getötet …«: Carrington Macfarlane. Reminiscences of an Army Surgeon. Lake City Print Shop 1912

Die Dokumentation über den Bürgerkrieg: Robert Scott (1880): The War of the Rebellion: A Compilation of the Official Records of the Union and Confederate Armies, U. S. Government Printing Office

334 Fälle, 16 Tote: Joseph Barnes. The Medical and Surgical History of the War of Rebellion, 1861–1865, Teil 1, Band 1, Government Printing Office 1888

Der Soldat Dick Simpson: Guy Everson. Far, Far From Home. Oxford University Press 1994

Es wurde keine schnelle Schlacht: Prof. Dr. Christof Mauch. Bürgerkrieg und Sklaverei. Bundeszentrale für politische Bildung, http://www.bpb.de/internationales/amerika/usa/10 595/buergerkrieg-und-sklaverei?p=-all; E-Mail-Interview mit Susan Matt, Geschichtsprofessorin und Autorin von ›Homesickness: An American History‹; E-Mail-Interview mit David Anderson, Swansea Universität

So wie Chauncey Cooke: Frances Clarke (2007). So Lonesome I Could Die: Nostalgia and Debates Over Emotional Control in the Civil War North. In: Journal of Social History, Band 41, Nummer 2, Seite 253–282

… die offizielle Altersgrenze: The Wisconsin Magazine of History (1920). Band 4, Nummer 1

Um seine Erlebnisse zu verarbeiten: A Badger Boy in Blue. The Civil War Letters of Chauncey H. Cooke. Hg. von William Mulligan. Wayne State University Press 2007

Hammond hatte offenbar Angst: William Alexander Hammond. A Treatise on Insanity in its Medical Relations. Cambridge Scholars Publishing 2009

Theodore Calhoun: http://www.findagrave.com/cgi-bin/fg.cgi?page=gr&GRid=58710928

»Der Patient wird vermutlich sterben.«: Theodore Calhoun (1864). Nostalgia, as a Disease of Field Service. In: Medical and Surgical Reporter, Band 11, Seite 130–132

»… ein sehr interessanter Zufall«: Anonym (1864). Discussion of Nostalgia. In: Medical and Surgical Reporter, Band 11, Seite 150–152

Jaspers' Dissertation – Das Dienstmädchen als Mörderin

Fall der Apollonia S.: Karl Jaspers. Heimweh und Verbrechen. Heidelberg 1909

»…von nicht zu unterschätzender Bedeutung«: Hans Gross. Criminalpsychologie. Leuschner & Lubensky 1898

Langzeitstudie von 40 deutschen und österreichischen Dienern: Isaac Frost (1938). Homesickness and Immigrant Psychoses. Austrian and German Domestic Servants the Basis of Study. In: The British Journal of Psychiatry, Band 84, Seite 801–847

Der US-Psychologe Willis McCann: Willis McCann (1941). Nostalgia: A Review of the Literature. In: Psychological Bulletin, Band 38, Nummer 3, Seite 165–182

Die Bedeutung von Nostalgie hatte sich geändert: Jean Starobinski und William Kemp (1966). The Idea of Nostalgia. Diogenes, Band 14, Nummer 54, Seite 81–103

… schon Immanuel Kant: Immanuel Kant. Anthropologie in pragmatischer Hinsicht. Reclam 1986

»Nostalgie ist die Verzweiflung angesichts des Unmöglichen …«: Vladimir Jankélévitch und Béatrice Berlowitz. Irgendwo im Unvollendeten. Turia & Kant 2008

Kapitel 2: Der Geist der Nostalgie

Sehnsucht nach gestern – Ein bittersüßes Gefühl

Seine Kindheit und Jugend: Joseph Gusfield, Melford Spiro und Carlos Waisman – Nachruf auf Fred Davis, http://bit.ly/OIAFoW

… fuhr er sechs Monate lang Taxi: Fred Davis (1974). Stories and Sociology. In: Journal of Contemporary Ethnography, Band 3, Seite 310–316; Stephen Strauss. The American City: A Sourcebook of Urban Imagery. Aldine Pub 2007

Einige Jahre später: Fred Davis (1959). The Cabdriver and his Fare: Facets of a Fleeting Relationship. In: American Journal of Sociology, Band 65, Nummer 2, Seite 158–165

… mit der Hippiekultur: Fred Davis. On Youth Subcultures: The Hippie Variant. General Learning Press 1971

… der Poliokrankheit: Fred Davis. Passage Through Crisis: Polio Victims and Their Families. Transaction Publishers 1963

… modischen Trends: Fred Davis. Fashion, Culture, and Identity. University of Chicago Press 1994

… in bester Erinnerung: June S. Lowenberg (1993). In Memoriam: Fred Davis (1925–1993). In: Journal of Contemporary Ethnography, Band 22, Seite 113–116

… vor allem durch ein Werk: Fred Davis. Yearning for Yesterday: A Sociology of Nostalgia. Free Press 1979

Gemeinsame Erlebnisse: Tom Panelas (1982). Review of ›Yearning for Yesterday: A Sociology of Nostalgia‹. In: American Journal of Sociology, Band 87, Nummer 6, Seite 1425–1427

Das übernahmen: Joel Best und Edward Nelson (1985). Nostalgia and Discontinuity: A Test of the Davis Hypothesis. In: Sociology and Social Research, Band 69, Nummer 2, Seite 221–233

Nostalgie-Skala: Krystine Batcho (1995). Nostalgia: A Psychological Perspective. In: Perceptual and Motor Skills, Band 80, Nummer 1, Seite 131–143

Helden von damals – Nostalgie als Rettungsanker

»Die Nostalgie half ihm dabei …«: Harvey Kaplan (1987). The Psychopathology of Nostalgia. In: Psychoanalytic Review, Band 74, Nummer 4, Seite 465–486

Seelische Medizin – Erinnerungen helfen gegen Krisen

Ihre ersten Gedanken: Constantine Sedikides et al. (2004). Nostalgia: Conceptual Issues and Existential Functions. In: Handbook of Experimental Existential Psychology, hg. von Jeff Greenberg, Sander Koole und Tom Pyszczynski, Seite 200–214

Für die Studie konzipierte: Tim Wildschut et al. (2006). Nostalgia: Content, Triggers, Functions. In: Journal of Personality and Social Psychology, Band 91, Nummer 5, Seite 975–993

… der deutsche Komiker: Hape Kerkeling. Ich bin dann mal weg. Piper 2009

»Jahrhundertelang galt sie …«: Constantine Sedikides et al. (2008). Nostalgia: Past, Present, and Future. In: Current Directions in Psychological Science, Band 17, Nummer 5, Seite 304–307

Reise zurück – Warum Nostalgie im Westen gedeiht

»History Workshop Movement«: Malcolm Chase und Christopher Shaw. The Imagined Past: History and Nostalgia. Manchester University Press 1989; E-Mail-Interview mit Malcolm Chase

Rückkehr zu »viktorianischen Werten«: TV-Interview am 16. Januar 1983, http://www.margaretthatcher.org

2006 reiste Núñez: Rafael Núñez und Eve Sweetser (2006). With the Future Behind Them: Convergent Evidence from Aymara Language and Gesture in the Crosslinguistic Comparison of Spatial Construals of Time. In: Cognitive Science, Band 30, Seite 1–49

… das abgelegene Finisterre-Gebirge: Rafael Núñez et al. (2012). Contours of Time: Topographic Construals of Past, Present, and Future in the Yupno Valley of Papua New Guinea. In: Cognition, Band 124, Nummer 1, Seite 25–35

Für ein Experiment bastelte er: Tobias Greitemeyer et al. (2002). Erwartungsgeleitete Wahrnehmung bei der Einführung des Euro: Der Euro ist nicht immer ein Teuro. In: Wirtschaftspsychologie, Band 4, Nummer 2, Seite 22–28

»Sie dient als Alternative …«: David Lowenthal. The Past is a Foreign Country. Cambridge University Press 1985

Zeit ist Geld – Das Leben wird hektischer

»Denkt immer daran …«: Benjamin Franklin (1748). Advice to a Young Tradesman. In: Franklin: The Autobiography and Other Writings on Politics, Economics, and Virtue, hg. von Alan Houston, Cambridge University Press 2004, Seite 200–202

Zeitforscher halten die Uhr: Karlheinz Geißler. Alles hat seine Zeit, nur ich hab keine. Oekom 2011

… *die Lebens- und Arbeitsbedingungen:* Frederick Winslow Taylor. Die Grundsätze wissenschaftlicher Betriebsführung. Beltz 1977; Matthew Stewart. The Management Myth. W. W. Norton & Company 2010

»Wer Zeit als monetäres Gut sieht …«: Sanford DeVoe und Julian House (2012). Time, Money, and Happiness: How Does Putting a Price on Time Affect our Ability to Smell the Roses? In: Journal of Experimental Social Psychology, Band 48, Nummer 2, Seite 466–474

An drei bitterkalten Wintertagen: John Darley und Dan Batson (1973). From Jerusalem to Jericho: A Study of Situational and Dispositional Variables in Helping Behavior. In: Journal of Personality and Social Psychology, Band 27, Nummer 1, Seite 100–108

Das Gleichnis vom barmherzigen Samariter: Lukas 10,25–37

Im Sommer 1976: Robert Levine. Eine Landkarte der Zeit. Piper 1999

… *bastelten die Wissenschaftler:* Robert Levine und Ara Norenzayan (1999). The Pace of Life in 31 Countries. In: Journal of Cross-Cultural Psychology, Band 30, Nummer 2, Seite 178–205

… *wie Philip Zimbardo sagen würde:* Philip Zimbardo und John Boyd. Die neue Psychologie der Zeit. Spektrum 2011

Ich mach mir die Welt … – Verklären tut gut

Robert Fitzpatrick: Thorsten Schröder. Werbung für den Weltuntergang. ftd.de vom 18.05.2011

Er beschäftigte sich Anfang der Fünfzigerjahre: Leon Festinger, Henry Riecken und Stanley Schachter. When Prophecy Fails. Harper-Torchbooks 1956

Diese Denkweise: Paul Watzlawick. Anleitung zum Unglücklichsein. Piper 2009

Zitate von Peter Ustinov:
http://www.zitate-online.de

Einen ersten Hinweis: Samuel Waldfogel (1948). The Frequency and Affective Character of Childhood Memories. In: Psychological Monographs: General and Applied, Band 62, Nummer 4, Seite 1–39

»Das autobiografische Gedächtnis …«: Richard Walker, John Skowronski und Charles Thompson (2003). Life Is Pleasant – and Memory Helps to Keep it that Way! In: Review of General Psychology, Band 7, Nummer 2, Seite 203–210

Einen eindrucksvollen Beleg: Terence Mitchell et al. (1997). Temporal Adjustments in the Evaluation of Events: The ›Rosy View‹. In: Journal of Experimental Social Psychology, Band 33, Ausgabe 4, Seite 421–448

… *fading affect bias:* Hulsey Cason (1932). The Learning and Retention of Pleasant and Unpleasant Activities. In: Archives of Psychology, Band 134, Seite 1–96; David Holmes (1970). Differential Change in Affective Intensity and the Forgetting of Unpleasant Personal Experiences. In: Journal of Personality and Social Psychology, Band 15, Nummer 3, Seite 234–239

… »psychologisches Immunsystem«: Daniel Gilbert et al. (1998). Immune Neglect: A Source of Durability Bias in Affective Forecasting. In: Journal of Personality and Social Psychology, Band 17, Nummer 3, Seite 617–638

Schön war die Zeit – Erinnerungen machen großzügig

Einige Wochen später: Vortrag auf der TEDx-Konferenz, http://www.youtube.com/watch?v=vnhpKZPV_zA

… *sofort wieder heimisch:* Ulf Lippitz. Ich habe einen Traum (Daniel Brühl). Zeit-Magazin vom 24. 2. 2011

Zu dieser Erkenntnis gelangte Gino: Francesca Gino und Sreedhari Desai (2012). Memory Lane and Morality: How Childhood Memories Promote Prosocial Behavior. In: Journal of Personality and Social Psychology, Band 102, Nummer 4, Seite 743–758

»Es geht darum, sich die Zeit zu nehmen …«: http://psychcentral.com/blog/archives/2012/08/09/qa-with-taylor-jones-founder-author-of-dear-photograph/

»Sie wollen sich daran erinnern …«: http://www.complex.com/pop-culture/2012/05/interview-taylor-jones-dear-photograph

»Ich schaue es mir einfach gerne an …«: http://www.abcnews.go.com/

US/dear-photograph-blog-fuses-past-present/story?id=14 152 968#.UEi1SqR6-Gt

Der Scrooge-Effekt – Nostalgie schützt vor Todesgedanken

Hart wie ein Stein, verschlossen wie eine Auster: Charles Dickens. Weihnachtslied, http://gutenberg.spiegel.de/buch/3423/1

»Sie nannten immer und immer wieder dieselben Dinge«: Bronnie Ware. 5 Dinge, die Sterbende am meisten bereuen. Arkana 2013

»Er ist eine der Triebfedern …«: Ernest Becker. Die Überwindung der Todesfurcht. Bertelsmann 1976

… *lernten sich Ende der Achtzigerjahre:* E-Mail-Interview mit Jeff Greenberg

… *entwickelte das Trio:* Jeff Greenberg, Tom Pyszczynski und Sheldon Solomon. The Causes and Consequences of a Need for Self-esteem: A Terror Management Theory. Public Self and Private Self. Springer-Verlag 1986

… *mehr als 200 Studien:* Brian Burke, Andy Martens und Erik Faucher (2010). Two Decades of Terror Management Theory: A Meta-Analysis of Mortality Salience Research. In: Personality and Social Psychology Review, Band 14, Nummer 2, Seite 155–195

… *dadurch sinkt die Angst:* Jeff Greenberg et al. (1992). Why Do People Need Self-Esteem? Converging Evidence that Self-Esteem Serves an Anxiety-Buffering Function. In: Journal of Personality and Social Psychology, Band 63, Nummer 6, Seite 913–922

… *konfrontierte er 76 Freiwillige:* Clay Routledge et al. (2008). A Blast from the Past: The Terror Management Function of Nostalgia. In: Journal of Experimental Social Psychology, Band 44, Seite 132–140

»Wir alle müssen sterben …«: Chuck Palahniuk. Das letzte Protokoll. Manhattan 2007

Land vor unserer Zeit – Erinnerungen als Therapie

Deshalb machte er seinen Mitarbeitern …: Telefon-Interview mit Manfred Timm

Der hatte sich 2010: Ben Koevoet. The Effects of Adding Nostalgia to Life Review Therapy on Well-Being in Nursing Home Elderly. Unveröffentlicht

… *wobei die Zahl der Betroffenen:* K. Jongenelis et al. (2004). Prevalence and Risk Indicators of Depression in Elderly Nursing Home Patients: The AGED Study. In: Journal of Affective Disorders, Band 83, Nummer 2–3, Seite 135–142

… *von der Loyola-Universität:* Fred Bryant et al. (2005). Using the Past to Enhance the Present: Boosting Happiness through Positive Reminiscence. In: Journal of Happiness Studies, Band 6, Nummer 3, Seite 227–260

Die Nonnen-Studie – Dankbarkeit verlängert das Leben

Es war eine kuriose Reisegesellschaft: David Snowdon. Aging with Grace. Bantam 2002

Informationen über die Nonnen-Studie: http://www.nunstudy.org

Die Karriere von Karolina Gerhardinger: Bistum Regensburg. Maria Theresia von Jesu Karolina Gerhardinger. http://www.bistum-regensburg.de/borPage003459.asp; Schwester Maria Canisia Engl. In die Zeit gesandt: Die Gründung der Armen Schulschwestern von Unserer Lieben Frau im soziokulturellen Kontext. Unter: http://www.schulschwestern.de/ordensgeschichte/In%20die%20Zeit%20gesandt-Bearbeitung.pdf; Gari-Anne Patzwald und Schwester Carol Marie Wildt (2004). The Use of Convent Archival Records in Medical Research: The School Sisters of Notre Dame Archives and the Nun Study. In: The American Archivist, Band 67, Nummer 1, Seite 86–106

Aus etwa 90 000 unterschiedlichen Wörtern: Deborah Danner, David Snowdon und Wallace Friesen (2001). Positive Emotions in Early Life and Longevity: Findings from the Nun Study. In: Journal of Personality and Social Psychology, Band 80, Nummer 5, Seite 804–813

»Sein vergangenes Leben genießen zu können …«: Martial, Epigram X, 23, 7

Kurz nach Semesterbeginn: Robert Emmons und Michael McCullough (2003). Counting Blessings Versus Burdens: An Experimental Investigation of Gratitude and Subjective Well-Being in Daily Life. In: Journal of Personality and Social Psychology, Band 84, Nummer 2, Seite 377–389

Kapitel 3: Nostalgie im Gehirn

Prousts Madeleine – Die Magie der Erinnerungen

Zum Tee servierte ihm: Marcel Proust. In Swanns Welt: Auf der Suche nach der verlorenen Zeit. Suhrkamp 1997

Seine Eltern waren wohlhabend: Jean-Yves Tadié. Marcel Proust. Biographie. Suhrkamp 2008

Wenn Jeanne ihn abends: Aus dem Gedächtnis. In: Der Spiegel 4/1958

Eine psychische Störung: Julien Bogousslavsky und Olivier Walusinski (2009). Marcel Proust and Paul Sollier: The Involuntary Memory Connection. In: Schweizer Archiv für Neurologie und Psychiatrie, Band 160, Seite 130–136

Das Gehirn eines Erwachsenen: Mark Bear, Barry Connors und Michael Paradiso. Neurowissenschaften. Spektrum Akademischer Verlag 2008

»Die einmal bewusst gewesenen Zustände …«: Hermann Ebbinghaus. Über das Gedächtnis. Von Duncker und Humblot 1885

Der amerikanische Patient – Ein Leben ohne Gedächtnis

»Sobald er sich einer neuen Aufgabe zuwendete …«: William Beecher Scoville und Brenda Milner (1957). Loss of Recent Memory After Bilateral Hippocampal Lesions. In: Journal of Neurology, Neurosurgery and Psychiatry, Band 20, Nummer 1, Seite 11–21; Larry Squire (2009). The Legacy of Patient H. M. for Neuroscience. In: Neuron, Band 61, Nummer 1, Seite 6–9

Der hatte in den Zwanzigerjahren: Karl Lashley. Brain Mechanisms and Intelligence: A Quantitative Study of Injuries to the Brain. University of Chicago Press 1929

… einen fünfzackigen Stern: Brenda Milner (1962). Physiologie de l'Hippocampe. In: Centre National de la Recherche Scientifique, Seite 257–272

An einem Nachmittag im Dezember 2008: Benedict Carey. H. M., An Unforgettable Amnesiac, Dies at 82. In: New York Times vom 4. 12. 2008

»Ein Eindruck kann emotional …«: William James. The Principles of Psychology, Band 1. Henry Holt 1890

Seepferdchen und Mandel – Was wir im Kopf behalten

Es begann mit einer E-Mail: Elizabeth Parker, Larry Cahill und James McGaugh (2006). A Case of Unusual Autobiographical Remembering. In: Neurocase, Band 12, Nummer 1, Seite 35–49; Aurora LePort et al. (2012). Behavioral and Neuroanatomical Investigation of Highly Superior Autobiographical Memory (HSAM). In: Neurobiology of Learning and Memory, Band 98, Ausgabe 1, Seite 78–92

… *in eine von fünf Schubladen:* Hans Joachim Markowitsch. Dem Gedächtnis auf der Spur. Primus 2002

»Mein Vater und ich …«: David B. Pillemer. Momentous Events, Vivid Memories. Harvard University Press 2000

Bereits 1919 beschrieb: George Stratton (1919). Retroactive Hyperamnesia and Other Emotional Effects on Memory. In: Psychological Review, Band 26, Nummer 6, Seite 474–486

Knapp 50 Jahre später: Robert Livingston (1967). Reinforcement. In: The Neurosciences, hg. von G. Quarton, T. Melnechuk und F. Schmitt, Seite 568–577

… *sprechen von Blitzlichterinnerungen:* Roger Brown und James Kulik (1977). Flashbulb Memories. In: Cognition, Band 5, Nummer 1, Seite 73–99

»Emotionale Erfahrungen …«: James McGaugh. Memory and Emotion. Columbia University Press 2006

Zunächst einmal beginnt jede Erinnerung: Richard Gerrig und Philip Zimbardo. Psychologie. Addison-Wesley 2008

Urbach-Wiethe-Syndrom: Hans Joachim Markowitsch (2009). Dem Gedächtnis auf der Spur: Die Neuropsychologie des autobiographischen Gedächtnisses. In: Das autobiographische Gedächtnis, hg. von Johannes Schröder & Frank G. Brecht, Seite 9–25; Hans Joachim Markowitsch et al. (1994). The Amygdala's Contribution to Memory – a Study on two Patients with Urbach-Wiethe Disease. In: Neuroreport, Band 27, Nummer 5, Seite 1349–1352; Michaela Siebert et al. (2003). Amygdala, Affect, and Cognition: Evidence from ten Patients with Urbach-Wiethe Disease. In: Brain, Band 126, Nummer 12, Seite 2627–2637

1996 kooperierte James McGaugh: Larry Cahill et al. (1996). Amygdala Activity at Encoding Correlated with Long-Term, Free Recall of Emotional Information. In: Proceedings of the National Academy of Sciences, Band 93, Nummer 15, Seite 8016–8021

Dieses Resultat: Larry Cahill et al. (2006). Sex-related Differences in Amyg-

dala Functional Connectivity During Resting Conditions. In: NeuroImage, Band 30, Nummer 2, Seite 452–461
Verabreicht man Probanden: James McGaugh (2006). Make Mild Moments Memorable: Add a little Arousal. In: Trends in Cognitive Sciences, Band 10, Nummer 8, Seite 345–347
Die Amygdala und der Hippocampus: Elizabeth Phelps (2004). Human Emotion and Memory: Interactions of the Amygdala and Hippocampal Complex. In: Current Opinion in Neurobiology, Band 14, Nummer 2, Seite 198–202
»Wenn wir uns an alles erinnern …«: William James. The Principles of Psychology, Band 1. Henry Holt 1890

Kopfkino – Das Phänomen plötzlicher Erinnerungen

An einem dunklen Novembertag: Dorthe Berntsen. Involuntary Autobiographical Memories: An Introduction to the Unbidden Past. Cambridge University Press 2009
Bis zu dem Zeitpunkt: Dorthe Berntsen und David Rubin. Understanding Autobiographical Memory. Cambridge University Press 2012
Im Schnitt waren die Befragten: Caroline Miles (1895). A Study of Individual Psychology. In: The American Journal of Psychology, Band 6, Nummer 4, Seite 534–588
Ihre Kollegen: Victor und Catherine Henri (1898). Earliest Recollections. In: Popular Science Monthly, Band 53, Seite 108–115
Nur ein Prozent: David Rubin (2000). The Distribution of Early Childhood Memories. In: Memory, Band 8, Nummer 4, Seite 265–269
Diese Auffassung vertreten: Gabrielle Simcock und Harlene Hayne (2002). Breaking the Barrier? Children Fail to Translate Their Preverbal Memories into Language. In: Psychological Science, Band 13, Nummer 3, Seite 225–231
Dabei wollte sie: Madorah Smith (1952). Childhood Memories Compared with those of Adult Life. In: Journal of Genetic Psychology, Band 80, Nummer 2, Seite 151–182
Dieses Phänomen nennen: David Rubin, Scott Wetzler und Robert Nebes (1986). Autobiographical Memory across the Adult Lifespan. In: Autobiographical Memory, hg. von David Rubin, Seite 202–221
Fest steht jedoch: David Rubin und Amy Wenzel (1996). One Hundred Years of Forgetting: A Quantitative Description of Retention. In: Psy-

chological Review, Band 103, Nummer 4, Seite 734–760; Dorthe Berntsen und Nicoline Marie Hall (2004). The Episodic Nature of Involuntary Autobiographical Memories. In: Memory & Cognition, Band 32, Nummer 5, Seite 789–803

Und seitdem ist zumindest: David Rubin und Dorthe Berntsen (2009). The Frequency of Voluntary and Involuntary Autobiographical Memories across the Life Span. In: Memory & Cognition, Band 37, Nummer 5, Seite 679–688

Etwa 85 Prozent: Dorthe Berntsen. Involuntary Autobiographical Memories (1996). In: Applied Cognitive Psychology, Band 10, Nummer 5, Seite 435–454

Eine erste Antwort: Roberto Cabeza und Lars Nyberg (2000). Imaging Cognition II: An Empirical Review of 275 PET and fMRI Studies. In: Journal of Cognitive Neuroscience, Band 12, Nummer 1, Seite 1–47

Am stärksten involviert: Nicoline Marie Hall, Albert Gjedde und Ron Kupers (2008). Neural Mechanisms of Voluntary and Involuntary Recall: A PET Study. In: Behavioural Brain Research, Band 186, Nummer 2, Seite 261–272

Dufte Zeiten – Gerüche wecken Erinnerungen

Den Begriff prägten: Simon Chu und John Joseph Downes (2000). Long Live Proust: The Odour-Cued Autobiographical Memory Bump. In: Cognition, Band 75, Nummer 2, Seite 41–50; Simon Chu und John Joseph Downes (2000). Odour-Evoked Autobiographical Memories: Psychological Investigations of Proustian Phenomena. In: Chemical Senses, Band 25, Nummer 1, Seite 111–116

Diese Erkenntnis über unser aromatisches Gedächtnis: Rachel Herz. The Scent of Desire: Discovering Our Enigmatic Sense of Smell. Harper Perennial 2008

»Wie reich ist …«: Hendrik Zwaardemaker. Die Physiologie des Geruchs. W. Engelmann 1895

»Düfte wirken sicherer …«: Mark Bear, Barry Connors und Michael Paradiso. Neurowissenschaften. Spektrum Akademischer Verlag 2008

Riechen ist erst mal nur: John Pinel. Biopsychologie. Addison-Wesley 2007; Richard Gerrig und Philip Zimbardo. Psychologie. Addison-Wesley 2008

Das entdeckten 1991: Linda Buck und Richard Axel (1991). A Novel Multigene Family May Encode Odorant Receptors: A Molecular Basis for Odor Recognition. In: Cell, Band 65, Nummer 1, Seite 175–187

Der niederländische Psychologe: Martijn de Lange et al. (2012). Making Less of a Mess: Scent Exposure as a Tool for Behavioral Change. In: Social Influence, Band 7, Nummer 2, Seite 90–97

Zu einem ähnlichen Ergebnis: Katie Liljenquist, Chen-Bo Zhong und Adam Galinsky (2010). The Smell of Virtue: Clean Scents Promote Reciprocity and Charity. In: Psychological Science, Band 21, Nummer 3, Seite 381–383

… entdeckten bereits in den Siebzigerjahren: Michael Murphy und Gerald Schneider (1970). Olfactory Bulb Removal Eliminates Mating Behavior in the Male Golden Hamster. In: Science, Band 167, Nummer 3916, Seite 302–304

Erstmals erwähnt: Friedrich Thomas (1896). Ein weiteres Beispiel von Assoziation durch eine Geruchsempfindung als unbewußtes Mittelglied. In: Zeitschrift für Psychologie und Physiologie der Sinnesorgane, Band 12, Seite 60–61

Die US-Biopsychologin: Julie Mennella, Anthony Johnson und Gary Beauchamp (1995). Garlic Ingestion by Pregnant Women Alters the Odor of Amniotic Fluid. In: Chemical Senses, Band 20, Nummer 2, Seite 207–209

Einige Jahre später: Benoist Schaal, Luc Marlier und Robert Soussignan (2000). Human Foetuses Learn Odours from Their Pregnant Mother's Diet. In: Chemical Senses, Band 25, Nummer 6, Seite 729–737

Schon zwei Wochen alte Säuglinge: Jennifer Cernoch und Richard Porter (1985). Recognition of Maternal Axillary Odors by Infants. In: Child Development, Band 56, Nummer 6, Seite 1593–1598

Bereits in den Dreißigerjahren: Donald Laird (1935). What Can You Do with Your Nose? In: Scientific Monthly, Band 41, Seite 126–130

Doch erst fünf Jahrzehnte später: David Rubin, Elisabeth Groth und Debra Goldsmith (1984). Olfactory Cuing of Autobiographical Memory. In: The American Journal of Psychology, Band 97, Nummer 4, Seite 493–507

Vor einigen Jahren befragte sie: Rachel Herz et al. (2004). Neuroimaging Evidence for the Emotional Potency of Odor-Evoked Memory. In: Neuropsychologia, Band 42, Nummer 3, Seite 371–378

»Sie sind einzigartig emotional und bewegend …«: Rachel Herz. The Scent of Desire

Marieke Toffolo von der Universität Utrecht: Marieke Toffolo et al. (2012). Proust Revisited: Odours as Triggers of Aversive Memories. In: Cognition & Emotion, Band 26, Nummer 1, Seite 83–92

Lieder von damals – Musikalische Zeitreise

Henry Dryer: Auszüge aus ›Alive Inside‹ unter http://www.youtube.com/watch?v=fyZQf0p73QM#

Bereits 1991 fand: John Sloboda (1991). Music Structure and Emotional Response: Some Empirical Findings. In: Psychology of Music, Band 19, Nummer 2, Seite 110–120

1995 wiederum: Jaak Panksepp (1995). The Emotional Sources of »Chills« Induced by Music. In: Music Perception, Band 13, Nummer 2, Seite 171–207

Einen ersten Hinweis: Isabelle Peretz, Lise Gagnon und Bernard Bouchard (1998). Music and Emotion: Perceptual Determinants, Immediacy, and Isolation after Brain Damage. In: Cognition, Band 68, Nummer 2, Seite 111–141

Die kanadischen Neurologen: Anne Blood und Robert Zatorre (2001). Intensely Pleasurable Responses to Music Correlate with Activity in Brain Regions Implicated in Reward and Emotion. In: Proceedings of the National Academy of Sciences, Band 98, Nummer 20, Seite 11 818–11 823

Eine der ersten Studien: Petr Janata, Stefan Tomica und Sonja Rakowski (2007). Characterisation of Music-Evoked Autobiographical Memories. In: Memory, Band 15, Nummer 8, Seite 845–860

Die erfolgreichsten Singles in Deutschland: www.charts.de

»Er verbindet Musik mit Erinnerungen«: Petr Janata (2009). The Neural Architecture of Music-Evoked Autobiographical Memories. In: Cerebral Cortex, Band 19, Seite 2579–2594; E-Mail-Interview mit Janata

Falscher Film – Erinnerungen können täuschen

Eileen Franklin und Susan Nason: Elizabeth Loftus und Katherine Ketcham. The Myth of Repressed Memory: False Memories. St. Martin's Griffin 1996

1974 hatte sie: Elizabeth Loftus und John Palmer (1974). Reconstruction of Auto-Mobile Destruction: An Example of the Interaction between Language and Memory. In: Journal of Verbal Learning and Verbal Behaviour, Band 13, Seite 585–589

James Coan biss an: James Coan (1997). Lost in a Shopping Mall: An Experience with Controversial Research. In: Ethics and Behavior, Band 7, Nummer 3, Seite 271–284

Wir vergessen nicht nur viele reale Informationen: Ira Hyman, Troy Husband und F. James Billings (1995). False Memories of Childhood Experiences. In: Applied Cognitive Psychology, Band 9, Nummer 3, Seite 181–197; Kathryn Braun, Rhiannon Ellis und Elizabeth Loftus (2002). Make My Memory: How Advertising Can Change Our Memories of the Past. In: Psychology and Marketing, Band 19, Nummer 1, Seite 1–23; Elke Geraerts et al. (2008). Lasting False Beliefs and Their Behavioral Consequences. In: Psychological Science, Band 19, Number 8, Seite 749–753

»… bei dem einen größer …«: Zitat gefunden in: Rüdiger Pohl. Das autobiographische Gedächtnis: Die Psychologie unserer Lebensgeschichte. Kohlhammer 2007

»Erinnerungen sitzen nicht an einem bestimmten Ort …«: Elizabeth Loftus und Katherine Ketcham. The Myth of Repressed Memory. St. Martin's Griffin 1996

Der britische Psychologe: Frederic Bartlett. Remembering: A Study in Experimental and Social Psychology. Cambridge University Press 2010

Der Student war kein Einzelfall: Richard Gerrig und Philip Zimbardo. Psychologie. Addison-Wesley 2008; Sina Kühnel und Hans J. Markowitsch. Falsche Erinnerungen: Die Sünden des Gedächtnisses. Spektrum Akademischer Verlag 2009

»Jedes Mal …«: Kai Kupferschmidt. Interview mit Elizabeth Loftus, http://dasgehirn.info/denken/gedaechtnis/201eerinnern-ist-ein-kreativer-prozess.201c/

Zuerst brachte er vier Ratten bei: Karim Nader, Glenn Schafe und Joseph Le Doux (2000). Fear Memories Require Protein Synthesis in the Amygdala for Reconsolidation after Retrieval. In: Nature, Band 406, Seite 722–726

Die sieben Sünden: Daniel Schacter. The Seven Sins of Memory. Mariner Books 2002; Bridget Murray (2003). The Seven Sins of Memory. In: Monitor on Psychology, Band 34, Nummer 9, Seite 28

»Die Erinnerung ist wie ein Hund …«: Cees Nooteboom. Rituale. Suhrkamp 1995

Doch am 4. Juli 1996: Associated Press, Man Released after Being Held 6 Years in Repressed Memory Case. http://articles.latimes.com/1996-07-04/news/mn-21160_1_san-mateo-county-superior-court

Menschliches Privileg – Ohne Vergangenheit keine Zukunft

… der Mann namens K. C.: Shayna Rosenbaum et al. (2005). The Case of K. C.: Contributions of a Memory-Impaired Person to Memory Theory. In: Neuropsychologia, Band 43, Seite 989–1021

Diese Gabe zur »mentalen Zeitreise«: Endel Tulving (2002): Episodic Memory. In: Annual Review of Psychology, Band 53, Seite 1–25

K. C. schlug sich: Endel Tulving, Gordon Hayman und Carol Macdonald (1991). Long-Lasting Perceptual Priming and Semantic Learning in Amnesia: A Case Experiment. In: Journal of Experimental Psychology: Learning, Memory & Cognition, Band 17, Nummer 4, Seite 595–617; Gordon Hayman, Carol Macdonald und Endel Tulving (1993). The Role of Repetition and Associative Interference in New Semantic Learning in Amnesia: A Case Experiment. In: Journal of Cognitive Neuroscience, Band 5, Nummer 4, Seite 375–89

… erst 1985 veröffentlichte: David Ingvar (1985). Memory of the Future: An Essay on the Temporal Organization of Conscious Awareness. In: Human Neurobiology, Band 4, Nummer 3, Seite 127–136

Anders erging es zum Beispiel: Demis Hassabis et al. (2007). Patients with Hippocampal Amnesia Cannot Imagine New Experiences. In: Proceedings of the National Academy of Sciences, Band 104, Nummer 5, 1726–1731

Die Studie wurde: Breakthrough of the Year: The Runners-Up (2007). In: Science, Band 318, Nummer 5858, Seite 1844–1849

Dieses Problem war: Karl Szpunar, Jason Watson und Kathleen McDermott (2007). Neural Substrates of Envisioning the Future. In: Proceedings of the National Academy of Sciences, Band 104, Nummer 2, Seite 642–647

Zu einem ähnlichen Ergebnis: Donna Rose Addis, Alana Wong und Daniel Schacter (2007). Remembering the Past and Imagining the Future: Common and Distinct Neural Substrates during Event Construction and Elaboration. In: Neuropsychologia, Band 45, Seite 1363–1377

»Wer das Gedächtnis verliert …«: Peter von Matt. Das Wilde und die Ordnung. Carl Hanser Verlag 2007

Die Suche nach der verlorenen Zeit war erfolgreich: Aus dem Gedächtnis. In: Der Spiegel 4/1958

Kapitel 4: Das Geschäft mit der Nostalgie

Ideelle Werte – Gegenstände als Erinnerungsträger

»Die Einwohner der Industrieländer ...«: Foster Huntington. The Burning House. It Books 2012
»Das Selbst eines Menschen ...«: William James. The Principles of Psychology, Band 1. Henry Holt 1890
»Bewusst oder unbewusst ...«: Russell Belk (1988). Possessions and the Extended Self. In: Journal of Consumer Research, Band 15, Nummer 2, Seite 139–168
Bereits 1977 befragte: Mihaly Csikszentmihalyi und Eugene Halton. The Meaning of Things. Cambridge University Press 1981
»Das Souvenir holt ...«: Tilmann Habermas. Geliebte Objekte. Suhrkamp 1999
Was sammeln Sie gerne?: Ipsos 2009, http://de.statista.com/statistik/daten/studie/163 637/umfrage/beliebte-dinge-zum-sammeln
»Unsere Besitztümer versinnbildlichen ...«: Russell Belk (1991). Possessions and the Sense of Past. In: Highways and Buyways: Naturalistic Research from the Consumer Behavior Odyssey, hg. von Russell Belk, Seite 114–130
»Nostalgische Objekte ...«: Tilmann Habermas. Geliebte Objekte.

Lebenslange Treue – Nostalgie prägt Kaufentscheidungen

Im Sommer 1987: Morris Holbrook (1989). Aftermath of the Task Force: Dogmatism and Catastrophe in the Development of Marketing Thought'. In: ACR Newsletter; E-Mail-Interview mit Morris Holbrook
Holbrook, Jahrgang 1943, verehrte: Morris Holbrook (1993). On the New Nostalgia: These Foolish Things and Echoes of the Dear Departed Past. In: Continuities in Popular Culture, hg. von Ray Browne und Ronald Ambrosetti, Bowling Green State University Popular Press, Seite 74–110
In den darauffolgenden Wochen: Morris Holbrook und Robert Schindler

(1989). Some Exploratory Findings on the Development of Musical Tastes. In: Journal of Consumer Research, Band 16, Nummer 1, Seite 119–124

Kurz vor Weihnachten 2012: Besuch bei Marian Gold

2011 erhielt Alphaville: Pressemitteilung BMI Awards. https://www.gema.de/nl/112 011/personen/prof-budde-erhaelt-bmi-award.html

Egal ob für Filme: Morris Holbrook und Robert Schindler (1994). Age, Sex, and Attitude toward the Past as Predictors of Consumers' Aesthetic Tastes for Cultural Products. In: Journal of Marketing Research, Band 31, Nummer 3, Seite 412–422; Morris Holbrook et al. (1996). Market Segmentation Based on Age and Attitude toward the Past. In: Journal of Business Research, Band 37, Nummer 1, Seite 27–39

… »eine Vorliebe für Objekte …«: Morris Holbrook und Robert Schindler (1991). Echoes of the Dear Departed Past: Some Work in Progress on Nostalgia. In: Advances in Consumer Research, Band 18, Seite 330–333

»Nostalgie ist ein Phänomen …«: Morris Holbrook und Robert Schindler (2003). Nostalgic Bonding: Exploring the Role of Nostalgia in the Consumption Experience. In: Journal of Consumer Behaviour, Band 3, Nummer 2, Seite 107–127

»Das Geschäft mit der Sehnsucht«: Jene Sehnsucht nach den alten Tagen. In: Der Spiegel 5/1973

»Je schneller sich die Umwelt wandelt …«: Alexandra Bröhm und Balz Ruchti. Die gute alte Zeit. In: Beobachter, Ausgabe 8 vom 11. 4. 2012, http://www.beobachter.ch/home/artikel/nostalgie_die-gute-alte-zeit

Elektrisches Gefühl – Kindheitsprodukte trösten

»Ich dachte, es wäre …«: Francis Ford Coppola. Back to Bernalda. In: New York Times Style Magazine vom 15. November 2012; Video mit Coppola: http://www.youtube.com/watch?v=clzISfXUXz4

Die 2009 verstorbene: Barbara Stern (1992). Nostalgia in Advertising Text: Romancing the Past. In: Advances in Consumer Research, Band 19, Nummer 1, Seite 388–389

Dort sollten sie: Katherine Loveland, Dirk Smeesters und Naomi Mandel (2010). Still Preoccupied with 1995: The Need to Belong and Preference for Nostalgic Products. In: Journal of Consumer Research, Band 37, Nummer 3, Seite 393–408

Das hatte einst ein Team: Kipling Williams, Christopher Cheung und Wilma Choi (2000). Cyberostracism: Effects of Being Ignored over the Internet. In: Journal of Personality and Social Psychology, Band 79, Nummer 5, Seite 748–762

»Konsumenten ›kaufen‹ sich …«: Telefon-Interview mit Ulrich Orth

Für eine Untersuchung ließ er: Ulrich Orth und Steffi Gal (2012). Nostalgic Brands as Mood Boosters. In: Journal of Brand Management, Band 19, Nummer 8, Seite 666–679

Im April 2011: Verabschiedung von Jochen Wolff unter http://bit.ly/XM8Tvv

»Die Menschen im Osten …«: Tobias Haberl und Dominik Wichmann. Der Herr der ostdeutschen Seelen. In: SZ Magazin 30/2010

»Psychotherapeut der Ostdeutschen«: Renate Meinhof, sz.de vom 17. Mai 2010

»Burdas Zentralorgan …«: taz vom 14. 03. 1996

Wer ihn kennenlernt: Interview mit Robert Schneider im Dezember 2012

»Wenn ich Bilder von dort sehe …«: Robert Schneider. Editorial. In: SuperIllu 52/2012

Die Leserschaft ist im Schnitt: Meedia-Analyzer, http://bit.ly/ZmANgT

Auf drei Seiten berichtete: Gerald Praschl. Hier klicken wir uns mal ins Gestern. In: SuperIllu 35/2012

Heile Welt – Retrowerbung weckt Gefühle

Die Versicherung hatte: Lena Herrmann. Rückkehr zum alten Claim. In: w&v vom 9. 8. 2012, http://bit.ly/XM9VYs

Ähnliches musste: Michael Reidel. Commerzbank kehrt zum alten Claim zurück, horizont.de vom 8. 11. 2012, http://bit.ly/YPvdW8

»Viele Unternehmen unterschätzen«: Interview mit Frank Dopheide im Januar 2013

Zu dieser Erkenntnis: Silke Bambauer-Sachse und Heribert Gierl (2009). Effects of Nostalgic Advertising through Emotions and the Intensity of the Evoked Mental Images. In: Advances in Consumer Research, Band 36, Seite 391–398

Wenn Röben heute davon erzählt: Telefon-Interview im Dezember 2012

Gute Retrowerbung: Altaf Merchant et al. Development and Validation of a Scale to Measure Personal Nostalgia Evoked by Advertisements. In: Journal of Advertising Research, noch unveröffentlicht

»Es geht darum …«: Stuart Elliott. Warm and Fuzzy Makes a Comeback. In: New York Times vom 7. 4. 2009
»Menschen um die 20 …«: Karlene Lukovitz. More Retro Action: Heinz, Hostess Follow Pepsi. Mediapost.com vom 22. 3. 2011, http://bit.ly/12s53xf
Deshalb entschied sich Pepsi: Sarah Nassauer. New! Improved! (and Very Old). In: Wall Street Journal vom 25. 5. 2011, http://on.wsj.com/iOxehv

Aus alt wird neu – Bekannte Marken kehren zurück

Und in Schanghai: Zhang Qian. Famous Brands of Yesteryear Make a Comeback. Xinhuanet.com vom 7. 9. 2010
Er ist vom Stellenwert: Stephen Brown, Robert Kozinets und John Sherry Jr. (2003). Sell Me the Old, Old Story: Retromarketing Management and the Art of Brand Revival. In: Journal of Customer Behavior, Band 2, Seite 85–98
»Revivals und Retroprodukte …«: Philip Kotler. Grundlagen des Marketing. Pearson Studium 2010
Das Design lehnt sich: Simonetta Pattuglia (2011). Integrated Marketing Communication and Brand Management: The Case Study of Fiat 500. In: DSI Essays Series, Nummer 18, Seite 1–45
»Im Grunde waren viele erfolgreiche Autos …«: Telefoninterview mit Paolo Tumminelli im Dezember 2012
»Sie transportiert keine Produktbotschaft …«: Interview mit Klaus-Jürgen Philipp im Januar 2013
»Wenn sich Altes …«: Thorsten Firlus. Retro-Marken: Szenarien für die Zeit nach der Insolvenz, wiwo.de vom 15. 2. 2009
… *zu dieser Erkenntnis:* Jannine Lasaleta, Kathleen Vohs und Constantine Sedikides (2012). Nostalgia Weakens the Desire for Money. In: Journal of Consumer Research, noch unveröffentlicht
Die entwickelte: Shalom Schwartz (1992). Universals in the Content and Structure of Values: Theoretical Advances and Empirical Tests in 20 Countries. In: Advances in Experimental Social Psychology, Band 25, Seite 1–65
»Wo sind diese Tage …«: Aus dem Werk ›Altes Fieber‹/Die Toten Hosen (Breitkopf, Meurer, Frege). © 2012 Patricks Kleiner Musikverlag GmbH/BMG Rights Management GmbH

STICHWORTVERZEICHNIS

D

E

M

N

T

U